W. Kaltenstadler

Arbeitsorganisation und Führungssystem
bei den römischen Agrarschriftstellern
(Cato, Varro, Columella)

Quellen und Forschungen zur Agrargeschichte

Begründet von
GÜNTHER FRANZ und FRIEDRICH LÜTGE

Herausgegeben von
Professor Dr. Dr. h. c. WILHELM ABEL, Göttingen, und
Professor Dr. GÜNTHER FRANZ, Stuttgart-Hohenheim

BAND 30

Arbeitsorganisation und Führungssystem
bei den römischen Agrarschriftstellern
(Cato, Varro, Columella)

Gustav Fischer Verlag · Stuttgart · New York · 1978

Arbeitsorganisation und Führungssystem bei den römischen Agrarschriftstellern (Cato, Varro, Columella)

Von

Wilhelm Kaltenstadler

Gustav Fischer Verlag · Stuttgart · New York · 1978

Meinem Bruder Luitpold

CIP-Kurztitelaufnahme der Deutschen Bibliothek
Kaltenstadler, Wilhelm
Arbeitsorganisation und Führungssystem bei den
römischen Agrarschriftstellern. — 1. Aufl. —
Stuttgart: Fischer, 1978.
  (Quellen und Forschungen zur Agrar-
  geschichte; Bd. 30)
  ISBN 3-437-50218-2

© Gustav Fischer Verlag · Stuttgart · 1978
Alle Rechte vorbehalten
Druck: Offsetdruckerei Karl Grammlich, Pliezhausen
Einband: Großbuchbinderei Maier, Echterdingen
Printed in Germany

Inhalt

	Einleitung	1
1.	Leben und Werk der Agrarschriftsteller	8
2.	Arbeitsorganisation und Arten der eingesetzten Arbeitskräfte	12
2.1	Landwirtschaftliche Arbeitskräfte (Cato, Varro, Columella)	12
2.2	Handwerker	15
3.	Optimaler Arbeitskräftebedarf und optimale Betriebsgrösse	17
4.	Arbeitsteilung und Gruppenbildung	21
4.1	Ansätze bei Cato und Varro	21
4.2	Notwendigkeit der Arbeitsteilung und deren Begründung bei Columella	21
4.3	Optimale Gruppenbildung bei Columella	22
4.4	Die _familia_ als Gruppe	23
5.	Arbeitsplatzbeschreibung nach Tätigkeitsmerkmalen und Kompetenzen	25
5.1	Stellung und Aufgaben der Führungskräfte	25
5.1.1	Terminologie und Struktur	25
5.1.2	Der _vilicus_ bei Cato, Varro, Columella	27
5.1.3	Der _magister pecoris_ und die Hirten bei Varro und Columella	28
5.1.4	Die _vilica_ bei Cato und Columella	30
5.2	Stellung und Aufgaben der Sklaven bei Cato, Varro und Columella	31
6.	Regelung der Arbeits- und Freizeit	34
6.1	Arbeitszeit	34
6.2	_Feriae_	35
7.	Kontroll- und Führungssystem	36
7.1	Sklavenfrage in der römischen Literatur	36
7.2	Sklaverei als Zwangssystem	40
7.3	Sklavenarbeit als Kontrollsystem	41
7.4	Schaffung materieller Anreize	41
7.5	Führungssystem und Oberaufsicht des Gutsherrn (dominus)	43
7.5.1	Gutsherr und Pächter	43
7.5.2	Gutsherr und Sklaven	43
7.6	Führungssystem des _vilicus_	45
7.6.1	Führung als Wissenschaft (scientia imperandi)	45
7.6.2	Der _vilicus_ als Vorbild der Arbeiter	46
7.6.3	Führungsstil des _vilicus_	47
7.6.3.1	Militanter Führungsstil	47
7.6.3.2	Patriarchalischer Führungsstil	47
7.6.3.3	Sozial-integrativer Führungsstil	49

Schlussbetrachtung 50
Anhang (1 Tabelle) 55
Anmerkungen 56
Literatur 95
Stellenregister 104
Sachregister 106
Wortregister, lateinisch 119
Wortregister, griechisch 123
Personen- und Ortsregister 124
Abkürzungen 126

Einleitung (+)

Vorliegende Arbeit will anhand der Lehr- und Handbücher der römischen Agrarschriftsteller Cato, Varro und Columella untersuchen und darlegen, wie ein Gutsbetrieb der späten römischen Republik und der frühen Kaiserzeit funktioniert hat oder, besser gesagt, hätte funktionieren sollen. Im Vordergrund steht dabei der 'Faktor' Arbeit in seinen verschiedenen Ausprägungen (Sklaven, Freie, 'Unternehmer' auf Verdingungsbasis). Die subalternen Arbeitskräfte werden genauso berücksichtigt wie die Vorgesetzten bzw. Führungskräfte. Auf philologische Akribie und die Vielfalt der in den Quellen vorkommenden Begriffe wurde genauso Wert gelegt wie auf methodische Präzision, die ich für die Behandlung eines so aktuellen Stoffes, wie dies die Frage der Arbeitsorganisation und des Führungssystems noch heute ist, für unabdingbar halte, soll der Leser nicht von der Fülle der Materialien erdrückt werden. Damit nicht der Eindruck entsteht, bei den Fragen der Menschenführung in der Antike handle es sich nur um rein antiquarische Vorstellungen, die uns heute nicht mehr berühren, habe ich es für notwendig erachtet, in den Anmerkungen (um den Fluss der Darstellung nicht zu stören) verschiedene Begriffe zu definieren und in moderner Terminologie zu aktualisieren. Bei allen drei Autoren ist auf jeden Fall der Abstand zwischen dem Gehalt der Traktate und der agrarischen Realität zu beachten: "un manuale descrive le cose non come sono, ma come si vorrebbe che fossero" (1), was auch für moderne Lehrbücher zutrifft. Ein Lehr- und Handbuch der Landwirtschaft gibt also nicht so sehr einen Ist- als einen Sollzustand wieder, was jedoch nicht heisst, dass der Autor die Empirie ausser acht lässt. Ich versuchte jedoch soweit als möglich, die römische Realität der späten Republik und frühen Kaiserzeit - meist im Anmerkungsapparat - mit den Vorstellungen und Theorien der Agrarschriftsteller zu konfrontieren, z. T. auch in Gestalt epigraphischer Materialien und archäologischer Forschungen, welche jedoch zur villa rustica vielfach noch in den Anfängen stecken.

Wichtig schien es mir auch, gelegentlich Parallelen der griechischen Agrargeschichte herauszustellen und auf hellenistische Einflüsse aufmerksam zu machen (1a).
Nach einer kurzen Darstellung von Leben und Werk der Agrarschriftsteller wandte ich mich der Vielfalt der auf den Gütern eingesetzten Arbeitskräfte zu, für welche die Quellen eine breite Palette von Bezeichnungen bieten. Ich zog es vor, die Arten der Arbeitskräfte nicht primär nach Status und Position zu behandeln, sondern nach Autoren, um bei der grossen Differenziertheit

---

(+) Für Anregungen und Hinweise bin ich Herrn Prof. Lauffer, München, und Herrn Prof. Heinen, Trier, zu besonderem Dank verpflichtet.

der eingesetzten Arbeitskräfte es nicht an der nötigen Übersicht fehlen zu lassen.

Im Anschluss daran befasste ich mich mit der optimalen Betriebsgrösse und zwar wieder nach Autoren. Wirklich konkrete Ergebnisse, die wohl auf Empirie beruhen, bringt nur Cato für vinea und olivetum. Bei Varro und Columella beziehen sich die meisten Angaben auf 1 iugerum, vermutlich abstrakte Sollziffern, die in der Realität nicht (immer) erreicht wurden. Es sind also die Angaben bei Cato einerseits (wenigstens in dieser Frage) und bei Varro und Columella andererseits nur schwer vergleichbar.

Zur Arbeitsteilung und Gruppenbildung tragen Cato und Varro wenig, trägt Columella fast alles bei. Columellas Optimalgruppe wird dann mit modernen optimalen Sollgruppen verglichen und die familia als Gruppe untersucht sowie als strukturierte Gruppe dargestellt.

Die Arbeitsplatzbeschreibung, an sich eine Errungenschaft der modernen Industrialisierung, findet sich bei Varro und Columella in deutlicher Ausprägung vor. Selbst wenn sich diese (vielleicht) in der Wirklichkeit nicht immer so durchführen liess, so ist es doch erstaunlich, dass vor allem Varro und Columella schon vor 2000 Jahren die Notwendigkeit einer Korrelation zwischen den Fähigkeiten bzw. Eigenschaften einer Arbeitskraft und den Erfordernissen eines bestimmten Arbeitsplatzes bzw. Berufes sahen. Nach der Behandlung der Arbeits- und Freizeit, wobei ich mich vor allem (neben eigener Quelleninterpretation) auf De Robertis stützen konnte, wandte ich mich dem eigentlichen Kontroll- und Führungssystem zu, mit dem sich z. T. auch nicht-agrarische römische Schriftsteller - oft unter griechisch-hellenistischem Einfluss - beschäftigten.

Die antike Gutssklaverei beruhte auf einem Zwangssystem, das man aber nicht ausschliesslich schwarz malen darf, wie das gelegentlich sozialistische Forscher tun. Diese war ganz sicher mehr Kontrollsystem (vor allem bei Varro und Columella). Man beschränkte sich jedoch nicht auf Zwang und Kontrolle, sondern bediente sich einer ausgeklügelten Ordnung der materiellen Anreize, die bei Cato sehr deutlich ausgeprägt ist. Wenn Zwangs- und Kontrollsystem wie auch die materiellen Anreize mehr direkte Methoden der Menschenbeeinflussung darstellen, so ist das Führungssystem des Gutsherrn und Verwalters eine mehr indirekte Methode, unter der man auch heute noch eigentliche Führung versteht.

Wenn ich mir auch bewusst bin, dass eine Aufgliederung der Führungsmethoden der Agrarschriftsteller auf moderne Führungsfunktionen und -stile die antike Realität ganz bewusst von Fragestellungen der modernen Industrie her sieht, so habe ich mich doch dazu entschlossen, weil anders das vorhandene Quellenmaterial dem modernen Menschen sich kaum erschliessen lässt. Mir scheint diese Modernisierung nicht zuletzt deswegen gerechtfertigt, weil Columella ausdrücklich von einer 'Führungswissenschaft' (scientia imperandi) spricht.

Die Hauptquellen der Arbeit sind Catos, Varros und Columellas agrarwissenschaftliche Werke. Sie sind aber für die behandelte Problemstellung nicht alle in gleicher Weise ergiebig und aussagekräftig. Wie in modernen Lehrbüchern finden sich bei ihnen neben fundierten Ausführungen auch Gemeinplätze.

In cap. 2 befasst sich Cato mit Kontrolle und Revision des Gutsbetriebs. Den Aufgaben und Pflichten des Gutsverwalters widmet sich relativ ausführlich cap. 5 (vilici officia), weniger ausführlich (meist Wiederholungen von cap. 5) cap. 142. Den Aufgabenbereich der vilica, der Frau des Verwalters, schildert cap. 143. Die einzelnen Gedanken finden sich dabei - nicht immer in

logischer Verbindung - oft wahllos aneinander gereiht. Über die Ausstattung
des Ölgutes und Weinberges mit Arbeitskräften aller Art berichten cap. 10,1
und cap. 11,1, über die Ausstattung mit Arbeits- und Zugtieren cap. 10,2
und 11,2. Cap. 66 und 67 berichten über des Aufsehers und Küfers (custodis
et capulatoris) Aufgaben in Keller und Kelterei. In cap. 37, 3-4 gibt Cato die
Arbeiten an, die man im Winter durchführen lassen kann, in cap. 2, 3 und
39 die Arbeiten bei schlechtem Wetter und in cap. 40 die für das Frühjahr.
Eine wichtige Gruppe der auf Catos Gütern Tätigen sind Pächter (cap. 137. 149),
politores (cap. 136), redemptores (cap. 144. 145) und conductores (cap. 150).
Eine aufschlussreiche Quelle für diese Arbeit stellen cap. 56-59 (Verpflegung der Sklaven) dar.
Die für Arbeitsorganisation und Führungssystem wichtigsten und ergiebigsten Quellen in Varros res rusticae finden sich im 1. Buch. 1, 13, 2 weist
auf die Kontrollfunktion des vilicus hin. In 1, 16, 5 wird die Bewegungsfreiheit von vilicus und Arbeitern eingeschränkt. Besonders ergiebig ist cap. 1, 17,
welches Arbeitsorganisation, Art der Arbeitskräfte und ihre Qualifikation,
Führungssystem und richtige Behandlung der Untergebenen sowie deren Motivation aufzeigt. Fragen der optimalen Betriebsgrösse, des optimalen Ar-
beitskräftebedarfs sowie Standortprobleme schneidet Varro in Anlehnung
an Cato in 1, 18 an.
Über die Ausstattung eines Betriebes mit Arbeitstieren und die Bedingungen, von welchen die Zahl und Art der zu haltenden Tiere abhängen, berichtet 1, 19. In 1, 36 erfahren wir, welche Arbeiten im Winter erledigt werden können.
Es kommen auch einige Stellen aus dem 2. Buch hier in Betracht. 2, 2, 9-12
stellt eine wertvolle Quelle zur römischen Wanderherdenwirtschaft dar.
Über Art und Qualifikation der in der Weidewirtschaft Tätigen informiert
2, 10, 1-5. 2, 10, 6-10 berichtet über Aufgaben des magister pecoris sowie
über die Frauen der Hirten.
Bei Columella de re rustica sind die Bücher 1. 11 und 12 für Arbeitsorganisation und Führungssystem besonders ergiebig. In 1, 6, 7-8 wird das Kontrollsystem bereits aus der Anlage der Wohnverhältnisse ersichtlich. Die
direkte Kontrolle des Gutsbetriebes durch häufige Besuche des Herrn ergibt sich aus 1, 2, 1. Besonders aussagekräftig für unser Thema sind cap.
1, 7-9. In 1, 7 untersucht Columella die Frage, ob und unter welchen Umständen es günstiger ist, einen Pächter oder einen Verwalter (mit Sklavenwirtschaft) zu bevorzugen. Über die Auswahl des geeigneten Verwalters,
dessen fachliche und Führungsaufgaben, die Sklavenbehandlung durch den
Gutsherrn selbst, das Verhältnis von vilicus und vilica, Kontakte zwischen
vilicus und Untergebenen berichtet 1, 8. Auch 11, 1 (zum Teil Wiederholung
von 1, 8) befasst sich mit den Aufgaben des Verwalters. Die für eine vilica
erforderlichen Eigenschaften sowie deren Pflichten werden in 12, 1-3 untersucht. 12, 3 zählt auch die Tätigkeiten der anderen Frauen auf. 2, 21 befasst
sich ausführlich mit der Regelung der Arbeits- und Freizeit. In den Büchern 6. 7 kommen die in der Vieh- und Weidewirtschaft tätigen Vorgesetzten und ihre erforderlichen Eigenschaften am Rande zur Sprache.

Neben der Vermittlung der wichtigsten Quellen soll nun der Leser auch
zum Forschungsstand informiert werden. Von der älteren Literatur ist das
Werk von Gummerus über den römischen Gutsbetrieb (1906) heute noch
grundlegend. Er war der Erste, der in fundierter Weise den mit Sklaven
geführten Gutsbetrieb in der Sicht der römischen Agrarschriftsteller als
Pendant zum System der freien Arbeit darstellte, und zwar getrennt nach

den einzelnen Schriftstellern. Bei ihm werden die einzelnen Arten der Arbeitskräfte und Tätigkeitsbereiche kritisch auseinandergehalten. Ausführlich sind Kolonatsfrage und Schuldknechtschaft behandelt. Seine Argumentation zur Betriebsgrösse bei Varro und Columella ist durch verschiedene Arbeiten von K. D. White und Duncan-Jones (vor allem "The Economy of the Roman Empire, Quantitative Studies", 1974) überholt.

Über die verschiedenen Arten der in römischen Agrarbetrieben eingesetzten Arbeitskräfte, über Pächter und 'Unternehmer' auf Werkverdingungsbasis handeln auch Mommsen, Die italische Bodenteilung, 1884; Schulten, Römische Grundherrschaften, 1896; Max Weber, Römische Agrargeschichte, 1891 sowie F de Coulanges, Le colonat romain, 1885. Zum politor und colonus partiarius mit besonderer Berücksichtigung Catos ist noch immer brauchbar Zanini, Atti del Istit. Veneto, Classe Lett. 9, 52, 1935/36. Ausführlich, aber überholt ist der RE-Artikel "colonatus" von Seeck (1900). Heranziehenswert sind noch immer die verschiedenen Abhandlungen von Rostovtzeff über den römischen Kolonat, auch Clausing, The Roman Colonate, 1925.

In der neueren Literatur haben vor allem sozialistische Forscher sich der Frage des Übergangs der Sklaven- zur Kolonatswirtschaft angenommen und die Durchsetzung des Kolonats im historischen Prozess im Anklang an die historischen Stufentheorien des 19. Jahrhunderts mit dessen höherer Produktivität erklärt (R. Günther, Schrot, Sergejenko, Maróti, Štaerman, Lipschiz u. a.). Die neueste nichtsozialistische Forschung zum römischen Kolonat legt sich nicht auf solche Zwangsläufigkeit der historischen Entwicklung fest. Jones, The Roman Colonate (1958), lässt es offen, wann, wie und warum der (relativ) freie colonus der Prinzipatszeit zum abhängigen colonus des späten Reiches geworden ist. Brockmeyer, Arbeitsorganisation, 1968, S. 9ff gibt einen ausführlichen Bericht über die Entwicklung des römischen Kolonates in der sozialistischen und nichtsozialistischen Forschung. Edgar Salin, Politische Ökonomie, 5. erw. Aufl., 1967, 22, führt die Ablösung der Gutswirtschaft durch den Kolonat auf die Verringerung der Sklavenimporte zurück: "Darum wird es nötig, alle intensiven Kulturen aufzugeben, darum nötig, freie oder halbfreie Arbeit heranzuziehen. An die Stelle der alten Gutswirtschaft tritt der Kolonat" (S. 22). Die sich daraus ergebende Reagrarisierung sowie das "Neuerstarken der naturalwirtschaftlichen Ordnung" hätten zum Untergang Roms beigetragen und "das Schicksal dieser ersten Weltwirtschaft besiegelt" (S. 23). Salin erklärt die Ablösung der Gutswirtschaft durch den Kolonat exogen von den Einflussfaktoren des Arbeitsmarktes her, die sozialistische Forschung sieht in der nachlassenden "Arbeitsproduktivität" der Gutswirtschaft in endogener Betrachtungsweise den konsequenten Verfall des sklavenhalterischen Systems der Antike bzw. des römischen Reiches (1b).

In der sozialistischen Geschichtswissenschaft hat die Betrachtung der Arbeitsorganisation wenig, die des Führungssystems in der römischen Geschichte so gut wie keine Berücksichtigung gefunden. Bei der Erforschung der Sklavenwirtschaft überwiegen Fragen der Sozialstruktur (R. Günther - G. Schrot, Bemerkungen zur Gesetzmässigkeit in der ... Gesellschaftsordnung, Wiss. Zeitschrift Karl-Marx-Universität Leipzig, 1963, Gesellschafts- und Sprachwiss. Reihe 1, 229-240; Štaerman, Krise der Sklavenhalterordnung, 1964, und dieselbe, Blütezeit der Sklavenwirtschaft, 1969), des Verfalls der Sklavenhalterordnung (Štaerman, Krise der Sklavenhalterordnung, 1964 und Lipschiz, VDI 1955, 4, 63ff), der Produktionsverhältnisse (Maróti, Acta ant. 11, 1963, 1-2, 215-234; Mihaescu, Studii și cerc. Ist. Veche IV, 3-4, 1953, 525-539 und ders., Studii și cerc. Ist Veche I, 2, 1950, 187-207) und der Rentabilität (Schrot, Rentabilität der römischen Landwirtschaft, 1957).

Štaerman befasst sich in ihren beiden grossen Monographien ("Krise" und "Blütezeit") mit der Organisation der Aufsichtstätigkeit, sieht aber in den Führungssystemen der Agrarschriftsteller nur besondere Formen der Ausbeutung. Folglich legt sie, vor allem in ihrem Werk "Krise", den Schwerpunkt auf die sozialen Konflikte und Gegensätze zwischen Sklavenhaltern und Sklaven. Sie fasst also die Sklavenwirtschaft primär als Zwangs- und Kontrollsystem auf. Besonders günstig beurteilt sie (wie überhaupt die sozialistische Forschung) das "patriarchalische" Leitungssystem Catos. Bei ihrem starken ideologischen Einschlag vernachlässigt sie die Vielfalt der Wirklichkeit.

Štaerman-Trofimova, Die sklavenhalterischen Beziehungen in der frühen römischen Kaiserzeit (russ.), Moskau 1971, schliessen an die früheren Werke von Štaerman an. Im Gegensatz dazu berücksichtigt dieses neue Werk fast ausschliesslich Italien. Ein eigenes Kapitel ist auch der Sklaverei in der Landwirtschaft gewidmet. Štaerman-Trofimova (von Letzterer stammt nur Kap 9) kommen zu dem Ergebnis, dass in Landwirtschaft und Handwerk die Sklaverei nur für mittlere und kleinere Unternehmen typisch gewesen sei. In Grossbetrieben und auf Latifundien habe sie zwar auch existiert, doch nur neben anderen Formen wie Lohnarbeit und Kolonat. Nach dem Rückgang der Sklavenwirtschaft hätten "die auf Selbstversorgung und Naturalwirtschaft eingestellten Grossgrundbesitzer" (1c) die beherrschende Position eingenommen. Ganz abgesehen davon, dass dies für die Grossunternehmen der Vieh- und Herdenwirtschaft nicht zutrifft, ist zu bemängeln, dass entsprechende Einwände Kiechles und Brockmeyers nicht berücksichtigt wurden. Überhaupt gehen Štaerman-Trofimova auf Ergebnisse der modernen Forschung zu wenig ein. Die Abhandlungen Štaermans, Die Lage der Sklaven zur Zeit der römischen Republik (russ.), VDI 1963, 2, 80-99; Die Sklavenfrage im römischen Imperium (russ.), VDI 1965, 1, 62-81 und Zur Klassenstruktur der römischen Gesellschaft (russ.), VDI 1969, 4, 37-59 bringen gegenüber den eben besprochenen Werken nichts wesentlich Neues (1d), da es sich bei ihnen zumeist um Vorarbeiten für die 1971 erschienene Monographie handelt. Das gilt auch für A. L. Kac's Artikel über das Problem der Sklaverei bei Plautus und Cato (VDI 1964, 3, 81-90). Arbeiten mit rein philologischem bzw. kommentierendem Charakter, die nur zu Teilfragen der ländlichen Sklaverei Stellung nehmen, bieten V. I. Kuzischtschin, Zur Datierung von Cato's "De agric." (VDI 1966, 1, 54-67) und ders., Das römische sklavenhalterische Landgut, 2. Jhd. v. u. Z. - 1. Jhd. u. Z. (russ.), Moskau 1973, Maróti E., Feriae in familia (Zum Verständnis von Cato, De agric. 138), abgedruckt in VDI 1970, 2, 60-64, Sergejenko M. E., Colum. 2, 12, 7-8 (Versuch eines Kommentars) (1e), Frank T., An Interpretation of Cato 'Agric!' 136, AmJournPhil. 54, 1933, 162-165 und Günther R., Kolonen und Sklaven in der Schrift 'de re rust.' Columella's, in der Festschrift für Altheim (1968). Welskopf, Die Bedeutung der Arbeitsorganisation für die Entwicklung der Produktivkräfte im Altertum, Jahrb. f. Wirtschaftsgesch., III, Berlin (Ost) 1973, 175-187 behandelt das Organisationssystem der Agrarschriftsteller sehr am Rande (S. 183ff). Sie vertritt die Auffassung, dass das Organisationssystem der mit Sklaven ausgestatteten Betriebe "durch die Naturalwirtschaft behindert und nur für kleine oder mittlere Betriebe geeignet (war), nicht aber für den Grossbetrieb" (S. 183), was aber nicht aus Quellen belegt wird. Zwischen Sklaven und freien Arbeitern sieht sie einen qualitativen rechtlichen und sozialen Unterschied (S. 184f).

Sergejenko befasst sich in seinem Werk über den vilicus (vgl. BCO IV, 1959, 3, 154ff) mit drei Idealtypen des vilicus (Tyrann, Bummler, Habgieriger, S. 157). Seine Gegenüberstellung des vilicus, wie er bei den Agrarschriftstellern geschildert wird, und wie er (angeblich) wirklich war, ist problematisch, da seine Beschreibung des realen vilicus nicht immer beziehungsweise nicht immer ausreichend auf Quellen basiert. Es darf also insgesamt festgehalten werden, dass die sowjetische und überhaupt die sozialistische althistorische Forschung sich nicht mehr ausschliesslich mit der antiken Sklaverei beschäftigt, sondern diese "in zunehmendem Masse im Kontext der anderen Abhängigkeitsformen" (1f) sieht.

Ein wichtiger Forschungsgegenstand im Bereich der nichtsozialistischen (1g) Agrargeschichte ist die villa (rustica). Bereits 1931 hat Carrington, Studies in the Campanian villae rusticae, JRS, 1931, 110ff archäologisches Material ausgewertet, ebenso Day, Agriculture in the Life of Pompei, Yale Class. Stud. 1930, 131ff für Pompei. Sirago, L'Italia agraria sotto Traiano, 1958; Mansuelli, Le ville del mondo romano, 1958 und Skydsgaard, Nuove ricerche sulla villa rustica romana, 1969, suchen durch die Kombination von literarischen, epigraphischen und archäologischen Quellen ein einheitliches Bild der villa rustica Romana zu gewinnen. Das kann man allerdings nicht von Dohr, Italische Gutshöfe, 1965 behaupten, der nur literarische Quellen heranzieht.

Für vorliegendes Thema wichtiger als die villa rustica ist die Frage, welche Art von Arbeitskräften in welchen Beziehungen und Verhältnissen in römischen Gutsbetrieben tätig waren. Darüber berichten in Ansätzen die alten Standardwerke (Rostovtzeff, Social and Economic History of the Roman Empire, Frank T., Economic Survey of Ancient Rome, I, 1933), aber auch neueste Werke wie Finley, Ancient Economy, Berkeley 1973 (Kap. III Masters and Slaves, 62ff und IV Landlords and Peasants, 95ff), R. Martin, Familia rustica, Annales litteraires de l'Université de Besancon, vol. 11, 1974, 267-297 und am Rande Duncan-Jones, The Economy of the Roman Empire, 1974. Letzterer reflektiert auch kritisch die bei Columella vorkommenden Mengenangaben. Zum Studium der freien Arbeiter in der römischen Landwirtschaft empfiehlt sich die Lektüre von Martini, Mercennarius, 1958; Macqueron, Le travail des hommes libres dans l'antiquité romaine, 1958 und der meisten Werke von De Robertis, vor allem I lavoratori liberi nelle 'familiae' aziendali romane, SDHI 24, 1958ff. Wenig über die Arbeitskräfte hat Dohr, Italische Gutshöfe, 1965 (136-148) zu sagen. Sein Kap. V "Die Arbeitskräfte" ist mehr oder weniger ein Anhängsel. Die Frage der Sklavenbehandlung wird nur in wenigen Zeilen angedeutet (2).

Grundlegend zur Latifundienfrage sind Tibiletti G., Lo sviluppo del latifondo in Italia dall' epoca graccana al principio dell' Impero, in: Relazioni del X Congresso Internazionale di Scienze storiche, 1955, II 237ff und White K.D., Latifundia, Bull. Inst. Class. Stud. 14, 1967, 62-79. Tibiletti konfrontiert die Latifundienfrage mit der politischen Geschichte der Agrarreformen, White legt den Nachdruck auf Begriffs- und Betriebsgrössenfragen.

Mit der Weidewirtschaft bei Varro im Rahmen der italischen Weidewirtschaft befasst sich Skydsgaard, Transhumance in Ancient Italy, Anal. Rom. Inst. Dan. VII, Kopenhagen 1974, 7-36. Besonders instruktiv ist diese Abhandlung für das Studium der calles. Zur Arbeitsorganisation und zum Führungssystem bei den Agrarschriftstellern sind wohl die Werke von De Robertis White and Brockmeyer am ergiebigsten. In seinem umfassenden Werk "Lavoro e lavoratori nel mondo romano" (1963) behandelt De Robertis in Kap. III die Arbeitsverhältnisse der freien Arbeiter in den familiae und weist nach, dass schon in der frühen Kaiserzeit Freie und Sklaven in den familiae zusammenarbeiteten. Vielfach war die tatsächliche soziale Stellung der Sklaven in den familiae günstiger als die der Freien. Kap. IV untersucht die

Arbeitsdisziplin, vor allem die Gestaltung der Arbeits- und Freizeit der Sklaven. White betitelt in seinem Werk "Roman Farming" (1970) sein 11. Kapitel "Personnel and Personnel Management" (S. 332ff); dabei behandelt er vor allem Arbeitsstatus, Art der Arbeitskräfte, Arbeitsverhältnisse, Arbeitsmobilität und -effizienz. Zu Arbeitsorganisation und Führungssystem nimmt er in Verbindung mit anderen Fragen auch Stellung in seinem Festschriftbeitrag für Vogt "Roman Agricultural Writers I: Varro and his Predecessors", 1973, 439ff. Seine Ausführungen, auf fundierten sozialpsychologischen Erkenntnissen beruhend, bringen eine völlig neue Sicht der römischen Agrarschriftsteller. Mit Vorsicht sind allerdings seine Zahl- und Mengenangaben zu verwerten.

Brockmeyer, Arbeitsorganisation und ökonomisches Denken in der Gutswirtschaft des römischen Reiches, Diss. Bochum 1968, stellt sein Thema in den weiten Zusammenhang der römischen Sklavenforschung und zieht dabei auch marxistische Literatur heran (2a). Brockmeyer stellt die verschiedenen Arten von Arbeitskräften und Arbeitsverhältnissen auf den römischen Gutsbetrieben (unter starker Bezugnahme auf Columella) dar und befasst sich dabei auch mit der strittigen Frage der Produktivität der Sklavenwirtschaft. Der Pacht, der politio und anderen Verdingungsverhältnissen wird breiter Raum gewährt. Neben dem vilicus sind ausführlich charakterisiert auch die untergebenen Sklaven und die in der Weidewirtschaft tätigen Hirten. Fragen der Arbeitsplatzbeschreibung Arbeitsteilung und Gruppenbildung werden - allerdings oft wenig reflektiert und ohne theoretische Fundierung - angesprochen. Die Führungs- und Arbeitskräfte der verschiedenen Produktionszweige sind ausreichend dargestellt, auch die Vorgesetzten der unteren Führungsebene (praefecti, magistri operum etc.) werden berücksichtigt. Übersehen wurden jedoch die ergastularii (Colum. 1, 8, 17), der armentarius (Varro 2, praef. 4. 2, 1, 18. 2, 5, 18), der opilio (Cat. 56; Varro 2, praef. 4. 2, 1, 18) wie auch der opilio villicus (Colum. 7, 3, 13). Nachteilig ist, dass Brockmeyer diese Fragen nicht systematisch nach sachlichen Gesichtspunkten, sondern nach Autoren behandelt hat. Zu bemängeln ist auch die geringe Beachtung der philologischen Methode.

Von den Kommentaren zu Cato sind besonders Mazzarino, Introduzione al de agri cultura di Catone, Rom 1952, und Thielscher, Des Marcus Cato Belehrung über die Landwirtschaft, Berlin 1963, hervorzuheben. Nach Thielscher setzt sich Catos Text zusammen aus persönlichen Anmerkungen und einer biographischen Interpretation, was seine Kritiker nicht immer akzeptieren. Im grossen und ganzen sind aber seine Übersetzung und sein Kommentar fundiert. Skydsgaard, Varro the Scholar: Studies in the First Book of Varro's 'De re rustica', Kopenhagen 1968, führt den Nachweis, dass Varros Informationen im allgemeinen brauchbar seien, wenn sie auf eigenen Erfahrungen beruhen, weniger nützlich jedoch bei seinen oft unreflektierten Übernahmen von anderen Autoren. Übersetzung und Kommentar von Columella's res rusticae durch Ahrens (1972) gehen weit über die bei Philologen übliche Praxis hinaus. Ahrens erweist sich nicht nur als sachverständiger Philologe und Interpret, sondern auch als Kenner der agrarischen Materie. Manchmal allerdings hat er einige Passagen zu frei übersetzt (so zum Beispiel in 1, 8, 19).

1. Leben und Werk der Agrarschriftsteller

Cato's Werk 'de agri cultura' ist eigentlich "ein landwirtschaftliches Lehrbuch" Er hat zu einem belehrenden Vortrag gemacht, "was eigentlich ein Tagebuchblatt ist" (2b). Sechs oder sieben Güter müssen ihm zu eigen gewesen sein: der väterliche Erbhof im Sabinischen, ein Ölgut von 120 iugera (30, 28 Hektar) (2c) mit zwei Keltern (cap. 3, 5), ein Gut am Stadtrand von Rom (cap. 7-9), ein Ölgut von 240 iugera (60, 56 Hektar) mit fünf Keltern (cap. 10), ein Weingut von 100 iugera (25, 23 Hektar) mit drei Keltern (cap. 11). "Unsicher ist, ob der Bauplan für ein Vierkelterhaus (cap. 18-19) für ein sechstes Gut entworfen und ausgeführt worden ist" (3). Als weiteres Gut ist ein solches mit sechs Keltern in cap. 145 genannt. Cato's Güter liegen in der Gegend von Rom und in Kampanien.

Im Vordergrund stehen bei ihm Oliven- und Weinbau. Die Olivenplantage hat eine optimale Betriebsgrösse von 240, das Weingut von 100 iugera (cap. 10-11). Es sind dies die beiden Kulturen, die zu Cato's Zeit (und auch später) in Mittelitalien am meisten einbringen und marktorientiert sind (3a).

Cato, aus dem begüterten Landadel stammend (Kienast 135), der die Landwirtschaft als Wissenschaft betreibt, geht es darum, durch billigen Einkauf und günstigen Absatz, durch den gezielten Einsatz und die effektive Ausbeutung der Arbeitskräfte möglichst viel Profit zu erwirtschaften (3b). Von den beschäftigten Sklaven wird dabei härteste Arbeit verlangt. Ihre Versorgung und Ernährung sind allerdings zufriedenstellend und der jeweiligen Arbeitsintensität angepasst (cap. 56: familiae cibaria, cap. 57: vinum familiae, cap. 58: pulmentarium familiae, cap. 59: vestimenta familiae).

Während seines ganzen Lebens hat Cato an seinem Werk über die Landwirtschaft gearbeitet, zumindest vom 36. bis zum 70. Lebensjahr, also von 183 bis 149 vor Christus. Vermutlich hat "ihm der Tod die Feder aus der Hand genommen" (4). Darum liegt bei seinem Werk keine endgültige Fassung vor, deswegen die vielen Wiederholungen im Text.

Varro (116-27 vor Chr.) ist in der sabinischen Stadt Reate geboren, wahrscheinlich aus einer Ritterfamilie stammend. Als Schüler des Philologen Stilo war er ein ausserordentlich gelehrter Mann. Neben mehreren wissenschaftlichen Werken, so auch über die Geschichte der lateinischen Sprache (de lingua Latina), schrieb er ein Werk über die Landwirtschaft, die 'res rusticae'. Er begann es erst im 80. Lebensjahr und widmete es seiner Frau Fundania (4a). Seine drei "Bücher" befassen sich mit Ackerbau, Viehzucht, Haustieren und der pastio villatica, der Haltung von Geflügel, Fischen, Vögeln, Wild und Bienen. Es treten mehrere Sprecher auf, die im Dialog verschiedene Standpunkte vertreten (4b). Varro "will belehren, erhebt aber auch literarische Ansprüche, die Cato ganz fern liegen" (5). Den Stoff beschränkt er auf das Wesentliche und achtet auf strenge Gliederung. Er gibt nicht "eine Fülle einzelner, knapper Rezepte, sondern alles ist eingereiht in das

Gebäude eines zusammenhängenden Lehrvortrags...". Einiges habe er zwar auch selbst erprobt, "aber im grossen und ganzen kann er sich ... nur auf das, was er gelesen hatte, stützen" (6). Wahrscheinlich legt er Güter mittlerer Grösse zugrunde.

Bei ihm nimmt neben der noch immer fundamentalen Wein- und Ölproduktion die extensive Weidewirtschaft mit fester Hauptstation und den einzelnen Sommerweiden (calles) (7) eine zunehmende Bedeutung ein. Es besteht eine starke Tendenz, Acker- in Weideland umzuwandeln (vgl. Varro 2, praef. 4-5) In Buch 3 behandelt Varro die Geflügel-, Wild- und Fischzüchtereien (8), die stark absatzorientiert, luxusabhängig und risikoreich sind wie auch grosse Investitionen und hochqualifizierte Arbeitskräfte erfordern. Gilt bei Cato noch reine Profitmaximierung, so ist bei Varro von "einer reinen Profitmotivation in Hinsicht auf die Sklavenarbeit" nicht mehr die Rede, er bevorzugt vielmehr ein Belohnungssystem, in dem "der gute Zustand und die Zufriedenheit der Sklaven als im wirtschaftlichen Selbstinteresse des Eigentümers liegend betrachtet wurden" (9).

Lucius Iunius Moderatus Columella, römischer Büger aus der spanischen Provinz Baetica, Militärtribun der 6. Legion (Ferrata) hat wohl in den ersten sieben Jahrzehnten des ersten Jahrhunderts nach Chr. gelebt. Ahrens betont, dass seine Lehren "weder auf die übergrossen Dimensionen der Latifundien noch auf eine kleinbäuerliche Wirtschaft zugeschnitten sind, sondern dass sie aus den Erfahrungen eines Gutsherrn erwachsen, der Land von vergleichsweise nur mittlerem, aber doch recht ansehnlichem Umfang nicht nur sein eigen nennt, sondern auch selbst bewirtschaftet, um durch dessen möglichst rationelle Nutzung sein Vermögen zu vermehren" (10). Seine Güter liegen alle in der weiteren Umgebung Roms (Ardea, Carseoli, Alba = Colum. 3, 9, 2 und Caere = Colum. 3, 3, 3).

Sein Werk de re rustica widmet er seinem Gutsnachbarn Silvinus, dem er besonders verbunden war und der an der Fertigstellung seines Werkes regen Anteil nahm. Dieses, ein Alterswerk, im siebten Jahrzehnt des ersten Jahrhunderts nach Chr. entstanden, umfasst zwölf Bücher (11). In diesem bemüht er sich, "auch die fachwissenschaftlichen, die wirtschaftspolitischen sowie darüber hinaus weltanschaulichen Fundamente für die Praxis zu legen" (12) Für dieses Spätwerk zieht er wesentlich mehr Autoren heran als für sein frühes Werk de arboribus. Wahrscheinlich hat er aber die in de re rust. 1, 1 aufgezählten Schriftsteller nicht alle selbst gelesen, sondern von Celsus übernommen (13), der für ihn eine Hauptquelle war (14). Daneben stellten Atticus, Graecinus und Hyginus wichtige Quellen dar. Doch schöpft Columella eben nicht nur aus der schriftlichen Überlieferung (die zum grossen Teil verloren ging), sondern ganz besonders auch aus eigener Lebens- und Agrarerfahrung.

Mit Cato verbindet Columella die Tatsache, "dass sie beide selbst Landwirte waren", und das Streben nach Belehrung wie auch die Einbeziehung der Praxis, mit Varro aber "die Vorliebe für Systematik", mit Vergil die "erzieherische Neigung" (15). Columella verkörpert also alle bisherigen Tendenzen; in seinem Werk kann man darum "den Sammel- und Höhepunkt des Schaffens auf dem Gebiete der römischen Agrarliteratur (zu) sehen" (16). Im Vergleich zu ihm ist Palladius (4. Jahrh. nach Chr.) in jeder Beziehung ein Abstieg (17).

In Columella's Betrieb herrscht strenge Sparsamkeit, doch keine Sparsamkeit am falschen Platz und um jeden Preis. Bei den Betriebsmitteln und Arbeitsgeräten wie auch den Arbeitskräften rangiert Qualität vor Quantität. Sein Unternehmen ist absatzorientiert, Käuferwünsche und Marktlage werden berücksichtigt. Zwiespältig jedoch ist seine Wirtschaftsmoral. So geisselt er zum Beispiel unsinnige Genusssucht, legt aber gleichzeitig dem Landwirt ans Herz, diese wirtschaftlich zu nutzen (Colum. 8, 10, 6; 8, 16, 6). Primär ist für ihn die Landwirtschaft Kapitalanlage, dann aber auch die "eines echten Römers würdige Erwerbsquelle" (18). Oberstes Ziel ist wie bei Cato Gewinnmaximierung. Trotzdem rät Columella aus Gründen wirtschaftlicher Rationalität, geprägt von der Philosophie der Stoa (19), zur humanen Behandlung der in der Landwirtschaft beschäftigten Sklaven (20).

Bei der Beschreibung von Leben und Werk der Agrarschriftsteller soll nicht der Eindruck entstehen, als ob es sich bei ihnen um Theoretiker handelte, die alle in der gleichen Zeit gelebt haben. Sie gehören vielmehr verschiedenen Phasen der Reichsbildung und -entwicklung an und sind als Menschen aus Fleisch und Blut auch von den Gegebenheiten und Bedingungen ihrer Umwelt abhängig.

Cato kam auf die Welt, als die Einigung Italiens abgeschlossen, der Einfluss der Kelten im Norden und der Griechen im Süden längst zurückgedrängt war. Er lebte im Zeitraum der mittleren Republik (264-133 v. Chr.), also in einer Zeit, die "den Höhepunkt der republikanischen Geschichte Roms" (Lauffer, Kurze Gesch., 156) darstellt. Cato hatte den Ersten Punischen Krieg (264-241 v. Chr.) nicht mehr erlebt. Seine Geburt fällt in den Beginn des 2. Punischen Krieges (218-201 v. Chr.) Männer von seinem Schlage waren es, die trotz der Katastrophe von Cannae (216 v. Chr.) nicht verzweifelten und die durch ihre Zähigkeit, fast möchte man sagen Sturheit, karthagischem Kapital und Organisationstalent überlegen blieben. Römische Bauernschläue war stärker als semitisch-karthagische Intelligenz. Mit dem Sieg Scipios über Hannibal bei Zama (202 v. Chr.) war Karthagos Macht gebrochen. Damit war die Voraussetzung geschaffen, nach Osten auszugreifen und die hellenistischen Staaten in die Schranken zu weisen. Makedonien wird 148 v. Chr. endgültig römische Provinz, die Freiheit Griechenlands ist mit der Zerstörung Korinths (146 v. Chr.) endgültig dahin. Nach dem Untergang Karthagos, den Cato (ceterum censeo Carthaginem esse delendam) so leidenschaftlich gefordert hatte - nicht so sehr aus politischer Einsicht und Notwendigkeit, sondern mehr aus wirtschaftlichem Konkurrenzdenken heraus (20a) -, wurde 146 v Chr. die Provinz Africa geschaffen. "In der ganzen Oikumene, die seit 168 bzw. 146 zum Orbis Romanus geworden war, gab es kein politisches Gebilde mehr, das fähig und in der Lage gewesen wäre, den Römern den einmal errungenen Platz streitig oder gar den vollzogenen Prozess der Welteroberung rückgängig zu machen" (Werner R., Vom Stadtstaat zum Weltreich, Gymnasium 80. Jahrg., Heft 5, 1973, 452). Da nun Rom in der ganzen damals bekannten Welt ohne Gegner war, verlagerte sich "das politische Gewicht . . . von den äusseren Angelegenheiten auf die inneren Verhältnisse Roms" (Werner R., Weltreich, 452).

In der späten Republik, in der Varro über 90 Jahre alt wird, lösten sich Restaurationen und Revolutionen ab. Die Volkstribunen Tiberius und Gaius Gracchus strebten mit ihren Agrar- und Wirtschaftsreformen zu den altrömischen patriarchalischen Verhältnissen zurück und wollten den Wandel Roms zu einer Weltmacht nicht wahrhaben. Mit den von ihnen versuchten Massnahmen war es jedoch unmöglich, das Rad der Geschichte zurückzudrehen und den landwirtschaftlichen Konzentrationsprozess in den Händen der patrizischen Oberschicht, bei der auch die Regierungsgeschäfte lagen, aufzuhalten. Im römischen Weltreich hatten auch die Ritter aufgehört, militärische Funktionen auszuüben. Sie wurden vielmehr zu einem "Stand von (römischen) Handelsherren und Bankleuten, der so ziemlich bei allen im Mittelmeergebiet getätigten Geschäften seine Hände im Spiele hatte" (Werner, Weltreich, 453, vgl. Brunt P.A., Die Equites in der späten Republik, in:

Schneider H., a.a.O., 175-213). Die Kluft zwischen politischer und wirtschaftlicher Oberschicht einerseits und der Unterschicht (plebs und clientes) andererseits nahm also zu. Der Mittelstand ging in Zahl und Bedeutung zurück. Statt freier Bauern, die mit eigenen Kräften und tlw. auch freien Arbeitern Grund und Boden bewirtschaften, tritt nun die mit Sklaven betriebene Gutsherrschaft (villa rustica) wie sie ja Varro in Buch 1 ausführlich beschrieben hat, in den Vordergrund. Mit dem fundamentalen sozialen und wirtschaftlichen Wandel, der mit einer auf Italien zugeschnittenen Verwaltung und Bürokratie nicht angemessen zu bewältigen war, ging einher "eine nicht minder tiefgreifende Veränderung der geistigen Situation durch die Bekanntschaft mit der hellenistischen Wissenschaft und Kunst wie den Religionen und der gegenüber Rom fortgeschrittenen Zivilisation des Ostens, die im Verein geeignet waren, die alten Bindungen, die religio der Römer, zunächst zu lokkern, um sie dann zu zerstören" (Werner, Weltreich, 454). Hinzu kommt, dass auch die italische Bevölkerung immer mehr mit Menschen aus dem griechisch-hellenistischen Kulturbereich (nicht zuletzt mit Sklaven) durchsetzt wird und damit die alte volks- und stammesmässige Geschlossenheit verlorengeht. In einem Staat, der stets auf Expansion (20b) gerichtet war, müsste es einfach an Kräften fehlen, die die Neuordnung bzw. Stabilisierung von Staat und Gesellschaft durchsetzen konnten und die in der Lage waren, wirtschaftliche Reformen zu realisieren. Was somit von einsichtigen Leuten versucht wurde, musste zwangsläufig Flick- und Stückwerk bleiben. Man behob nie die Ursachen einer Krise, man kurierte nur am Symptom. In diesem Sinne muss man die viel beklagte römische Sittenlosigkeit nur als Ausdruck dafür verstehen, dass die führenden Schichten der "rapide(n) Mutation der römisch-italischen Gesellschaft" (Werner, Weltreich, 455) hilflos gegenüberstanden. Konsequenterweise ist also die römische Republik nicht durch Bundesgenossenkrieg, Ständekämpfe, Revolutionen und Sklavenaufstände zugrundegegangen, sondern dadurch, dass es nie gelungen ist, Staatsapparat und Administration den Gegebenheiten einer Weltmacht anzupassen. Die "Optimatenrepublik" musste also folgerichtig der "Alleinherrschaft des Prinzipats" (Werner, Weltreich, 456) weichen (20c).
Im ersten Jahrh. des Prinzipats lebte und wirkte Columella, der im Gegensatz zu Cato und Varro von der Peripherie des Reiches (Südspanien) stammte. Der Augustusfrieden hat das römische Reich stabilisiert und dem grossen mittelmeerischen Wirtschaftsraum seine Funktionsfähigkeit garantiert. Dieser Friede schränkte allerdings den Sklavenhandel radikal ein, so dass als Folge davon der Wert der Arbeit in Italien zunahm. Mit dieser Sachlage ist Columella konfrontiert und er ist bemüht, die knapper gewordene 'Ware' effektiver zu nutzen bzw. Wege zu effektiverer Nutzung aufzuzeigen. Dies soll nicht zuletzt durch grössere Humanisierung des Arbeitsplatzes und der Beziehungen zwischen Herrschaft und Untergebenen erreicht werden. Wenn Varro noch unter dem Eindruck der Krise der Republik und der Sklavenaufstände stand und schrieb und seine agrarischen Massnahmen danach ausrichtete, so schreibt Columella in dem Bewusstsein des augusteischen Weltfriedens (Ablehnung des Kriegs!) und des Weltbürgertums, in welchem die Ideen der Stoa einen vorrangigen Platz einnahmen.

2. Arbeitsorganisation und Arten der eingesetzten Arbeitskräfte

2.1. Landwirtschaftliche Arbeitskräfte

Den Hauptstamm von Arbeitskräften auf den Gütern Cato's bilden die Sklaven (20e) einschliesslich des Verwalters (vilicus) als unfreie ständige Arbeitskräfte. Für nicht stetig anfallende Arbeiten, welche das ständige Personal allein nicht bewältigen konnte, zog Cato entweder Tagelöhner heran oder er verpachtete grössere Arbeiten oder gab sie in Verding (21). Die bei Cato 1, 3 genannten operarii waren "wohl freie Tagelöhner und Lohnarbeiter", "die man nach Bedarf anwerben konnte, oder unfreie Arbeiter, die von ihren Herren vermietet wurden" (22) In cap. 4, 4 nennt Cato operae, wohl Sklaven (vgl. Thielscher, Erläut. zu Cato agr. cap. 4, 4), auf jeden Fall aber eigene Leute, die der Herr einem politor oder redemptor vermietet (operas facilius locabis 4, 4). In cap. 5, 4 spricht Cato vom mercennarius neben dem operarius und politor (23). Wahrscheinlich hat nur mercennarius stets die Bedeutung des freien Lohnarbeiters - die moderne Sozialgeschichte verwendet die Bezeichnung Tagelöhner und Tagwerker -, während man operarius als Oberbegriff des freien und unfreien Lohnarbeiters auffassen kann (24). Daneben vergab Cato (cap. 136; 144) auf dem Wege der Verdingung "nicht selten unter Selbstbeteiligung einem Unternehmer ganze Arbeitsgänge in Auftrag" (24a), die dieser selbständig mit seinen Leuten auf eigenes Risiko durchführte. Bei der politio (25), vor allem in der Getreideernte, erhielt der politor je nach Bodenqualität zwischen 1/6 und 1/9 des Ernteertrages, bei gedroschenem Korn 1/5 (Cato cap. 136). Er übernahm die Versorgung des Ackers nach der Aussaat. Zu seinen Pflichten gehörte "das Hacken des Ackers das Ernten, manchmal auch das Dreschen" (26). Der politor war also wirtschaftlich gesehen "eine Art Erntehelfer", "der gegen einen vorher genau festgesetzten Naturalanteil bei der Getreideernte half oder sie eventuell mit einer Schar eigener Leute übernahm" (27).

Die Olivenernte gab Cato auf dem Wege der Verdingung in der Regel einem redemptor (cap. 144-145), der als "eine Art Unternehmer" (Brockmeyer, Arbeitsorganisation, 86) Oberaufsicht und Verantwortung für die Ernte hatte; dieser musste sich aber an die "Anweisungen des dominus, dessen Stellvertreters oder des Käufers der Ernte" (Brockmeyer ebd., 87) halten. Der redemptor hatte die entsprechenden Arbeitskräfte zu stellen, davon ein Drittel leguli (Sammler) und zwei Drittel strictores (Pflücker), und auch zu bezahlen (Cato cap 144, 3), etwa 50 fleissige Leute (adsiduos homines) (27a), wie Cato in 144, 4 meint. Der redemptor und seine Mitarbeiter erhielten entweder normalen Taglohn oder Zuschlag bei Versteigerung. Die zusätzlich gewährten accessiones (gesalzene Oliven, Öl, Essig), also in der Regel Naturalien, stellten einen "Anreiz zu schneller Arbeit" (Brockmeyer, Arbeitsorganisation, 89) dar (28). Im Zusammenhang mit der Vertragsregelung und -auslegung zwischen dominus und redemptor erwähnt Cato 144, 4-5; 145, 3 socii, welche Gummerus, Gutsbetrieb, 30 als Mitunternehmer des redemptor auffasst.

In der Weidewirtschaft lässt Cato den conductor (28a), der formell Pächter, de facto aber selbständig ist (nach Thielscher, Erläuterungen zu cap. 150, S. 359, wahrscheinlich ein benachbarter Kleinbauer), die Schafnutzung (fructus ovium cap. 150) übernehmen. Der conductor hat zwei Monate lang einen Hirten zu stellen. Die Vertragsfrist läuft vom 1. Sextilis (Aug.) bis 1. Juni, wenn ein Monat eingeschaltet ist, bis 1. Mai (cap. 150).

Das Weingut (vinea) überliess Cato in der Regel einem curator partiarius (cap. 137 vineam curandam partiario), der bald mehr dem Lohnarbeiter, bald mehr dem Pächter nahestand. Dieser "übernahm sämtliche Arbeiten auf der vinea", wahrscheinlich auch die Weinlese. Als partiarischer Pächter, der mit einer Fruchtquote seine Pacht zahlte, bekam er neben dem Futter für sein Rindvieh, das er mitbrachte, die Hälfte des Ertrages (Cato cap. 137). Brockmeyer hält es für wahrscheinlich, dass Cato diesem Pächter seiner vinea das vorhandene Inventar und die ständigen Arbeitskräfte überliess (29). Der Pächter der Winterweide in cap. 149 wird übrigens emptor genannt.

In 1, 17, 2 teilt Varro die Feldarbeiter in freie und unfreie ein (liberi und servi). Rein formal gehören bei ihm die Sklaven und freien Arbeiter zu den Produktionsmitteln (instrumenta) (30). Sie bilden neben dem instrumentum mutum (zum Beispiel plaustra) und dem instrumentum semivocale (zum Beispiel boves) das instrumentum vocale, also ein mit Sprache begabtes Produktionsmittel (Varro 1, 17, 1-2) (31).

Zu den freien Arbeitern (31a) bei Varro zählen
    (a) die pauperculi cum sua progenie (31b),
    (b) die mercennarii ,
    (c) die obaerarii (nach Gummerus 62 obaerati) (32).

In den pauperculi darf man freie, selbständige kleine Bauern sehen, die mit Frau, Kindern und sonstigen Angehörigen ihr Gütlein bewirtschafteten und sich keine Sklaven oder Tagelöhner leisten konnten (33). Dohr hält es nicht für sicher, ob sie eigenes oder gepachtetes Land bebauten (33a).

Die mercennarii arbeiteten nicht auf eigenem Boden und für eigene Rechnung, sie entsprechen den mercennarii und operarii Catos; sie "wurden für die Durchführung grösserer Arbeiten und von Saisonarbeiten" (34) angeworben. Man nahm sie wahrscheinlich "aus den Reihen landloser, verarmter Bauern, die gezwungen waren, schlechtere Bedingungen anzunehmen als die Politoren, die selbst eigenes Land hatten" (35). Von einer Verdingung solcher Arbeiten ist bei Varro nicht die Rede.

Die obaerarii, die F. de Coulanges mit den obaerati bei Varro de lingua lat. 7, 105 gleichsetzt, standen in einem zeitlich begrenzten Schuldknechtschaftsverhältnis zu einem Herrn (36), das in Palästina schon eine lange Tradition besass (36a). In Varros Zeit war die Schuldknechtschaft in Italien bereits selten. Varro 1, 17, 2 hebt jedoch ausdrücklich hervor, dass es noch zahlreiche obaerarii in Asia, Ägypten und Illyrien gebe. Die neuere Forschung zum Hellenismus (36b) hat nachweisen können, dass es sich bei den in hellenistischer Zeit unter Schuldknechtschaft Stehenden in der Regel um hauptberufliche Pächter handelt. Wenn also die obaerarii in Asien, Ägypten und Illyrien den italischen gleichzusetzen sind (was die Formulierung Varros nahelegt), dann müsste es sich auch in Italien zu Varros Zeit (wenigstens mehrheitlich) um coloni handeln. Brockmeyer, Arbeitsorganisation, 29, macht es sich also etwas leicht, wenn er behauptet, dass sie "keine Pächter waren und dass zwischen ihnen und den späteren coloni kein direkter Zusammenhang bestand". Da die italischen Agrarverhältnisse von denen in den hellenistischen Ländern in mancher Hinsicht abweichen, halte ich es nicht für ausgeschlossen, dass in Italien neben den coloni auch kleine Eigentümer im Falle von Verschuldung in Schuldknechtschaft gerieten. F. de Coulanges hatte also bei der Gleichsetzung von obaerarii (Varro res rust. 1, 17, 2) und obaerati (Varro ling. lat. 7, 105) nicht so unrecht.

In engem Zusammenhang mit dem obaerarius bzw. obaeratus muss auch der bei Colum. 1, 13, 2 erwähnte nexus (civium) gesehen werden. Für R. Günther sind beide in der frühen römischen Geschichte identisch: "Obaerarius bezeichnet die finanzielle, nexus die rechtliche Seite der gleichen Erscheinung im 5. Jahrhundert vor u. Z." (36c). Ob diese Gleichsetzung noch für die späte Republik und die frühe Kaiserzeit gilt, ist zu bezweifeln. Denn der nexus, der sich dem Gläubiger durch Selbstverknechtung in die Hand gab, um Folgen des Vollstreckungsrechtes zu entgehen, war diesem arbeitspflichtig und unterlag sogar der Fesselung und Züchtigung (36d), was ihn dem Sklaven ähnlicher macht als dem obaerarius. Im Jahre 326 v. Chr. wurde zwar die Schuldverknechtung des nexus abgeschafft durch die Lex Poetelia Papiria (36e) in einem Staat ohne entwickelten Kapitalmarkt, ohne ausreichende Regelung der Kreditsicherung und ohne organisierte Rechtsüberwachung war ein solches Gesetz in der Realität nur ein Stück Papier, das die soziale Wirklichkeit nicht beeinflussen konnte.

Neben den Sklaven und freien Arbeitern kennt Varro noch die coloni, freie Pächter, welche Teile des Gutes eines dominus gepachtet hatten. Diese bildeten "vom eigentlichen Gutshof unabhängige Betriebe, die nur durch Pachtzahlungen mit dem Gut und dem dominus verbunden waren" (37).

Bei Columella stehen eindeutig die Sklaven als Arbeitskräfte im Vordergrund. Die Vielfalt ihrer Tätigkeiten kommt in einer Fülle von Bezeichnungen zum Ausdruck, auf die ich nun näher eingehen möchte. Sie heissen in erster Linie servi oder mancipia, meist im Zusammenhang mit der familia vorkommend. Für die Sklaven werden bei Columella "Begriffe verwendet, die nicht immer auf den ersten Blick den Sklaven erkennen lassen" (37a). So sind die operarii bei Colum. 11, 1, 4 und 11, 1, 16 Sklaven, auch die subiecti in 1, 8, 4; 1, 8, 10 und 11, 1, 4 Mit subiecti können aber alle gemeint sein, "die der Gewalt des pater familias unterworfen sind" (37b). Bei der Frage der Auswahl des geeigneten vilicus (Colum. 11, 1, 6) muss man unter den erwähnten agricolae Sklaven verstehen (... peritissimis agricolis...). An einer anderen Stelle (11, 1, 14), wo Columella Wert darauf legt, dass die coloni schon frühmorgens die Arbeit in Angriff nehmen (. refert colonos a primo mane opus aggredi..), ergibt sich aus dem Zusammenhang, dass es sich wahrscheinlich um Sklaven handelt (37c), zumal vorher von der familia die Rede ist, die nur zögernd an die Arbeit gehe und deswegen besonders der Führung des vilicus bedürfe. Diese Aussage bezieht sich wohl auf Sklaven (coloni) in der familia. In Columellas Zeit durfte der Verwalter Kolonen (Pächter) wohl noch nicht so energisch anfassen. Die rustici bei Colum. 11, 1, 19 (consuescatque rusticos circa larem domini focumque familiarem semper epulari) sind Sklaven, die stets gemeinsam im Hause speisen sollen (37d). Schliesslich kommen bei Colum. 12, 3, 3 noch servuli vor, vielleicht sind damit Sklaven im Haushalt gemeint (deinde quibus quotidie servuli utuntur, quae ad lanificia, quae ad cibaria coquenda et conficienda pertinent) (37e).

Neben den Sklaven kennt Columella auch Pächter (coloni 1, 7, 1 - 1, 7, 7, auch rustici genannt 1, 7, 2) (38). Er bevorzugt die coloni indigenae, die auf dem Gut geboren sind (Colum. 1, 7, 3). Doch strebt er langfristige Pacht mit möglichster Erblichkeit an, weil damit materielle Interessiertheit und Bodenverbundenheit des Pächters eher gesichert waren. Der Parzellenpacht gibt er den Vorzug vor der Grosspacht; im Grunde betrachtet er aber das Pächtersystem "als wenig rentabel" (Brockmeyer, Arbeitsorganisation, 177). Nur in unfruchtbaren und ungesunden Gegenden (Colum. 1, 7, 4) oder auf weit entfernten Gütern, vor allem Getreidegütern (1, 7, 6-7; 1, 1, 20), gilt ihm der Einsatz von freien Pächtern (liberi coloni) gegenüber Sklaven als vorteilhafter (39). Denn auf weit entlegenen Gütern würden die Sklaven (servi) durcn die grosse Entfernung (tam longa dominorum distantia) korrumpiert und als solche mehr in die eigene Tasche wirtschaften als sich der Landwirtschaft widmen (rapinis magis quam culturae, Colum. 1, 1, 20). Sklaven eignen sich ganz besonders für Weingüter und Baumpflanzungen (1, 7, 6). Vom Einsatz unständiger freier Arbeitskräfte ist bei Columella kaum die Rede (39a). Nur in 2, 2, 12-13 rät er, "das Roden eines steinigen Bodens durch angeworbene Arbeitskräfte (operae) ausführen zu lassen, aber zu einer Zeit, in der die Löhne der Arbeitskräfte niedrig seien" (operarum vilitas) (Brockmeyer, Arbeitsorganisation, 170). Auswärtige Arbeiter werden bei plötzlichem Arbeitsanfall, so bei der Weinlese, gemietet (Colum. 2, 21, 10). In Colum. 1, praef. 9; praef. 12 werden mercennarii als Arbeitskräfte genannt. Wir dürfen also annehmen, dass auch Columella in Zeiten saisonaler Spitzen (zum Beispiel in der Ernte) nicht ohne freie Gelegenheitsarbeiter auskam, auch wenn diese in seinem Werk wenig berücksichtigt werden.

In Colum. 1, praef. 17 wird für die frührömische Zeit eine plebs rustica der plebs urbana als Vorbild gegenübergestellt. Aus dem Zusammenhang gerissen möchte Günther R., Kolonen und Sklaven in der Schrift de re rustica Columella's, Festschrift Altheim, Bd. I, 1969, 506 unter der plebs rustica nur "alle freien Arbeitskräfte" (ohne Sklaven) auf Columellas Gut verstehen, was sich jedoch aus Colum. 1, praef. 17 auf keinen Fall entnehmen lässt (39b).

2.2. Handwerker

Bei Cato finden wir keine im Abhängigkeitsverhältnis dauernd beschäftigten Handwerker auf dem Gut. Das schloss nicht aus, dass er handwerklicher Leistungen bedurfte. Einfache handwerkliche Verrichtungen führten die Sklaven durch, vor allem im Winter, in klimatisch ungünstigen Zeiten (Regen) und gelegentlich auch an Feiertagen. Bei komplizierten Arbeiten zog Cato Handwerker auf Werkvertragsbasis heran, so den Schmiedemeister (faber ferrarius 7, 2) für Schmiedearbeiten, den Baumeister (faber conductor) für Bauarbeiten (cap. 14) (40a), den Schmied (faber) mit Mitarbeitern (operae) und Handlangern (adiutores) (cap. 21, 5). Varro 1, 16, 4 rät, auf Gütern, die weiter vom nächstgelegenen Dorf oder der nächsten Stadt entfernt sind, festangestellte Handwerker (fabri und ceteri artifices) zu beschäftigen, um Produktionsausfälle zu vermeiden (40b). In dem Falle, wo Güter in der Nähe von Städten oder Dörfern liegen (oder nahe bei reichen Grundbesitzern), sollten Bauern (coloni) Handwerker (fabri, artifices) auf Jahresvertragsbasis halten (potius anniversarios habent vicinos ... medicos, fullones, fabros, quam in villa suos habeant, Varro 1, 16, 4). Denn der Tod eines (festangestellten) Handwerkers (artificis) könne ein Gut ruinieren. Diese für 1 Jahr verpflichteten Handwerker haben wohl auf Werkvertragsbasis für das Gut gearbeitet, vielleicht in einem Arbeitsverhältnis, das K. Bücher als Lohnwerk bezeichnet In 1, 2, 21 zieht Varro in Erwägung, mehrere Weber (textores), Spinner (histonae) und andere Handwerker (alios artifices) auf dem Gut zu beschäftigen.

Columella kennt in der Regel festangestellte Handwerker, was sich aus dem Zusammenhang von 4, 30, 1 erschliessen lässt. Eine rationelle Betriebsführung sei in Frage gestellt, wenn ein Gut alles Notwendige von aussen (extra fundum) beschaffen müsse (vgl. die Abbildung "Arten der eingesetzten Arbeitskräfte" am Schluss). Auch Palladius betont noch im 4. Jahrhundert nach Chr. die Notwendigkeit, Handwerker aller Art auf dem Gut zu halten, damit das Arbeitspersonal nicht durch Stadtgänge von seiner Arbeit abgehalten werde (Pallad. 1, 6, 2).

3. Optimaler Arbeitskräftebedarf und optimale Betriebsgröße

Die römischen Agrarschriftsteller kannten in der Landwirtschaft bereits das Problem der optimalen Betriebsgrösse und Arbeitskräfteausstattung eines Betriebes. Sollte eine villa rationell arbeiten, dann durfte sie eine bestimmte Bodenfläche und Sklavenzahl nicht überschreiten. Im Falle der Überschreitung des (wirtschaftlichen) Betriebsoptimums (41) "wurde die 'Arbeit der Aufsicht' übermässig gross und eine rationelle Wirtschaftsorganisation undenkbar" (42). "Die günstigsten Bedingungen für einen Fortschritt der Produktivkräfte bei entwickelter Sklaverei" herrschten wohl auf dem Gut "mittlerer Grösse" (43). Anders als bei der Weidewirtschaft, die Cato in jeder Beziehung höher schätzt als den Ackerbau (und zwar in folgender Reihenfolge: a) bene pascere, b) satis bene pascere, c) male pascere, d) arare (Cic. offic. 2, 89)) und grössere Betriebsgrössen bei höherer Produktivität zulässt, fielen bei Wein-, Öl- und Getreideproduktion die Arbeiten nicht gleichmässig übers Jahr an. So wurden bei Bestellung und Ernte wesentlich mehr Leute gebraucht als in der übrigen Zeit. Da das Stammpersonal (Sklaven) das allein nicht schaffte, musste der Gutsherr Gelegenheitsarbeiter heranziehen oder Arbeiten auf dem Wege der Verdingung vergeben (43a)

Ein olivetum von 240 iugera (rd. 60 Hektar) als optimale Betriebsgrösse erforderte bei Cato (cap. 10) ein Stammpersonal von 13 Personen, nämlich vilicus und vilica, fünf gewöhnliche Knechte (operarii) (44), drei Ochsentreiber oder Pflüger (bubulci), einen Eseltreiber (asinarius), einen Schweinehirten (subulcus) und einen Schafhirten (opilio). Auf der arbeitsintensiveren vinea von 100 iugera brauchte man in der Regel 16 Leute, nämlich vilicus, vilica, zehn operarii, einen bubulcus, einen asinuarius, einen salictarius (für das salictum, wo die den Weinreben als Stützen dienenden Weidenruten gezogen werden) und einen subulcus. Gummerus erscheinen diese Werte "auffallend niedrig" (S. 24), es handle sich wahrscheinlich um Minimalwerte (45). Beide Güter aber seien keine Grossbetriebe. Das unfreie Arbeitspersonal hat (nach Gummerus) "für die gewöhnlichen laufenden landwirtschaftlichen Arbeiten ausgereicht" (46). Das Ölgut brauchte noch zehn Arbeitstiere und eine Herde von 100 Schafen (cap. 10, 2), der Weinberg keine Schafe und nur fünf Arbeitstiere (cap. 11, 2) (47). Dazu kommt noch die Ausstattung mit Maschinen, Geräten, Gefässen, Körben, Werkzeugen etc., so z. B für das Ölgut fünf Ölpressen (vasa olearia instructa iuga V), sechs Pflüge mit Pflugscharen (aratra cum vomeribus VI), eine Egge (irpex), an Werkzeugen acht Gabeln (ferreae VIII), 8 Hacken (sarcula VIII), 4 Spaten (palae IIII), 5 Schaufeln (rutra V) ... 1 Eselsmühle (mola asinaria), 1 Handmühle (mola trusatilis), 1 spanische Mühle (mola Hispaniensis); für das Weingut 3 komplette Pressen (vasa torcula instructa III), 2 Pflüge (aratra II) mit Pflugscharen (vomeres, II, de agr. 11, 4), an Werkzeugen 10 Gabeln (ferreae X), 6 Spaten (palae VI), 4 Schaufeln (rutra IIII) ... 3 Eselsmühlen (molae asinariae III),

1 Handmühle (mola trusatilis), 1 Wasserrad (rota aquaria I) (47a) (vgl. Cato agr. 10-11).
Bei 250 angenommenen Arbeitstagen im Weinberg kommt White auf formal 25 Arbeitertage pro iugerum, modifiziert jedoch diesen Input: "But out of Cato's 100 iugera, assuming that it is a self-contained unity, 60 iugera will have been required for food and fodder, and 10 for timber and reeds, leaving 30 actually under vines. On this basis Cato's vineyard appears to be somewhat overmanned at c. 50 man-days per iugerum" (48).
In 1, 18, 7 stellt Varro für die erforderliche optimale Sklavenzahl eines Gutsbetriebes folgende Kriterien auf, ohne sich jedoch über Cato hinaus auf bestimmte Zahlenwerte festzulegen:
  a) Beschaffenheit der Nachbargüter und deren Grösse,
  b) Zahl der dort beschäftigten Menschen,
  c) wie viele Leute müssen addiert oder subtrahiert werden, um die eigene Wirtschaft (cultus) besser oder schlechter zu stellen.

Die 'richtige' Beschäftigungszahl scheint Varro durch eine Art von trial-and-error-Methode herauszufinden, nämlich unter Zuhilfenahme von experientia und imitatio (Varro 1, 18, 7), wobei er sich auf die agrargeschichtliche Tradition beruft: "Antiquissimi agricolae temptando pleraque constituerunt, liberi eorum magnam partem imitando. Nos utrumque facere debemus, et imitari alios et aliter ut faciamus experientia temptare quadam, sequentes non aleam (Zufall), sed rationem aliquam" (System, Ordnung) (Varro 1, 18, 7-8). Man kommt also auf die richtige Beschäftigungszahl, indem man experimentiert und nachahmt sowie sich der Empirie bedient. Weiter "hat der Gutsbesitzer nicht nur die Entfernung zur nächsten dörflichen oder städtischen Siedlung zu berücksichtigen (48a), sondern auch die Lage seiner Parzellen im Gelände" (Dohr, S. 136). Bei Steilhängen, wo der Einsatz des Pfluges nicht sinnvoll wäre, braucht man weniger Pflüger und Pflugochsen (Varro 1, 18, 4), stattdessen aber mehr gewöhnliche Arbeiter für Umgraben und Hacken.
Leider erfahren wir nicht, wieviele Beschäftigte im Gesamtunternehmen Varros (mit Weidebetrieb und pastio villatica) tätig waren. Von Gelegenheitsarbeitern abgesehen wird die Zahl der Gesamtbeschäftigung 60 Leute kaum überschritten haben (bei Cato rund 30 Dauerbeschäftigte für vinea und olivetum) (48b). Wegen des oft grossen Anteils der Gelegenheitsarbeiter sagt die absolute Zahl der Dauerbeschäftigten nur beschränkt etwas aus. Es ist darum besser, in Produktionsfunktionen den optimalen Arbeitseinsatz in Zeiteinheiten für bestimmte Flächen zu errechnen.
Im Sinne einer technischen Produktionsfunktion, wo bestimmte Produktionsfaktoren bestimmten Bestands- oder Flussgrössen zugeordnet werden, hat Varro mit Berufung auf Saserna klare Vorstellungen, was 1 Mann in welcher Zeit leisten kann: 1 Mann könnte maximal 8 iugera bereits in 32 Tagen umgraben (1 iug. in 4 Tagen), 1 Mann kann optimal 8 iugera mindestens in 45 Tagen umgraben (1 iug. in 5,6 Tagen), wobei Saserna eine Reserve von 13 Tagen für Krankheit, schlechtes Wetter, Trägheit und Laxheit (indiligentia) der Arbeiter einplant (Varro 1, 18, 2) (49).
Varro gibt auch klare Relationen für den Einsatz von Zugtieren auf einer bestimmten Fläche kultivierten Landes: Nach Cato werden 3 Joch Ochsen für 240 iugera Olivenbau benötigt, nach Saserna werden 2 Joch Ochsen für 200 iugera von kultiviertem Land als erforderlich angesehen (Varro 1, 19, 1).

In der Erkenntnis, dass sich diese Produktionsfunktionen nicht verallgemeinern lassen und nicht für jeden Anbautyp gelten, rät Varro bei der op-

timalen Zuordnung der eingesetzten Zugtiere zur Anbaufläche sich pragmatisch an folgende drei Prinzipien (triplex regula) zu halten (1, 19, 2-3):
   Praxis des früheren Eigentümers,
   Praxis der benachbarten Eigentümer,
   eigene Erfahrung (experientia quadam).

In 2, 12, 7 untersucht Columella, wieviel Arbeitstiere und Arbeitskräfte man für die Bearbeitung einer bestimmten Getreideanbaufläche (49a) braucht. Ein Feld mit 200 iugera kann man mit zwei Joch Ochsen, vier Pflügern (bubulci) und sechs einfachen Arbeitern (mediastini) bestellen, wenn es frei von Bäumen ist; bei einem Feld mit Bäumen kommen nach Auffassung der beiden Sasernae (Vater und Sohn) noch drei Arbeiter hinzu, insgesamt also 13 (Colum. 2, 12, 7) (49b). Für 25 iugera veranschlagt Columella 115 Arbeitertage für die Saatbestellung mit mehrfachem Pflügen (Colum. 12, 2, 8). Bei 200 iugera also 920 Arbeitertage. Die zehn Mann (mit Ochsen) erwirtschaften einen Gesamtertrag von je 250 modii Weizen und Gemüse, pro Mann also je 25 modii (49c). Es müssen also bei Columella 9 1/2 Mann je 1 Tag arbeiten, um 1 iugerum (= rd. 4-5 modii) Weizen (triticum) zu produzieren beziehungsweise 10 1/2 Mann, wenn der Boden geeggt werden muss (Colum. 2, 12, 1) (50).
R. Dumont (51) errechnet für die technisch mit der römischen im 1. Jahrhundert nach Chr. vergleichbaren Landwirtschaft im Raume Cordoba in Südspanien (ohne Maschinen) in den 50er Jahren des 20. Jahrhunderts 20 Arbeitertage pro acre, kommt für Columella umgerechnet auf 14, 5 beziehungsweise 15, 7 (mit Eggen) Arbeitertage pro acre. Columella's Werte zeigen also eine höhere Arbeitsproduktivität (52) (vom Input her gesehen) an als die südspanische Landwirtschaft der 50er Jahre in Cordoba. Allerdings ist die Columella'sche Produktivitätsziffer ein Optimalwert, der in der damaligen römischen Landwirtschaft wohl nur unter günstigen Umständen realisiert worden ist (53). Es ist aber wahrscheinlich, dass Columella auf seinen Gütern diesem Optimalwert ziemlich nahe kam. Denn er erreichte eine effektive Vollbeschäftigung der Sklaven durch räumliche Differenzierung, Vermeidung von Monokultur, Streuung des Anbaues gleichmässig übers Jahr mit verschiedenen Reifezeiten (vor allem im Weinbau) und mit der Kombination von Saat- und Pflanzfrucht (54). Eine effektive Vollbeschäftigung sollte auch die doppelte Haltung von Eisengeräten garantieren, welche dem Brachliegen von Kapazitäten vorbeugen sollte. Columella erkannte, dass bei Verlust oder Unauffindbarkeit von Geräten der Arbeitsverlust die Gerätebeschaffungskosten übersteige (Colum. 1, 8, 8) (55). Auch die Haltung von Handwerkern auf Grossgütern sollte Arbeitsunterbrechungen durch mangelnde Auslastung der Produktionsfaktoren vermeiden helfen (vgl. Varro 1, 16, 4; Colum. 4, 30, 1; 12, 3, 9; Pallad. 1, 6, 2) (56).
7 iugera eines Weinberges (vinea) lässt Colum. 3, 3, 8-9 mit nur einem einzigen qualifizierten Winzer (vinitor) auskommen, der für 6 000 - 8 000 HS (= Sesterzen) eingekauft werden sollte. Rund ebensoviel setzt er für den Erwerb des Bodens von 7 iug. an. Den Weinberg mit Ausstattung (cum sua dote) taxiert er auf 2 000 HS pro iug., also 14 000 HS für den Weinberg. Durch Addition dieser drei Posten kommt Columella auf genau 29 000 HS, wobei unklar bleibt, ob der vinitor mit 8 000 und der Boden mit 7 000 HS oder beide mit je 7 500 HS bewertet werden. Mit der zweijährigen Zinsbelastung von 3 840 HS bei 6% Zinsen pro Jahr für die Anlaufzeit der Produktion, wo die Weinstöcke noch nicht tragen, erreicht Columella für die vinea von 7 iugera den Gesamtwert von 32 480 HS bei 3 cullei pro iug. und 900 HS Erlös pro iug. (1 culleus = 5,242 hl) (Colum. 3, 3, 8-9) (56a). Aus der Tatsache, dass er hier eine vinea von 7 iugera seinen Berechnungen zugrundelegt, darf man aller-

dings nicht schliessen, dass er auf seinem Gut nicht über eine grössere vinea bzw. mehrere grössere vineae (vielleicht in Streulage?) verfügte. Dies muss man vielmehr annehmen, wenn man sich vor Augen hält, was für eine grosse Anzahl spezialisierter Arbeitskräfte (die in 3, 3, 8-9 nicht genannt werden) er bei seiner Weinerzeugung einsetzt, was nur bei einem grösseren Betrieb rentabel ist, nämlich neben dem vinitor einen alligator und putator (4, 17, 5), einen fossor (5, 5, 13) und einen pampinator (5, 5, 13), von den ungelernten Sklaven und freien Gelegenheitsarbeitern ganz zu schweigen.

Über die effektiven Betriebsflächen erfahren wir bei Varro und Columella recht wenig; es ist deswegen ratsam, epigraphisches und archäologisches Material heranzuziehen. Skydsgaard hat die Alimentar-Inschrift von Benevent aus der Zeit Traians (mit 90 fundi) auf HS-Basis ausgewertet und kommt dabei zu dem vielleicht überraschenden Ergebnis, dass der grösste Teil der 90 fundi im Bereich von 30 000 bis 60 000 HS liegt, nicht wenige sogar darunter, und damit als Kleinbetriebe zu qualifizieren wären (56b). Legt man nämlich, ausgehend von Colum. 3 3, 8, für 1 iug. unkultiviertes Weinland rd. 1 000 HS zugrunde (56c), so entsprechen die 30 - 60 000 HS ungefähr 30 - 60 iugera.

Day hat, ausgehend von der Grösse der Gebäude pompeianischer villae, vor allem der villa von Boscoreale, die Dimensionen der von einem Agrarbetrieb bebauten Flächen zu errechnen versucht und dabei auch die bei Columella angegebenen Masse für einen normalen Weinberg herangezogen. Er kommt zu dem Ergebnis, dass die bewirtschafteten Flächen der villa von Boscoreale wie auch der anderen villae 100 iug. nicht überschreiten (56d). Dieses Ergebnis passte durchaus zur literarischen Überlieferung. In der Zone von Capua finden sich allerdings gelegentlich auch Höfe mit weniger als 10 iug., im Raum Ereto erreichen jedoch manche Höfe Dimensionen von rd. 500 iugera. In der Zone von Blera haben wir, wie schwedische Forscher nachweisen konnten, eine ziemlich breite Streuung der Betriebsgrössen (56e).

Für die Arbeit im arbeitsintensiven Weinberg (vinea) gibt Colum., de arboribus 5, 5 für die Erledigung aller anfallenden Arbeiten 23 Arbeitertage pro iugerum (56f). Dumont, S. 292 gibt für das vergleichbare Rhonetal der 50er Jahre 110 Arbeitertage pro acre (= 66 Arbeitertage pro iug.). Selbst wenn man den Arbeitseinsatz pro iug. bei Columella verdoppelt, da wohl ein Teil des Weinberges nicht für die Weinerzeugung, sondern für Futtergewinnung etc. verwendet wird, ist das Verhältnis von Arbeitsinput zu Betriebsfläche bei Columella immer noch wesentlich günstiger als beim Weinbauer des Rhonetales der 50er Jahre, was auch White (56g) bestätigt: "In general, then, on the limited information available, it would seem that the man power requirements of the Italian wine-farmer were not exorbitant by modern standards" (White, Roman Farming, 373). Arbeitsproduktivität beziehungsweise Arbeitsinput sind bei Cato, Varro und Columella so ziemlich gleichgeblieben, im Weinbau ca. 25 man-days pro iugerum (57), wobei die im Weingut erzeugten Nebenprodukte ausser acht bleiben.

4. Arbeitsteilung und Gruppenbildung

4.1. Ansätze bei Cato und Varro

Die hohe Arbeitsproduktivität auf Cato's Gütern scheint nicht so sehr die Folge einer entwickelten Arbeitsteilung und Gruppenbildung, sondern mehr die Auswirkung einer extrem patriarchalischen Führung zu sein (wie in der Zeit der europäischen Frühindustrialisierung), auf Grund welcher die Arbeiter "entweder zu arbeiten oder zu schlafen" hatten (Brockmeyer, S. 77). Auf Ansätze einer Arbeitsteilung weist jedoch der Einsatz einer Reihe von Spezialisten hin (Cato cap. 10; 11; 64; 66; 136; 144). Cato's Profitmotivation war auch jeglichen sozialen Ausgaben bei Alter und Arbeitsunfähigkeit abgeneigt, was über niedrige Kosten die Arbeitsproduktivität erhöhte.
Bei Varro erfahren wir nur, dass ein Teil der Hirten ("qui in fundo cotidie ad villam redeant" = 2, 10, 1) verpflichtet wird, mit dem magister pecoris zwecks Kontrolle und Auftragserteilung gemeinsam zu Abend zu essen (Varro 2, 10, 1-2). Wahrscheinlich spielte in der Wirklichkeit die Arbeitsteilung eine grössere Rolle, als im Werke Varro's angedeutet ist.

4.2. Notwendigkeit der Arbeitsteilung und deren Begründung bei Columella

Die Berufsspezialisierung in der villa ergab "eine erhebliche Arbeitsersparnis"; durch eine "gewisse Arbeitsteilung" konnten die Arbeitsmethoden verbessert werden. Vielfach wurden auf entwickelten Gross- und Mittelgütern der römischen Landwirtschaft in der späten Republik und frühen Kaiserzeit landwirtschaftliche Geräte verwendet, die eine fortschrittliche Arbeitsteilung ermöglichten, so Pflug mit Streichbrett und fahrbarem Vordergestell, Egge, Keltern, Wein- und Olivenpressen sowie Instrumente zum Pfropfen von Reben und Obstbäumen (58). Über den Einsatz technischer Mittel waren die römischen Agrarschulen allerdings geteilter Meinung (59).
Technische Aufgeschlossenheit und ökonomische Rationalität gehen bei Columella Hand in Hand. Er erkannte, dass die Arbeitsorganisation eines Gutes einer ausgebildeten Arbeitsteilung bedürfe. Es sei nicht sinnvoll, "dass alle alles ausführen". Es habe dann keiner das Empfinden, "irgend eine Arbeit sei seine ganz persönliche Sache". Der nicht spezialisierte Arbeiter ohne klare Aufgabenkompetenz glaube "nicht seiner eigenen, sondern einer Gemeinschaftsaufgabe" zu nützen und versuche darum sich um die Arbeit zu drücken. Um dem vorzubeugen, "müssen die Pflüger von den Winzern, die Winzer von den Pflügern und diese von den Ungelernten geschieden werden" (Colum. 1, 9, 6). Ohne klare Arbeitsteilung und Kompetenzabgrenzung der verschiedenen Tätigkeiten und Berufe fehlt die berufliche Interessiertheit.

Die Arbeitsteilung allein sichert diese nämlich noch nicht, es muss noch eine ganz bestimmte Art der Gruppenbildung hinzukommen (60).

4.3. Optimale Gruppenbildung bei Columella

Landwirtschaftliche Gruppen (classes) (60a) sollen nach Columella maximal 10 Mann (decuria) umfassen. "Die Alten haben diese als Dekurien (61) bezeichnet und sie sehr empfohlen, weil diese begrenzte Anzahl bei der Arbeit sich am bequemsten überwachen lasse und nicht eine zu grosse Menge die Aufmerksamkeit des anleitenden Aufsehers (monitor) überfordere. Auf einem Gut von grösserer Ausdehnung sollen darum die Abteilungen (classes) getrennt eingesetzt werden, und die Arbeit ist so zu verteilen, dass weder einer oder zwei für sich sind, da sie in der Zerstreuung nicht leicht bewacht werden können, noch auch über zehn, damit bei der zu grossen Zahl nun nicht die einzelnen meinen, die Arbeit gehe sie nichts an. Solche Einteilung regt nicht nur den Wetteifer (aemulatio) an, sondern entlarvt auch die Trägen (ignavi) und so wird einerseits durch den Wettbewerb (certamen) die Arbeit vorangetrieben (excitetur), andererseits kann man die Säumigen gerecht bestrafen, ohne dass sie murren dürften" (Colum. 1, 9, 7-8) (62).

Columella bringt hier in fast moderner Terminologie zum Ausdruck, was man heute das Theorem der optimalen Leitungsspanne nennt. Wieviel Mann ein Vorgesetzter heute beaufsichtigen und effektiv führen kann, ist keine absolute Grösse, sondern hängt vom Gruppenziel, der Innenverfassung der Gruppe, der Umweltsituation und dem emotionalen Ausdehnungsvermögen und Fassungsvermögen der Führerpersönlichkeit ab (63). Die moderne Forschung hat erkannt, dass es in bestimmten Kulturen, Organisationen, Gruppen eine bestimmte Ober- und Untergrenze gibt, innerhalb derer Gruppenkohärenz und effektive Führung noch möglich sind. Wenn bei Columella eine Arbeitsgruppe von 10 Leuten für maximal, eine solche von 3 bis 10 Leuten für optimal gehalten wird, so scheint heute in vielen Bereichen die optimale Gruppengrösse bei 20 zu liegen. Bei W. Tritsch scheint die Zahl 20 "für die Menschheit eine konstante Zahl zu sein. Nach amerikanischen, englischen, deutschen, französischen, tschechischen Testuntersuchungen und Statistiken trifft auf je 20 Menschen ein Initiativbegabter. Die menschliche Stimme, der menschliche Verstand, die soziale Kapazität des Einzelnen sind so geartet, dass sie in Gruppen oder Riegen zu je 20 am freiesten sich entfalten, am besten einander helfen oder überwachen, am erfolgreichsten zusammenarbeiten können" (64). Die maximale Gruppengrösse liegt nach Anger wohl zwischen 25 und 30 Gruppenmitgliedern. Hier werde ein "qualitativer Umschlagpunkt" erreicht, wo "die Gesamtgruppe für den einzelnen Teilnehmer unüberschaubar zu werden beginnt und primäre Interaktionen von jedem mit jedem nur noch begrenzt, wenn überhaupt, möglich sind" (65). Es ist also offensichtlich, "dass die Inanspruchnahme des Einzelnen durch die Gruppe nur in kleinen Gruppen in einem umfassenden Sinne möglich sei" (66). In kleineren Gruppen werden die individuellen körperlichen und geistigen Kräfte voll mobilisiert, die Gruppenmitglieder besser integriert, was durchaus nicht mit einer grösseren Erschöpfung Hand in Hand gehen muss. Parkinson zeigt, dass politische Ausschüsse mit einer Anzahl von 10-15 Mitgliedern die grösste Wirksamkeit entfalten und solche über 20 Mitglieder sehr wenig leisten. Das gilt auch für die Gruppenarbeit entwickelter

Industrie-, Bank- und Versicherungsunternehmen der Gegenwart, wo jedoch vielfach die optimale Gruppengrösse um 10 herum liegend angenommen wird.

Die pädagogische Soziologie sieht bei der Arbeits- und Erziehungsschule, die zum eigenen Denken und selbständigen Handeln erzieht, "die wünschenswerte Grösse einer Volksschulklasse zwischen 20 und 30 Schülern, im Durchschnitt also bei 25" (67).

Mit der Anregung des Wetteifers (aemulatio) und des Wettbewerbs (certamen) spricht Columella die in der modernen Gruppentheorie so wichtige Frage der Rivalität (68) an, die bei optimaler Gruppenstärke (auch bei suboptimaler) und -struktur produktivitätsfördernd wirkt (opus excitetur). Sie bezieht sich primär auf die Leistungsebene. Bei 'richtiger' Gruppengrösse lässt sich die Arbeit leichter überwachen und die Grundlage für positive und negative Sanktionen schaffen (tum in cessantes animadversio iusta ...) (69).

4.4. Die 'familia' als Gruppe

Die Arbeitsorganisation in den mittleren und grösseren römischen Agrarbetrieben beruhte auf den familiae (70), deren Mitglieder meist sklavischen Ursprungs waren (71). Ausgehend von Varro res rust. 1, 17, 2 (72), wo die res maiores den mercenarii obliegen, darf man schliessen, dass die res minores von den Sklaven besorgt worden seien (73). Nach Cato agr. 5, 4 und 13 wurden freie Arbeiter, nämlich operarii, mercennarii, liberi custodes und politores in den landwirtschaftlichen Betrieben beschäftigt "per i lavori di carattere straordinario o transitorio" (74), die gewöhnlich anfallenden Arbeiten blieben den Sklaven.

Eine Verfügung Caesars bestimmte, dass auf den Latifundien wenigstens ein Drittel der Hirten freie Lohnarbeiter sein sollten (75). Es ist also anzunehmen, dass auch bei Columella - wenigstens bei den Hirten - freie Arbeiter mit den Sklaven in den familiae zusammenarbeiteten. Auch die Gelegenheitsarbeiter (für Arbeitsspitzen eingesetzt) mussten wohl im Arbeitsprozess in diese integriert werden. Dass in der Regel Freie sowie (fremde) Sklaven (regelmässig zumindest seit Beginn des 2. Jahrhunderts nach Chr.) nachweislich in den familiae zusammen waren, macht folgende Stelle von Ulpianus deutlich: "Familiae nomen hoc non tantum ad servos publicanorum referemus, verum et (ad eos) qui numero familiarum sunt publicani, sive igitur liberi sint, sive servi alieni, qui publicanis in eo vectigali ministrant ..." (Ulpian., Dig. 39, 4, 1, 5) (76). Die in die familia integrierten Freien wurden am Arbeitsplatz als den Sklaven gleichgestellt (loco servorum) betrachtet (77). Es hatten also in den familiae die freien Arbeiter keinen Vorrang vor den Sklaven (78). De Robertis meint vielmehr, "dass stattdessen die Sklaven in den Leitungs- und Überwachungsfunktionen bevorzugt waren" (79), da der dominus sich genötigt sah, die Sklaven als sein Betriebskapital mehr zu schonen als die auf Lohnbasis tätigen freien Arbeiter. Auf Grund ihrer grösseren sozialen und wirtschaftlichen Abhängigkeit genossen die sklavischen Führungskräfte bei den Herren auch mehr Vertrauen als die freien (80).

Seit Cato's Zeit finden wir an der Spitze jeder familia einen Aufseher sklavischer Provenienz, den vilicus, der über erhebliche Vollmachten verfügte (vgl. De Robertis, Lavoro, 110f). In der Abwesenheit des patronus, was ja meist der Fall war, fiel ihm jegliche Leitungs- und Entscheidungskompetenz zu (81). Bei so viel Machtfülle des vilicus bedeutete die Integration der Freien in die Arbeitsorganisation der familia eine soziale Abwertung auf die Stufe der Sklaven (82). Was hier für den dominus zählte, waren eben nicht der juristische und soziale Status der Mitglieder der familiae, sondern "la bontà del lavoro e della produzione" (die Güte der Arbeit und der Produktion) (83). Die Mitarbeit von Freien und Sklaven in der familia führte allmählich zu einem gegenseitigen Assimilationsprozess; auf der einen Seite wird die Arbeit der Sklaven - vor allem der Führungskräfte - aufgewertet, auf der anderen Seite entwickelt sich die Entlohnung des freien Arbeiters zu einem "auctoramentum servitutis" (Cic., offic. 1. 42, 150) (84). Es ist also die gleiche Stellung im Produktionsprozess und in der sozialen Gruppe, welche beide einander annähert. In der weiteren Entwicklung des römischen Reiches führten der fast völlige Verlust der Freiheit der halbfreien Arbeiter auf dem Lande und zunehmende personale, patrimoniale und familiäre Fesseln in den städtischen Berufskorporationen zu sozialer und rechtlicher Nivellierung, so dass paradoxerweise "das Ende der Freiheit auch das Ende der Sklaverei war" (85).

Unter der familia darf man sich nicht eine ungegliederte Masse vorstellen. Schon bei Cato erkennen wir deutlich eine hierarchische Struktur der familia. Die Skala reicht vom vilicus über Pflüger und Spezialisten (subulcus, opilio, salictarius) bis zu den ungelernten Arbeitern (operarii, servi compediti) (85a). Bei Columella geht diese vom vilicus über den Mittelbau (monitor, epistates etc.), die qualifizierten Arbeitskräfte (vinitor, alligator, putator etc. im Weinbau), die weniger qualifizierten Kräfte zu den nicht qualifizierten, die bei ihm jedoch kaum erwähnt werden. Ulpianus (Dig. 7, 1, 15, 2) spricht ausdrücklich von einem ordo mancipiorum. Die servi conpediti, servi male noti und servi notae extremae, eine Kategorie, in die auch die wiedereingefangenen fugitivi eingereiht wurden (Dig. 47, 10, 15, 44), standen auf der untersten Sprosse dieser sklavischen Ordnung (85b).

5. Arbeitsplatzbeschreibung nach Tätigkeitsmerkmalen und Kompetenzen

5.1. Stellung und Aufgaben der Führungskräfte

5.1.1. Terminologie und Struktur

Bei Cato, Varro und Columella war der vilicus als Stellvertreter des dominus für die technische und ökonomische Leitung eines mittleren oder grösseren Landgutes (villa) zuständig, er hatte ausserdem auch finanzielle Verantwortung zu tragen, vor allem im sorgfältigen Umgang mit Geräten und agrarischen Erzeugnissen. Besonders wichtig war seine Rolle als Leiter und Führer der ihm unterstellten freien und unfreien Mitglieder der familia. Für White ist der vilicus "a combination of farm manager, work overseer or foreman, and steward, or controller of day-to-day accounts" (86). Häufig war er auch damit beauftragt, "de tenir les comptes et de les présenter au controle du maitre" (87). Zu Hadrians Zeit wurden die Verwalter, meist Sklaven, "bereits actores genannt, während der Gebrauch von vilicus immer seltener wurde. Der actor (bzw. vilicus, der Verfasser) hatte i.d.R. (= in der Regel, Verf.) nur mehr die unmittelbaren landwirtschaftlichen Arbeiten zu leisten, während die Finanzverwaltung und eigentliche Gutsadministration Sache des procurator war (88). Auf einigen Privatgütern, auf denen es keinen procurator gab, nahm der actor dessen Stelle ein und war dann Vorgesetzter des vilicus" (89). In der Regel war also der actor (90) oder vilicus - übrigens auch bei Columella - Untergebener des procurator beziehungsweise Vertreter des pachtenden conductor. Bei Labeo ist der saltuarius als horrearius Lagerverwalter. Neratius versteht darunter auch einen custos finium. Dieser Terminus wird dann "anscheinend dem Begriff vilicus synonym und bezeichnet einen Gutsverwalter" (Brockmeyer S. 210). In den Domänenbüros der Prokuratoren gab es verschiedene Verwaltungssklaven wie tabularii, adiutores (90a) und arcarii. Dem vilicus unterstanden eine Reihe von Führungskräften, die in den Quellen mit verschiedenen Namen bezeichnet werden, wobei aber nicht immer sicher festzustellen ist, inwieweit damit gleiche Funktionen gemeint sind: bei Cato, agr. 66; 67; 144,1; 145,1 der custos als Kontrolleur oder Aufseher (bei Colum. 7, 9, 10 bedeutet custos Schweinehirt) und epistates (Cato 56), vielleicht mit dem actor identisch (Corp. Iur. VIII 2767); bei Varro ein praefectus (1, 17, 5-6), eine Art von Vorarbeiter, der in der Regel der Leiter und Aufseher einer Untergruppe der familia war; bei Columella ein exactor (3, 13, 10; 3, 13, 13), ein monitor als Aufseher der decuria und im besonderen Falle Gruppenleiter der vinitores (Colum. 1, 9, 4; 1, 9. 7), die ergastularii (1, 8, 17) sowie die magistri operum (1, 8, 17; 1, 9, 2) beziehungsweise magistri singulorum officiorum (1, 8, 11; 11, 1, 27) als Vorsteher von Feldarbeitsgruppen und anderer Tätigkeitsbereiche (91), wahrscheinlich auch der armentarius, der als Oberhirte für die Arbeitstiere auf dem Hofe sorgte (Varro 2, praef. 4; 2, 1, 18; 2, 5, 18) und der opilio als Oberhirte der zum Hofe gehörenden Schafherde (für Milch, Wolle etc) (Cato cap. 56; Varro 2, praef. 4; 2, 1, 18). Bei Colum. 7, 3, 13 ist ein opilio villicus genannt, der auf einem entlegenen Gut (longinquae regionis) "fast den ganzen Nachwuchs für die Aufzucht" bestimmt, während der opilio villicus eines stadtnahen Gutes (suburbanae regionis) die jungen Lämmer "schon vor der Entwöhnung" dem Schlächter in der Stadt zu übergeben hat. Dieser opilio villicus untersteht wohl direkt dem Gutsherrn.

Cato's custos (cap. 66, 1 mit dem Küfer gleichgesetzt) kontrolliert den Keller (cella) und die Kelterei (torcularium) für die Ölproduktion. Er hat sich um die Herstellung von sauberem Öl zu kümmern (Cato cap. 66, 1, 1). In 66, 1, 2-3 und 67, 2 erfahren wir genau, welche technischen Details er bei der Ölherstellung zu beachten hat. 67, 1 bestimmt, dass der custos den Kelterern (factoribus) für jede Kelterung je einen Sextar (= 0,54 Liter) Öl zum Eigenverbrauch geben solle. Auch die Ausgaben für Lampen (lucernae) werden ersetzt (Cato 67, 1). Bei der Verdingung der Olivenernte und Ölherstellung sowie deren Überwachung (Cato cap. 144, 1; 145, 1) fungiert der custos als Vertreter des Gutsherrn, was auf eine starke Position hindeutet. In 3, 13, 10 spricht Columella von einem erfahrenen und wachsamen exactor, "qui ripam erigi iubeat, sulcumque vacuari, ac totum spatium crudi soli cum emota iam terra committi" (Colum. 3, 13, 10), der also Erdarbeiten befehligte. In 1, 8, 11 wird von den magistri singulorum officiorum fleissige Pflichterfüllung verlangt, was 11, 1, 27 fast wörtlich wiederholt. Genauere Angaben zum Tätigkeitsprofil dieser untergeordneten Führungskräfte machen die Agrarschriftsteller nicht. In 1, 9, 2-3 möchte zwar Columella auf die Aufgaben der Vorarbeiter und Pflüger (magistri, bubulci) später (suo loco) zurückkommen, doch ist es bei diesem Vorsatz geblieben.

In den grösseren römischen Agrarbetrieben der frühen Kaiserzeit gab es also in der Regel vier Führungsebenen: an der Spitze der Gutsherr (dominus, patronus), an zweiter Stelle der procurator als Geschäftsführer des Gesamtunternehmens (mit mehreren Betrieben). Die dritte und mittlere Führungsebene lag beim vilicus (actor; saltuarius). Die untere (= vierte) Führungsebene bildeten custos, epistates, praefectus, exactor, monitor, magistri operum. In gewisser Hinsicht müsste man auch die vilica, die Gefährtin des vilicus, zur unteren Führungsebene rechnen, da sie einerseits vom Verwalter Weisungen empfing (wenigstens in der Theorie), andererseits den auf dem Hofe Beschäftigten Weisungen erteilte.

Bei einer nur dreiteiligen Führungshierarchie (ohne procurator) unterstand der vilicus stets unmittelbar dem Gutsherrn. Bei der vierteiligen Führungsebene konnte jedoch der Gutsherr den procurator umgehen und dem vilicus direkte Anweisungen geben. Das wird wohl nicht die Regel gewesen sein in Betrieben, in denen der Gutsherr oft abwesend war (vgl. Abbildung "Führungsebenen" am Schluss). In der von Cato, Varro und Columella beschriebenen Arbeitsorganisation war leider nicht geregelt, welche Führungskräfte welchen Untergebenen Anweisungen erteilen konnten bzw. von welchen Führungskräften Sklaven Anweisungen annehmen mussten. Bei Colum. 1, 8, 17 erfahren wir, dass die gefesselten Sklaven mehreren Vorgesetzten unterstanden (pluribus subiecti), nämlich den vilici, operum magistri und ergastularii (den Leitern des Ergastulum), welche aber verschiedenen Führungsebenen angehörten. Das mag in der Praxis zu Reibereien und Konflikten geführt haben.

In der Weidewirtschaft gab es de iure zwei Führungsebenen, nämlich dominus und magister pecoris (der bei Colum. 7, 6, 9 oberster Ziegenhirte war), der die Tätigkeit der anderen Hirten zu kontrollieren und zu koordinieren hatte sowie rangmässig dem vilicus entsprach (Varro 1, 2, 14). Wegen der grossen Entfernung der Weiden vom Gutshof konnte der Gutsherr jedoch auf den Betrieb der Weidewirtschaft de facto noch viel weniger Einfluss nehmen als auf die Führung des Gutsbetriebes. Es gibt also hier im Grunde nur eine Führungsebene in Gestalt des opilio oder magister pecoris. Auch in den Quellen ist nirgendwo die Rede, dass der Gutsherr dem magister pecoris oder den Hirten Anweisungen erteilte.

5.1.2. Der vilicus bei Cato, Varro und Columella

Der vilicus muss bei Cato dem Gutsherrn Bericht erstatten, wenn jener das Gut visitiert; er hat Rechenschaft abzulegen über das bisherige Betriebsergebnis, über Fristeneinhaltung und zukünftige Arbeitsgestaltung ("ob er erledigen kann, was noch bleibt", cap. 2, 1). Anschliessend hat der vilicus dem Gutsherrn eine "Berechnung der Werke und Tage" (cap. 2, 2), - eine Formulierung, die an Hesiod erinnert -, vorzulegen, wobei im Falle eines ungünstigen Betriebserfolges vom vilicus verschiedene Ausreden vorgebracht werden, und einen Tätigkeitsbericht über die Arbeiten bei Regenwetter und an Feiertagen zu geben. Weiter erwartet der Gutsherr Auskunft über die künftige Betriebspolitik (Cato cap. 2, 5-8).
In cap. 5 befasst sich Cato mit den Pflichten des Verwalters (vilici officia), auch mit Eigenschaften, die der vilicus nicht haben soll. Die officia erinnern an stoische Tugendkataloge. Besondere Fürsorge soll der Verwalter für das materielle Wohl der familia walten lassen und auf die Einhaltung der gutsherrlichen Befehle achten (Cato 5, 2). Der Verkehr des Verwalters mit der Aussenwelt und den Nachbarn wird auf zwei oder drei Höfe beschränkt (cap. 5, 3). 5, 4 schreibt ihm häufige Abrechnung mit dem Gutsherrn vor. Einkäufe sollen nur mit seinem Wissen erfolgen. Cato legt besonderen Wert darauf, dass der vilicus lerne, "alle Landarbeiten (selber) zu machen, und er soll das oft tun (mitarbeiten), wenn er nur nicht schlapp dabei wird". Durch seine Mitarbeit weiss er, "wie der Sklavenschaft zumute ist, und die (Sklaven) werden ruhiger arbeiten" (Cato, cap. 5, 5) (92).
Cato verlangt hier von seinem vilicus, was "er ohne Zweifel als junger Bauer auf seinem väterlichen Gute im Sabinischen selber geleistet" (Thielscher, S. 194 zu Cato cap. 5, 5) hat. Doch sind die Ansprüche so hoch, dass sie ein durchschnittlicher Verwalter nicht alle erfüllen kann (93).
Varro's vilicus, agri colendi causa constitutus atque appellatus a villa (Varro, res rust. 1, 2, 14), dem der magister pecoris in der Weidewirtschaft rangmässig gleichsteht (1, 2, 14), muss nahe der Eingangstür wohnen, sein Zimmer sollte jedoch in der Nähe der Küche liegen (1, 13, 2). In Anlehnung an die Sasernae (Vater und Sohn) (94) lässt Varro niemand vom Hof gehn ohne Befehl des vilicus und diesen nur mit Erlaubnis des Gutsherrn, "aber auch nur dann, wenn die Wirtschaftsführung es unbedingt erfordere" (Varro 1, 16, 5). Der vilicus muss ebenso wie die ihm unterstellten praefecti (95) (Varro 1, 17, 3ff) eine gewisse Grundausbildung (Lesen, Schreiben, Rechnen) durchgemacht haben, muss tüchtig und ein erfahrener Landwirt sein, vor allem überlegen an Fachwissen und älter als seine Mitarbeiter (Varro 1, 17, 4). Über die Grund-

ausbildung hinaus soll er gebildet sein ("aliqua humanitate imbuti" (95a), 1, 17, 4). In diesem Sinne fordert auch Cicero, de rep. 5, 3, dass der vilicus ehrlich und gewissenhaft sei wie auch die Qualität des Bodens und Saatgutes kenne (96).

Columella kennt zwei Arten von Verwaltern, a) den für Getreide-, Öl- und Weinbau zuständigen vil(l)icus, b) den für die Schafherde zuständigen opilio villicus (Colum. 7, 3, 13). Dabei unterscheidet er zwischen dem opilio villicus auf einem abgelegenen Gut und demjenigen auf einem stadtnahen Gut. Die Informationen zu diesem opilio villicus sind allerdings sehr spärlich. Bei der Auswahl des vilicus hat Columella ganz konkrete Vorstellungen. Er warnt vor der Übernahme von Sklaven als Verwalter, "die feinere Tätigkeiten, wie sie für die Stadt passen, ausgeübt haben" (Colum. 1, 8, 1). Verwalter werden muss vielmehr ein Sklave, "der von Kind an durch Landarbeit abgehärtet und in der Praxis erprobt ist; wenn jedoch ein solcher nicht vorhanden ist, so sollte man einen von denen dazu anstellen, die ein mühevolles Sklavenleben ausgehalten haben" (1, 8, 2) (97). Der vilicus sei nicht zu jung und nicht zu alt, sondern mittleren Alters (mediae aetatis) zwischen 35 und 65 und gut bei Kräften (firmi roboris), in der Landwirtschaft erfahren (98) und strebsam (Colum. 1, 8, 3; 11, 1, 3-4). Er sollte, wenn er nicht lesen und schreiben kann, dafür unbedingt ein sehr gutes Gedächtnis haben (1, 8, 4). In fachlicher Hinsicht soll er den Untergebenen überlegen sein (99), er soll "Lehrer der Arbeiter" (magister operariorum), nicht ihr Schüler sein (Colum. 11, 1, 4; vgl. auch Cato 5, 2). Besonders wichtig ist, dass der vilicus eine Frau (contubernalis mulier, Colum. 1, 8, 5) hat (100), "die ihn in Ordnung hält und in manchen Dingen ihn doch auch unterstützt" (Colum. 1, 8, 5). Damit glaubt Columella ihn fester ans Gut zu binden.
Dem vilicus obliegt die Pflicht zur Vorratshaltung der Produktionsmittel, die Sorge für Bekleidung und Unterhalt der Sklaven (Colum. 1, 8, 9; 11, 1, 2). Er darf keine Geschäfte für die eigene Tasche machen (11, 1, 23f), er muss "früher als alle anderen aufstehen" (11, 1, 14), das Gesinde möglichst früh zur Arbeit führen, die Leute aufmuntern, den Schwächeren helfen und andere zu richtiger Arbeit anweisen (Colum. 11, 1 14-17). Zu viel Wein soll er nicht trinken, nicht zu viel schlafen und sich nicht in Liebschaften einlassen (Colum. 11, 1, 13-14). Der künftige Verwalter soll nicht nur eine Lehre durchmachen, "von früh an in harter Landarbeit geübt und erst in vielen Versuchen erprobt werden" (11, 1, 7) in der richtigen Wirtschaftsführung und Loyalität zum Herrn; ihm obliegt auch die Pflicht zu dauernder Fort- und Weiterbildung im Interesse des Betriebes (1, 8, 13-14; 11, 1, 27-28) (101a). Da die stete Anwesenheit des Verwalters arbeitsfördernd wirkt (Colum. 1, 8, 11), wird bei Columella (wie auch bei Varro) die räumliche Mobilität desselben (wie auch seiner Untergebenen) stark eingeschränkt.

5.1.3. Der magister pecoris und die Hirten bei Varro und Columella
----

Anders als in Ackerbau, Weinbau und Ölproduktion waren die Hirten bei Varro meist Sklaven. Freie Arbeiter mussten nicht eingesetzt werden, da sich die anfallenden Arbeiten ziemlich gleichmässig übers Jahr verteilten. Varro unterscheidet zwischen den Hirten, "qui in callibus versentur", und denen, "qui in fundo cotidie ad villam redeant" (Varro 2, 10, 1). Bei denen, die abends zum Hof zurückkehren, finden sich neben Knaben auch Mädchen (puellae) als Hirtinnen (101b).

Die Hirten sollen den ganzen Tag durch weiden lassen und die Herden (vor allem Grossvieh und Ziegen) gemeinsam füttern. Jeder (von denen, die auf der Alm bleiben) soll die Nacht bei der eigenen Herde verbringen (Varro 2, 10, 2-3). Untertags soll jeder Hirt für sich essen, "doch am Abend sollen alle die, die unter einem magister pecoris (102) stehen, gemeinsam essen" (Varro 2, 10, 5).

Für Grossviehherden (maiores pecudes) bevorzugt Varro (Sprecher: Cossinius) ältere Männer, für Kleinviehherden (minores pecudes) sind auch Knaben geeignet. In beiden Fällen müssen aber die Wanderhirten (qui in callibus versentur) kräftiger sein als die Hirten auf dem Gutshof (Varro 2, 10, 1). Nicht geeignet sind Bastuler und Turduler aus der Provinz Baetica (Südspanien), besonders qualifiziert sind jedoch die Gallier, nicht zuletzt für Tragtiere (iumenta) (Varro 2, 10, 4).

Die Hirten müssen also eine kräftige Figur haben, müssen schnell, wendig und stark sein, "müssen nicht nur den Tieren folgen können, sondern sie auch vor wilden Tieren und Räubern verteidigen, müssen Lasten auf Tragtiere laden können" (Varro 2, 10, 3).

Auch bei den Hirten stellt sich die Frauenfrage. Diese ist unproblematisch bei denen, die stets auf dem Gutshof sind, "quod habent conservam (Mitsklavin) in villa" (2, 10, 6). Die anderen, die vom Frühling bis Herbst auf der Alm leben, sollten klugerweise auch Frauen (mulieres, vgl. auch Colum. 1, 8, 5 contubernalis mulier) erhalten, quae sequantur greges ac cibaria pastoribus expediant eosque assiduiores faciant (Varro 2, 10, 6-7). Diese Frauen sind nicht nur für Liebe und Nachwuchserzielung da, sondern auch für die Haushaltsführung im weitesten Sinne (2, 10, 7-9). Dass sie nicht hässlich sein sollten, versteht sich von selbst.

An den magister pecoris stellt Varro noch höhere Anforderungen. Er muss wie der vilicus schreibkundig sein, buchführen über Paarung, Fütterung, Aufzucht der Jungtiere und Krankheiten sowie sich um Vorratshaltung und Lebensunterhalt (victus) der Hirten kümmern (Varro 2, 10, 5-10) (102a). Er soll auch älter und erfahrener sein als die übrigen Hirten, da diese "eher geneigt sind, von einem Älteren und geistig Überlegenen (qui .. scientia praestat) Anweisungen anzunehmen" (parent) (Varro 2, 10, 2-3). Doch soll er nicht so alt sein, ut ne propter senectutem minus sustinere possit labores (Varro 2, 10, 3). Es wurden also an den magister pecoris zugleich erhebliche geistige und körperliche Anforderungen gestellt, die sich nicht so leicht in einer einzigen Person vereinigen.

Wenn Varro den Fähigkeiten und Eigenschaften der Hirten in cap. 2, 10 einen eigenen Abschnitt widmet, so finden diese bei Columella neben dem Akkerbau und der Tierhaltung auf dem Hofe relativ wenig Beachtung. Angaben über das Tätigkeitsprofil der Hirten sind so nur sporadisch zu finden. In Colum. 6, 27, 1 ist davon die Rede, dass man für erfolgreiche Pferdezucht einen tüchtigen actor, eine Art Stallmeister (103), brauche. Vom Schäfer verlangt Colum. 7, 3, 26 Aufmerksamkeit und Wachsamkeit. Der magister pecoris, bei ihm der Leiter der Ziegenzucht, muss "energisch, abgehärtet, tätig, allen Strapazen gewachsen, draufgängerisch und wagemutig sein", alle Hindernisse überwinden und der Herde vorangehen (Colum. 7, 6, 9). Der Schweinehirt (custos) muss "wachsam, unermüdlich, eifrig und anstellig sein" und alle Tiere so gut kennen, "dass er bei jedem einzelnen den Termin des Ferkelns beurteilen kann" (7, 9, 10). Der custos erhält sehr detaillierte Anordnungen über Aufzucht und Pflege der Säue; über Arbeitsorganisation und Führungssystem erfahren wir jedoch wenig. In 1, 6, 8 wird den Hirten (bubulci und pastores) eingeschärft, möglichst nahe bei ihren Tieren und beieinander zu wohnen, damit sie leichter beaufsichtigt werden können.

5.1.4. Die vilica bei Cato und Columella

Cato regelt Aufgaben und Pflichten der Verwalterin (vilica) (104) in cap. 143. Sie ist die einzige Frau des vilicus und soll ihn fürchten, d. h. Respekt vor ihm haben. Sie soll nicht luxuriös sein, möglichst wenig Kontakt mit Nachbarinnen und überhaupt mit der Aussenwelt haben (Cato cap. 143, 1). In Haus und Hof soll sie Ordnung halten, für die Hausgenossenschaft bereitet sie das Essen (143, 2), daneben obliegt ihr die Vorratshaltung an Eiern, Geflügel, Früchten Mehl etc. (143, 3). Eingeschränkt sind ihre kultischen Funktionen (143, 1-2).

Die Wirtschafterin (vilica) Columella's soll "in den besten Jahren stehen, also nicht allzu jung sein", sie soll "auch völlig gesund, nicht hässlich anzusehen, aber doch wieder nicht zu schön sein". Denn "Hässlichkeit würde der Frau ihren Konkubinen entfremden, zu grosse Schönheit aber ihn seiner Arbeit abspenstig machen" (Colum. 12, 1, 1). Der vilicus soll in seinen Beziehungen zu seiner Lebensgefährtin, der vilica, ein gesundes Mittelmass wahren, das heisst nicht zu viel und nicht zu wenig bei ihr sein. Die vilica soll auch nicht allzusehr dem Wein, dem Essen, dem Aberglauben, dem Schlaf und den Männern ergeben sein. In der Wesensart soll sie in etwa mit dem vilicus übereinstimmen (12, 1, 2-3). Von häuslichen Aufgaben hat sie ihn weitestgehend zu entlasten, dennoch soll er ihre Hausarbeit stets überwachen, da Kontrolle, wie Columella meint, anspornend wirke. Auch die vilica hat Kontrollaufgaben über das Gesinde. Sie soll Sklaven, "die auf dem Hofe ihre Arbeit haben, dort festhalten und darauf achten, dass nicht durch Bummelei die täglichen Geschäfte in Rückstand kommen" (12, 1, 5) (105). Drückeberger und Untätige soll sie nach dem Grund ihrer Untätigkeit fragen und erforschen, ob Faulheit oder Krankheit vorliege. Sie soll "auch einen, der Müdigkeit vorschützt, unverzüglich in die Krankenstube schaffen, denn es ist besser, dass er, wenn er von der Arbeit erschöpft ist, unter Aufsicht einen oder zwei Tage ausruht, als dass er durch Überanstrengung (pressum nimio labore) einen wirklichen Schaden davonträgt" (Colum. 12, 3, 7). Die Fürsorge für die Sklaven geht soweit, dass selbst die Krankenstuben (valetudinaria), auch wenn sie nicht belegt sind, regelmässig gelüftet und gereinigt werden sollen, "damit, wenn es Kranke gibt, diese in einen gutaufgeräumten, (wohlbestellten) und gesunden Raum kommen" (Colum. 12, 3, 8-9). Diese Beflissenheit ist nicht ganz ohne profitorientierte Hintergedanken, denn der römische Grossgrundbesitzer Columella erkennt die Bedeutung der guten Behandlung der kranken Sklaven für den Betriebserfolg (106).

Neben der Verwaltung der Vorräte hat die vilica "überall auf Ordnung und richtige Lagerung der verschiedenen Dinge zu achten" (Colum. 12, 1, 5-6; vgl. auch 12, 2, 1) (107), die gelagerten und gespeicherten Naturalien zu inspizieren, sie teilt ab, "was verbraucht werden darf, und nimmt in Verwahrung, was übrig bleiben kann, damit nicht, was für ein Jahr genug wäre, nur einen Monat reicht" (12, 1, 5-6). Mit einem Wort, sie ist im Grunde eine richtige Bäuerin, die sich um alles zu kümmern hat und möglichst bei allen wichtigen Arbeiten des weiblichen Gesindes zugegen sein soll, so zum Beispiel

auch bei der Schafschur. Immer wieder hat sie darauf zu achten, ob die Arbeiten fachgerecht ausgeführt werden und das Arbeitsgerät in Ordnung ist (12, 3, 7-9).
Ihre Kontrollfunktion erschöpft sich nicht in reiner Negation. Sie soll nicht nur tadeln, sondern "es zeigen, wenn sie etwas besser versteht, oder aber sie muss selbst von jemand zulernen, der mehr kann " (Colum. 12, 3, 8). Hier wird bereits der Lernprozess als wechselseitige Beziehung zwischen Führungskraft und Untergebenem aufgefasst, für damals (wie auch für heute) ein richtungweisender Gedanke. Diese Ordnung aber funktioniere nur, meint Columella, wenn "der Verwalter recht oft - gelegentlich jedoch auch der Herr (dominus) oder die Herrin (matrona) - kontrolliert und darüber wacht, dass die eingeführte Ordnung (ordinatio) gewahrt bleibt" (Colum. 12, 3, 10) (108). Diese Kontrolle war gerade deswegen nötig, weil vilicus und vilica in der Realität wohl vielfach von dem von Columella beschriebenen Ideal abwichen (109).

5.2. Stellung und Aufgaben der Sklaven bei Cato, Varro und Columella

In cap. 2, 3 gibt Cato an, welche Arbeiten Sklaven bei Regenwetter machen können, nämlich Fässer waschen und pichen, Getreide umschaufeln, Misthaufen umstechen, in 2, 4 die an Feiertagen möglichen Tätigkeiten. Die Hauptarbeiten an normalen Tagen erstrecken sich auf Weinbau und Olivenpflanzung, auf Nebenarbeiten für die Getreideproduktion und die damit verbundenen Arbeiten sowie auf die mit der Viehhaltung zusammenhängenden Tätigkeiten (zum Beispiel Heuarbeit). Die Pflichten des Aufsehers und Küfers werden in cap. 66 und 67 dargestellt. Ansonsten finden wir bei Cato keine nähere Festlegung der Tätigkeitsmerkmale der Sklaven.

Bei Varro sollen nach Cassius Dionysius von Utica, dem Übersetzer des karthagischen Agrarschriftstellers Mago, für ungesunde Böden und härtere Arbeiten an gesunden Plätzen (opera rustica maiora) Arbeiter (operarii) genommen werden, "die die Arbeit ertragen können, nicht jünger als 22 Jahre alt und für die Landwirtschaft gelehrig sind" (Varro 1, 17, 3) (110).
Die Sklaven (mancipia) sollen weder beschränkt noch hochintelligent sein; eine gewisse Bildung und Ausbildung verlangt man nur von den Führungskräften (qui praesint) (Varro 1, 17, 4). Es sollen nicht zu viele Sklaven aus der gleichen Nation sein, da dies eine Quelle von Streitigkeiten zu sein pflegt (1, 17, 5). Sklavenfamilien von Epirus sind sehr geschätzt, aber auch teuer (illustriores ac cariores) (1, 17, 5).

Im Gegensatz zu Cato und Varro sind bei Columella als Beschäftigte primär Sklaven erwähnt, doch ist bei ihm der Einsatz von freien Lohnarbeitern nicht ausgeschlossen (111). Denn in der Vorrede spricht er davon, "dass ärmere Gutsbesitzer statt eines Sklaven einen freien, freilich zu diesem Berufe unfähigen Lohnarbeiter als vilicus anzustellen pflegten" (Colum. 1, praef. 12) (112). Auswärtige Arbeiter werden in gewissen Fällen gemietet, so bei der Weinlese, wenn ein plötzlicher Arbeitsanfall "dazu zwingt, ohne Rücksicht auf die Kosten mehr Arbeiter zu dingen" (Colum. 3, 21, 10) (113). Bei niedrigerem Lohnniveau setzt Columella freie Arbeiter auch ein, um steinige Böden zu roden (2, 2, 12). Er sieht aber gerade die Aufgabe seines Werkes darin, "seine Leser (zu) belehren, wie man bei der Weinlese fremde Arbeitskräfte entbehren kann" (114).

Während die gemieteten freien Lohnarbeiter mehr unspezialisierte Hilfskräfte sind, so die ständig beschäftigten Sklaven vorwiegend qualifizierte Fachkräfte, vor allem im Weinbau. Neben dem Winzer, den Columella für 6000 - 8000 HS kaufte, arbeiten im Weinberg beziehungsweise für die Weinproduktion der alligator, der die Reben am Stock hochzieht und sie anbindet; der putator, der diese beschneidet (Colum. 4, 17, 5); der fossor, der die beim Pflügen aufgeworfenen Schollen verkleinert (5, 5, 13); der pampinator, der die überschüssigen Schösslinge beseitigt (5, 5, 13), und die vindemiatores (Traubenleser). Diese Funktionen entfallen wohl im Kleinstbetrieb auf eine oder wenige Personen.

In cap. 1, 9 befasst sich Columella mit der Frage, "welchen Arbeiten ... jeder Sklave nach Körperbau und Geistesart am besten zugeteilt wird" (Colum. 1, 9, 1). Er versteht es, bestimmten Berufen und Tätigkeiten bestimmte Eigenschaften und Tätigkeitsmerkmale zuzuordnen. So muss zum Beispiel ein Oberhirt beim Kleinvieh fleissig und ordentlich, aber nicht gross und kräftig sein. Der Ochsentreiber braucht nicht bloss natürlichen Verstand, sondern auch eine gewaltige Stimme und einen Riesenkörper, "soll aber seine Kräfte durch Milde zügeln" (1, 9, 2). Am Beispiel dieser beiden Berufe weist Columella nach, "dass Körperkräfte und hoher Wuchs bei den einen nichts, bei den anderen sehr viel ausmachen" (1, 9, 3). Es kommt also nicht auf absolut, sondern auf relativ wertvolle Eigenschaften in Bezug zur ausgeübten Tätigkeit an.

In den Weingärten insbesondere braucht man "nicht so sehr hochgewachsene wie breitgebaute und muskulöse Männer, denn diese Körperverfassung passt besser für das Graben, Beschneiden und die übrigen Pflegearbeiten, die dort nötig sind" (Colum. 1, 9, 4). Hier wird weniger Gewissenhaftigkeit als Schnelligkeit und gute Auffassungsgabe gefordert; darum rät auch Columella, "Weinpflanzungen meist von gefesselten Sklaven (per alligatos)", genauer gesagt durch angebundene, bearbeiten zu lassen (1, 9, 4). Besonders günstig für die Arbeit im Weinberg ist "Beweglichkeit des Geistes" (agilitas) (1, 9, 5) (115).

Den männlichen Sklaven fällt als gewerbliche Hausbeschäftigung Holz- und Flechtarbeit zu, vor allem Korbflechterei für grössere Weingüter (12, 18, 2). Im Winter haben sie die pali für den Weinberg zu bearbeiten und zwar im Akkord: 1 Arbeiter kann am Tag 100 pali (Rundpfähle) oder 60 ridicae (Vierkantpfähle von Eiche oder Ölbaum) schneiden, entästen und anspitzen, am Abend bei Licht 10 pali und 5 ridicae, ebensoviele vor Tagesanbruch (Colum. 11, 2, 12-13).

Bei Columella zählen auch Frauen zum Gutspersonal (neben der vilica). Sklavinnen, wenn sie nicht im Haushalt beschäftigt waren, arbeiteten wie die Männer im Freien. An Regentagen, bei Kälte und Reif sollen sie aber keine Feldarbeit verrichten, sondern sich mit Wollarbeit beschäftigen, spinnen und weben (12, 3, 6). Sie haben dann auch für sich selbst, die Aufseher und andere angesehene Sklaven Kleider, langärmige Felle, zusammengeflickte Lumpen oder Kapuzenmäntel (Colum. 1, 8, 9; 11, 1, 21) zu verfertigen (116).

Columella weiss also, was ein Arbeiter an welchem Arbeitsplatz leisten kann. Er kennt aber auch die "Eigenart jeder Arbeit" (11, 1, 8) und die unterschiedlichen Anforderungsniveaus verschiedener Tätigkeiten. Bei ihm finden wir darum auch eine Klassifikation aller agrarischen Tätigkeiten nach vier anforderungsrelevanten Gruppen:

a) Tätigkeiten, die nur Kraft erfordern (zum Beispiel Tragen von Lasten),
b) Tätigkeiten, die Kraft und Verstand erfordern (zum Beispiel Getreide- und Wiesenmahd),

c) Tätigkeiten, wo es weniger auf die Kräfte und mehr auf das Verstehen ankommt (zum Beispiel Schneiden und Pfropfen in der Weinpflanzung),
d) Tätigkeiten, wo primär Sachverständnis erforderlich ist (zum Beispiel bei der Fütterung der Tiere und bei der Heilung ihrer Krankheiten) (Colum. 11, 1, 8) (117).

Es ist das Verdienst Columella's, erkannt zu haben, dass diesen Anforderungsniveaus bestimmte Menschen mit ganz bestimmten Eigenschaften, Fähigkeiten, Veranlagungen zugeordnet werden müssen, wenn effektive Arbeit geleistet werden soll.

6. Regelung der Arbeits- und Freizeit

6.1. Arbeitszeit

In der römischen Landwirtschaft arbeitete man den ganzen Tag abgesehen vom Mittagessen, der Nachmittagsruhe und der Zeit des Morgenopfers (118). Manche Arbeiten erledigte man lieber nachts, vor allem solche, für die das kurze Tageslicht im Winter nicht ausreichte (119). Der Mangel an Beleuchtung zwang die Römer (nicht nur die Sklaven) zur Nutzung der Tageskräfte und zum Frühaufstehen, der pater familias nahm sich davon selbst nicht aus (120). "Beim frühen Morgenlicht war der Bauer bereits auf dem Feld und kehrte von dort, ermattet durch die lange Arbeit, am Abend zurück" (121). Die Mittagsruhe (meridiatio) wurde den Sklaven nicht immer zugestanden, bei den freien Arbeitern war sie üblich, besonders im Agrarsektor, ebenso bei den freien Handwerkern; sie dauerte von der siebten bis zur achten Stunde des Tages (122). In der Regel waren die Sklaven also von früh bis spät beschäftigt (Colum. 12, 1, 3) (123), dagegen konnten sich unabhängige Arbeiter nach der Mittagsruhe unter Umständen (wohl nur in Städten, nicht auf dem Lande) den Thermen und dem Essen hingeben. Freie Arbeiter in der Stadt waren 7 - 8 Stunden täglich, abhängige Tagelöhner auf dem Lande 8 - 12 Stunden täglich beschäftigt (124).

Der Arbeitstag der Sklaven und zum Teil auch der Tagelöhner war also aussergewöhnlich lang und belief sich von einem Minimum von 8,86 auf ein Maximum von 15,06 Stunden einschliesslich der Pausen für Mittagessen und kurze Nachmittagsruhe (125).

In dieser langen Arbeitszeit ist die Arbeitsintensität nicht immer gleich. So haben die Sklaven Cato's bei Regenwetter leichtere Arbeiten zu erledigen wie "die Fässer waschen und pichen, die Hofreite reinigen, das Getreide umschaufeln, den Mist zum Tore hinaustragen, den Misthaufen umstechen, das Saatgut sieben, Taue ausbessern und neue machen" (Cato 2, 3; vgl. auch Cato 39). An Wintertagen und -abenden hatten die Sklaven Pfähle, Latten und Fackeln zu fertigen sowie Dung auszufahren (Cato 37, 3).

Auch Varro bemüht sich, die Sklaven bei schlechtem Wetter und im Winter (zwischen Solstitium und dem Einsetzen des Westwindes) mit leichteren Arbeiten zu beschäftigen; vor allem Eggen, Drainagearbeiten, Weinstock- und Obstbaumschneiden, auch Innenarbeiten (sub tecto) gelten als geeignet (Varro 1, 13, 2 und 1, 36).

6.2. Feriae

Freie Tage, auch für Sklaven, gab es zu Ehren der Götter; die Arbeitsunterbrechung "era sanzionata da precetti religiosi" (126). Als Spezialfeiertage auf dem flachen Lande bestanden seit ältester Zeit die sementivae (Saatfeiertage), welche die Arbeitsruhe nicht nur für die Bauern, sondern auch für Sklaven und Arbeitstiere vorschrieben (127), und die nundinae, eine Arbeitsunterbrechung im Zyklus von 8 Tagen (jeder 9. Tag), wo jeder sich auf den Märkten (nundinae) seinen Bedarf decken konnte (Varro res. rust. 2 proem.; Colum. res. rust. 1, proem.) (128). Die Arbeit an diesen Tagen galt als Sakrileg (129a).

In besonderen Ausnahmefällen erlaubten Religion und Recht an diesen Tagen "einige leichtere Tätigkeiten oder Arbeiten, die sehr dringend erledigt werden mussten" (129b). Nach Auffassung der Priester war zum Beispiel das Baden der Schafe um der Wolle wegen unzulässig; doch, "nur um sie zu heilen, dürfe man es tun" (Colum. 2, 21, 2). Columella gibt eine Reihe von Arbeiten an, die brauchgemäss gestattet sind an Feiertagen: "Korn mahlen, Fackeln schneiden, Talglichter ziehen, Weinstöcke aufbinden und pflegen; alte Teiche, Wasserbecken und Gräben räumen und säubern; Wiesen mit der Sichel nachmähen, Dung umsetzen, Heu auf die Böden bringen, geerntete Ölfrüchte speichern, Äpfel, Birnen und Feigen ausbreiten, Käse machen, Bäume zum Pflanzen auf dem Nacken oder mit einem Saumtier an Ort und Stelle bringen" (Colum. 2, 21, 3). Nicht gestattet ist der Transport mit Gespannen, das Pflanzen von Herangebrachtem, das Öffnen der Erde, Auslichten eines Baumes. Man darf auch nicht die Saat besorgen, "es sei denn, man hat vorher ein Jungtier geopfert" (Colum. 2, 21, 4). In Colum. 2, 21, 4 erfahren wir auch, was nach den Regeln der Priester verboten ist (zum Beispiel das Bergen der Weinernte). An Staatsfeiertagen darf man nicht einmal einen Toten bestatten (Colum. 2, 21, 4).

Nach Cato darf man an Feiertagen Maultiere, Pferde und Esel zum Transport verwenden, auch Ochsen zum Befördern von Holz und Getreide (cap. 138) (129c). Nach Meinung der Priester dürfe man an Totenfesten Maultiere nicht anspannen, "an den übrigen sei es erlaubt" (Colum. 2, 21, 4-5)

Zu den feriae kommen noch hinzu die feriae privatae (Geburtstage, Jubiläen etc.) mit genossenschaftlichen Zeremonien für die Mitglieder der collegia (130), weiter die feriae denicales (für Todesfälle in der Familie), die feriae publicae ausser der Reihe infolge aussergewöhnlicher politischer und militärischer Ereignisse (Siege, Thronbesteigung etc.) (131). De Robertis hält es für wahrscheinlich, "dass mehr als ein Drittel des Jahres der Festtagsruhe gewidmet sein konnte" (132).

Auch die Sklaven profitierten von den feriae publicae im allgemeinen, wenn auch meist nicht im Sinne einer absoluten Arbeitsruhe. Selbst bei strengeren Herren (zum Beispiel Cato) wurden ihnen zumindest die schwereren Arbeiten erlassen (Cato agr. 2). Ziemliche Arbeitsruhe herrschte an den feriae sementivae, völlige Arbeitsruhe war nur während der Saturnalien gesichert. Diese, welche laut Kalender nur 1 Tag ausmachten, umfassten de facto 3 - 5 Tage vom 17. - 21. Dezember im 1. Jahrhundert nach Chr., später sogar 7 Tage (133). Ein wohlwollender patronus zudem konnte seinen Sklaven, vor allem Mitgliedern von Kollegien, noch eigene Sklavenfesttage zugestehen (134). Mit zunehmender Verflachung der Religion nahmen auch die Ausnahmen von der Arbeitsruhe an Festtagen zu, es machte sich eine Tendenz bemerkbar, "die Pflicht zur Festtagsruhe immer mehr einzuschränken" (135). Es wurden die Ausnahmen quasi zur Regel. Die Jurisprudenz lieferte - wie so oft in der Geschichte - die nachträglichen Rechtfertigungen und Begründungen (136).

7. Kontroll- und Führungssystem

7.1. Sklavenfrage in der römischen Literatur

In der späten Republik und frühen Kaiserzeit hat sich die Einstellung der öffentlichen Meinung in Rom zur Sklavenfrage unter dem Einfluss der Sklavenaufstände und der stoischen Philosophie in vielen Punkten modifiziert. Dieser Wandel zeigt sich nicht nur in den Werken der Agrar-, sondern auch der übrigen Schriftsteller, bei den Philosophen (137) ebenso wie bei den Bühnenschriftstellern.

Wenn es bereits Euripides nicht um die rechtliche Seite der Sklaverei, sondern bei Erhaltung der äusseren Knechtschaft um das "sittliche Problem der inneren Freiheit" (138) geht, wo kein Grund besteht, den unfreien Menschen wegen seiner äusseren Unfreiheit zu verachten, so denken die römischen Bühnenschriftsteller Plautus und Terenz pragmatischer. Wesentliche Elemente des sklavischen Verhaltens sind bei ihnen Anpassungsfähigkeit und Sich-arrangieren-können (Spranger, 22), welche die Sklaverei als "unverrückbare Gegebenheit der Sozialordnung" nehmen und sich damit abfinden (S. 22f). Der bei Plautus und Terenz eine grosse Rolle spielende servus callidus denkt besonders in Kategorien der Opportunität und des Utilitarismus (S. 24), ist durch diese moralische Indifferenz vielfach (wenigstens auf der Bühne) dem Herrn überlegen (S. 24). Pflichtgetreues Verhalten beim servus bonus orientiert sich nicht an einer moralischen Wertordnung, sondern schielt auf Belohnung durch den Herrn (Plaut. Men. 985) und/oder erfolgt aus Angst vor Strafe (Men. 974ff) (138a). Den gewöhnlichen Sklaven sind "Essen und Trinken, bessere Behandlung, eine grosszügige Belohnung, vielfach sogar die Freiheit" (139) ausreichende Motivation ihres Handelns. Höhere sittliche Werte jedoch bleiben ihnen fremd. Bei aller Schläue und teilweiser Klugheit ist der Sklave dem Herrn aber nie ebenbürtig, auch wenn beide aufeinander angewiesen sind, wie bereits Aristot. Polit. 1252a, 25ff feststellt, der das Herrschen und Dienen "nicht nur zu den notwendigen, sondern auch zu den zuträglichen Dingen" (Polit. 1254a, 20-25) (140) rechnet. Prügel und Fesseln sind nicht ungewöhnlich, manchmal aber sind, wie Cato zeigt, "die Bande von Essen und Trinken" (Spranger S. 31) wirksamer (Plaut. Men. 87ff). Dem Herrn obliegt die Aufgabe, "das jeweils geeignete Mittel ausfindig zu machen, das den Diener am besten an ihn bindet" (Spranger, 32). Am "Sachcharakter der Unfreien" (S. 64) und am wenig ausgeprägten Zusammengehörigkeitsgefühl der Sklaven (S. 33) besteht kein Zweifel. Diese fehlende Solidarität der Sklaven untereinander ist auch der Hauptgrund für das Scheitern der römischen Sklavenaufstände. Ohne eine solche Solidarität ist das Entstehen eines Klassenbewusstseins der Sklaven unmöglich. Unüberbrückbar ist darum auch der Gegensatz zwischen Stadt- und Landsklave.

Strafen, oft nur angedroht, nehmen die Sklaven als selbstverständlich hin, Befehle werden aber nur von Höhergestellten angenommen, nicht von gleichgestellten oder untergeordneten Mitsklaven (S. 34). Die Bindung an den Herrn, mit dessen Freuden und Leiden sie sich weitestgehend identifizieren, ist stärker als die an die Mitsklaven (S. 34f). Ein Gemeinschaftsgefühl der Sklaven wurde nicht zuletzt durch ihre Herkunft aus verschiedenen Nationalitäten sehr erschwert. Sozialkritische Äusserungen der Sklaven finden sich nicht (S. 110).

Die Haltung Ciceros zur Sklavenfrage ist nicht eindeutig. Man muss gewissermassen Cicero in verschiedene Schichten zerlegen, um zu erfahren, welchen Standpunkt er einnimmt. Er hat als Advokat durchaus nichts gegen die Folter, wenn es seinem Klienten nützt (141). Im Falle eines Verrates hält er Schläge mit Ruten, brennende Eisen, Folter und Kreuzigung bei Sklaven für nicht ungesetzlich (Verr. 2, 5, 14). Als Jurist hält er schwere Qualen aus Gründen der Abschreckung für durchaus sinnvoll. Sie dienen zudem der Aufrechterhaltung der politischen und gesellschaftlichen Ordnung (141a). Neben der Bestrafung schliesst jedoch Cicero Belohnungen nicht aus, sieht diese allerdings für besondere Fälle vor (Cic., Pro Milon. 22). Zu den besonderen Begünstigungen gehören die Feiertagsruhe, die Teilnahme am Larenkult (leg. 2, 8, 12) und selbst die Möglichkeit der Freilassung (Cic., Pro Rab. 5). Als Philosoph erachtet er, beeinflusst von Aristoteles, die Sklaverei für ungerecht, die nur durch Nützlichkeitserwägungen und Staatsinteresse diktiert sei. Man dürfe nur die versklaven, "die es nicht vermögen, sich selbst zu mässigen" (Cic., rep. 3, 25). In diesem Sinne gibt es von Natur aus freie Völker (die Römer natürlich) und von Natur aus sklavische Völker; v. a. die Völker des Orients, hier besonders die Juden und Syrer, sind geborene Sklaven (Cic., Prov. Consul. 10).

Cicero als Staatsmann rechtfertigt die Existenz der Sklaverei nicht zuletzt aus dem Gedanken der Aufrechterhaltung der sozialen, politischen und wirtschaftlichen Ordnung heraus. Damit die 'Guten' herrschen können, muss es Sklaven geben, welche die Herrschenden entlasten und deren politische Tätigkeit ermöglichen. Ihre Tätigkeit und Leistung sind die Voraussetzung für Überschussproduktion (141b).

Cicero wirft jedoch nicht alle Sklaven in einen Topf. Denn er unterscheidet zwischen schlechten und guten Sklaven. Die Schlechten sind solche, "die an Aufständen teilnehmen", die guten solche, "die wohlwollend der etablierten Ordnung ergeben sind und die einen starken Staat aufrechterhalten" (141c). Diese Guten verdienen gerechte Behandlung (Cic., rep. 1, 24), ihnen haben die Herren in jeder Beziehung Vorbild zu sein. Es bildet also auch der Sklave einen Bestandteil der römischen Ordnung. Fast paradox mutet es an, wenn man in leg. 3,25 erfährt, dass die Sklaven, die sich für die Aufrechterhaltung der (auf Sklaverei beruhenden) gesetzlichen Ordnung einsetzen, der Freiheit bzw. Freilassung wert erachtet werden. An der Spitze der schlechten Sklaven stehen die fugitivi (Flüchtige), die Cicero als Staatsmann leidenschaftlich bekämpft, weil bei ihnen die Gefahr der revolutionären Zusammenrottung besonders gross ist (141d).

Für Cicero besteht eine untrennbare Korrelation zwischen guten Herren und guten Sklaven ebenso wie zwischen schlechten Herren und schlechten Sklaven; nur im ersten Fall ist die staatliche Ordnung intakt. In statischer Betrachtungsweise will er jedoch diese durch Rückkehr zu alter Disziplin und Lebensordnung verwirklichen. Als Hindernisse auf diesem Wege zur guten, alten Zeit erscheinen ihm der Luxus und die Lebensgier.

Als Privatmann schweben Cicero andere Vorstellungen der Sklavenbehandlung vor wie als Staatsmann, Jurist und Politiker. Dieser Privatmann Cicero sieht in der Sklaverei eine wirtschaftliche Notwendigkeit. Der Sklave stellt für ihn Kapital dar, das seinen Interessen dient. Auf der einen Seite sieht er im Sklaven eine Maschine, auf der anderen die Person. Was den Sklaven mehr zur Person macht, ist die Kultur. Nur der kulturell hochstehende Sklave ist es, der die Freiheit verdient (Cic., sen. 7, 18, 3). Die kulturelle Gleichgestimmtheit ist es, die Cicero mit manchen Sklaven mehr verbindet als mit anderen Menschen und die ihn über den Tod eines geschätzten Sklaven trauern lässt (Cic., Att. 1, 12, 4). In seinem privaten Lebensstil ist Cicero von seinen Sklaven abhängig; denn in seiner Haushaltsführung und in seinem Wissenschafts- und Kulturbetrieb hat er eine Arbeitsteilung und Spezialisierung erreicht, in welcher der Ausfall eines einzigen Spezialisten zu erheblichen Schwierigkeiten führen kann (141e). Es kann also Cicero "ohne Sklaven nicht leben" (141f). Die Gegenwart gebildeter Sklaven im Kreise von Cicero nivelliert zudem soziale Unterschiede. Ihr Einfluss ist oft so gross, dass ihr Sklaventum fast nur noch als Name erscheint. In einem solchen Kreise beruhen die Beziehungen nicht so sehr auf Strenge, sondern mehr auf gegenseitiger Wertschätzung.

Auf dieser philosophisch-wissenschaftlichen Basis gelangt dann Cicero auch zu der Erkenntnis, dass die Sklaverei ein moralisches Übel ist. Im Sinne der Stoa kann nur der Körper gefesselt sein, der Geist ist frei; dies scheint jedoch nur für den weisen, gebildeten Menschen zu gelten (Cic., Or. 2, 226). So betrachtet sind Sklaven nur die Bösen und Schlechten, freie Menschen dagegen die Guten. Die höchste Stufe der Freiheit ist aber die, "die sich den gerechten Gesetzen des Staates freiwillig unterwirft" (141g). Sklave der Gesetze zu sein ist das, was wirklich frei macht (vgl. Cic., Cluent. 146).

Plinius d. Ä. rät (mit Cato) zu guter Behandlung der Sklaven (nat. hist. 18, 8, 44). Die Bearbeitung des Bodens durch gefesselte Sklaven (ergastuli) hält er für unrentabel (nat. hist. 18, 7, 36) (142). Plin. d. J. spricht in seinen Briefen mehrmals von seiner Milde und Zuneigung zu einzelnen Sklaven (ep. 5, 19; 8, 16), jedoch ohne theoretische Erörterung.

Seneca wendet sich der Sklavenfrage vor allem in de beneficiis 3, 17-28 und im 47. Brief (an Lucilius) zu. Dieser wirft "die Frage nach dem richtigen Verhältnis eines Herrn zu seinem Sklaven auf" (143). Gleich zu Beginn des Briefes (ep. 47, 1) nennt Seneca seine Sklaven Menschen (homines), Hausgenossen (contubernales), tieferstehende Freunde (humiles amici), ja sogar Mitsklaven (conservi) in der Erkenntnis, dass angesichts der Schicksalsgöttin (fortuna) zwischen Sklaven und Freien kein Unterschied besteht. Man solle also Sklaven nicht verachten, da jeder jederzeit selbst sozial absteigen könne (Richter, Seneca, 200). Vielmehr solle man mit Tiefergestellten so verkehren, wie man wünscht, dass ein Höhergestellter mit einem selbst verkehrt (S. 200). Seneca rät, mit den Sklaven gütig und liebenswürdig umzugehen, sie zum Gespräch, beratend und "zur Gemeinsamkeit des Lebens" (S. 200) heranzuziehen. Würdige und charaktervolle Sklaven werden zu Tischgenossen, selbst nicht so Würdige zieht er an seinen Tisch, in der Hoffnung, dass sie würdiger werden (Sen., ep. 47, 15) (144).

Seneca lehnt die Bestrafung der Sklaven nicht ab, rät aber den Herren, diese nicht zu sehr zu erzürnen, statt dessen sie vielmehr als Menschen zu behandeln. Richtiger sei es überhaupt, Sklaven nicht mit Schlägen, sondern mit Worten zu bestrafen (145). Die Macht der Herren sollte mehr auf der humanitas des Herrn, die sich gerade adversus minores manifestiert (ep. 47), sowie auf der Verehrung und Ergebenheit (benevolentia) der Untergebenen als auf Angst beruhen (146).

Gegen den Einwand in ep. 47, 18, solche humane Sklavenbehandlung bedeute so viel wie Befreiung der Sklaven und Entthronung der Herren, stellt Seneca (was sehr wichtig ist) ausdrücklich fest, dass damit an der Institution Sklaverei überhaupt nicht gerüttelt werden solle. Bei seinen humanen Vorschlägen hat er vielmehr systemstabilisierende Massnahmen im Sinne. Seneca dachte also auf keinen Fall an Sklavenbefreiung; es ist aber auf der anderen Seite genauso wenig angebracht, von einer Unfruchtbarkeit seiner Lehren zur Sklavenfrage, wie Westermann RE Suppl. VI 1045 meint, zu sprechen. Wenn auch Seneca den Sklaven als Menschen behandelt wissen will, so liegt doch die humanitas bei ihm ausserhalb der Rechtssphäre (Richter S. 204). Die wahre Humanität liegt vielmehr in der inneren Freiheit des Menschen, was auch Epiktet erkannte (147). Wirklich frei in diesem Sinne ist nur, "wer der Knechtschaft des eigenen Ich entronnen ist" (148). Seneca mahnt, den Geist als pars melior "von den Fesseln des Leibes zu befreien" (Pohlenz S. 155). Ein Hindernis auf diesem Weg ist jedoch der falsch verstandene Reichtum, wenn man ihm gegenüber nicht innerlich frei bleibt.

Überhaupt ginge bei der Jagd nach äusseren Erfolgen das Ich verloren (Sen., de otio). Nur durch "die gedankliche Konzentration auf das, was wirklich not tut, die Zwiesprache mit sich selbst" (Pohlenz S. 156) könne der Mensch (innerlich) frei und unabhängig sein. Im Sinne der wahren Philosophie ist darum unfrei "nicht der Sklave, der einem äusseren Zwang folgt, sondern der Tor, dem in seinem Inneren, in der krankenden Leber die Herren erstehen" (S. 157). Unfrei sind also der Habgierige, der Genussmensch, der Verliebte, der Ehrgeizige, "der unwürdig um die Gunst des Volkes buhlt" (S. 157) (149).

Nach den grossen Sklavenaufständen in Italien war also die Sklaverei nicht grundsätzlich in Frage gestellt, doch erhoben sich Stimmen, welche die Beziehungen zwischen Herren und Sklaven auf neue geistige Grundlagen stellen wollten. Es war nicht reiner Altruismus, der diesen Gesinnungswandel bewirkt hatte. Auf der einen Seite stand die Angst vor neuen Erhebungen, auf der anderen Seite die gewandelte Einsicht, dass eine bessere Behandlung der Sklaven "im wirtschaftlichen Selbstinteresse des Eigentümers" (150) liege. Auch die römischen Agrarschriftsteller erkannten, dass die Aussicht auf Belohnung die Sklaven zu grossen Arbeitsleistungen motiviere (151). Varro glaubte damit "die Produktivität der Sklavenarbeit und damit seinen eigenen Profit steigern zu können" (152).

Man gäbe sich allerdings einer Illusion hin, nähme man an, dass die von den römischen Schriftstellern geäusserten Meinungen Allgemeingut geworden wären. Noch lange lagen zwei konträre Richtungen in der Sklavenfrage miteinander im Kampf. In der 1. Hälfte des 1. Jahrhunderts nach Chr. "war die Richtung besonders stark vertreten, die forderte, man solle die Sklaven ausschliesslich mit grausamen Unterdrückungsmethoden behandeln" (153). "Die andere Richtung berief sich ebenfalls auf die Autorität der Vorfahren, verlangte aber, man solle zu den Sklaven nicht grausam sein, sondern ihre Zahl verringern und zu den idealisierten, alten patriarchalischen Beziehungen zwischen den Herren und Sklaven zurückkehren" (154).

Die Schriftsteller, die sich mit der Sklavenfrage befassten, hielten sich meist zwischen diesen beiden Extremen in der Mitte. Oft enthalten ihre Auffassungen Elemente aus beiden Strömungen. Das gilt jedoch nicht für die Agrarschriftsteller. In Theorie und Praxis waren aber auch bei ihnen bei allem Fortschritt in der Sklavenbehandlung die Elemente des physischen Zwanges nicht ganz ausgeschaltet.

7.2. Sklaverei als Zwangssystem (155)

Bei aller Humanität gesteht Cicero den Herren zu, sie dürften zwangsläufig Härte anwenden, um den Widerstand der Sklaven zu brechen, wenn sie sonst kein Mittel in der Hand hätten, die Sklaven in den Griff zu bekommen (Cic., offic. 2, 7; rep. 3, 25). Dieser Zwang schloss Strafen, Schläge, Fesselung und Einsperrung ins Arbeitshaus nicht aus (155a). Cato erwähnt in cap. 56 und 57 conpediti (Fussgefesselte), die genauso wie die Nichtgefesselten zur Arbeit herangezogen werden. Westermann RE Suppl. VI 979 meint, Cato habe Sklaven nur nach begangenen Missetaten in Fesseln gelegt (vermutlich auch nach missglückten Fluchtversuchen) (155b). Varro kennt keine gefesselten Sklaven. Columella erwähnt in 1, 8, 16 und 11, 1, 22 gefesselte Sklaven (mancipia vincta) im ergastulum (156), die dort eine Strafe abzusitzen haben (quem pater familiae tali poena multaverit = Colum 1, 8, 16), aber im Arbeitsprozess verwendet werden (1, 8, 16-18) (156a). Weinberge werden, so berichtet Columella, meist von gefesselten Sklaven (per alligatos) bearbeitet (Colum. 1, 9, 4), nicht um diese zu bestrafen, sondern weil sie als Experten einen hohen Vermögenswert darstellen, den man nicht so leicht aufs Spiel setzen will. Vom ergastulum bei Columella und von den (für Vergehen) gefesselten Sklaven abgesehen haben sich bei den Agrarschriftstellern (wenigstens in der Theorie) die Strafen in Grenzen gehalten (156b). Bei Cato und Varro wird ein ergastulum nicht erwähnt (157). Štaerman schiesst also weit übers Ziel hinaus, wenn sie bei Cato, Varro und Columella Peitschen, Fussblöcke, Fesseln und ergastula "zur üblichen Ausrüstung eines Gutes" (158) gehören lässt. Freilich weist Cato's System Zwangselemente auf, wenn er zum Beispiel alte und kränkliche Sklaven wie Waren verkauft (Cato agr. 2, 7; vgl. auch Plut., Cato maior 4-5) Auf der anderen Seite stellt die Tatsache, dass Cato seinen Sklaven Geld leiht und sie damit Geschäfte machen lässt, wieder ein freiheitliches Element dar (Plut., Cato maior 21 Ende). Auch durften die Sklaven mit den Mägden gegen Zahlung einer bestimmten Geldsumme Umgang pflegen (Plut., Cato maior 21).

Bei den Agrarschriftstellern wurden die Sklaven auf den villae "in strenger Isolierung gehalten" (159). Sie (vor allem Cato 5, 2-3) schränkten auch die räumliche Mobilität des vilicus sehr stark ein (160). Im Gegensatz zu den Stadtsklaven (161) waren die Landsklaven bei Varro und Columella (allerdings noch nicht bei Cato, wo cap. 143, 1 "der Gutsherr für die ganze Hausgenossenschaft die gottesdienstlichen Handlungen vornimmt") sogar von den meisten Kulthandlungen ausgeschlossen (162). Die Wohnverhältnisse der Sklaven waren erträglich, es scheint jeder Sklave in einer eigenen Kammer gewohnt zu haben (163). Štaerman hat wohl den Arbeitszwang der Sklaven bei den Agrarschriftstellern überschätzt, die vor allem bei Varro und Columella gegebenen Ansätze zur Arbeitsmotivation unterschätzt (164). Das physische Zwangssystem darf also nicht überbetont werden, es gab bestimmte psychische Schranken, die nicht so leicht überschritten werden durften. Schon Cato wusste, "dass die Sklaven Beleidigungen nur schlecht vertrügen" (Gell. 10, 3) (165). Ein Sklave erleide "leichter eine Auspeitschung oder sogar den Tod" als "eine Ohrfeige und beleidigende Worte" (Sen. const. sap. 5) (166).

7.3. Sklavenarbeit als Kontrollsystem

Das von Columella aufgebaute Kontrollsystem erfasst nicht nur die Arbeitszeit, "sondern den ganzen Tagesablauf des Sklaven" (167). Das wird ganz deutlich aus einer Stelle bei Columella (1, 6, 7-8), die ich wegen ihrer Allgemeingültigkeit für das mit Sklaven betriebene römische Agrarsystem wörtlich wiedergeben will: "Der Verwalter (vilicus) soll neben der Haustür wohnen, damit er die Ein- und Ausgehenden sehen kann, oben darüber der Geschäftsführer (procurator) des Herrn aus gleichem Grunde, aber auch, um den Verwalter aus der Nähe zu beobachten ... Alle aber sollen möglichst beieinander wohnen, damit sich die Betriebsamkeit (sedulitas) des Verwalters bei der Aufsicht über die verschiedenen Abteilungen nicht zu zersplittern braucht und damit sie alle gegenseitig (inter se) Zeugen der Gewissenhaftigkeit und Nachlässigkeit des einzelnen sind" (Colum. 1, 6, 7-8; vgl. auch Varro 1, 13, 2). Es kontrolliert also der Geschäftsführer den Verwalter, beide zusammen haben die Ein- und Ausgehenden zu beobachten, die Sklaven hinwiederum kontrollieren sich gegenseitig (167a). Aus dem Beschwerderecht der Sklaven gegenüber ihren Vorgesetzten beim Gutsherrn (Colum. 1, 8, 18) darf man schliessen, dass umgekehrt auch die Sklaven den Verwalter und den Geschäftsführer kontrollieren konnten. Es sind also die leitenden Sklaven einer doppelten Kontrolle unterworfen, "von oben seitens des Herrn, aber auch von unten" von Seiten der Sklaven (168). Diese Kontrolle erscheint auch deswegen als erwünscht, weil die Verwalter dazu neigen, Korn zu stehlen, es nicht vor anderen Dieben zu schützen und keine gewissenhafte Rechnungslegung zu machen (Colum. 1, 7, 7). Columella ist also bestrebt, ein Kontrollsystem aufzubauen, in welchem jeder jeden kontrolliert. Bei der häufigen Abwesenheit des Gutsherrn (Absentismus-Problem!) werden in der Realität die Kontrollmöglichkeiten der Sklaven gegenüber ihren Vorgesetzten sich in Grenzen gehalten haben (169). Bestandteil des agrarischen Kontrollsystems ist auch die Kontrolle der Pflanzen, Früchte, Tiere, der Haus- und Ackergeräte, der Betriebs- und Buchführung, der Ordnung und Disziplin der Sklaven, vor allem der Führungskräfte (Cato 2; Colum. 1, 8, 20) (170).

7.4. Schaffung materieller Anreize

Bei Cato sind die materiellen Anreize auf der Basis der materiellen Bedürfnisbefriedigung wichtige Triebfedern seiner Personalführung. Die Sklaven (familia) sollen nicht frieren und nicht hungern (5, 2). Auch Essen und Trinken sind kalorienmässig reichlich (Cato cap. 56; 57). Die Lebensmittelrationen sind der jeweiligen Jahreszeit und Arbeitsintensität angepasst. Schwerarbeiter bekommen mehr Weizen als Leichtarbeiter (zur Selbstversorgung), vermutlich nach Monaten (4 modii im Winter, 4 1/2 im Sommer gegenüber 3 modii der Leichtarbeiter) (170a). Die Fussgefesselten (conpediti) erhalten tägliche Brotrationen, je nach Arbeitsintensität 4 Pfund (= 1,3 kg) oder 5 Pfund (1,63 kg) (Cato 56). Auch die Getränkezuteilung ist saisonal abgestuft. In den ersten 3 Monaten nach Beginn der Weinernte (Oktober - Dezember) erhalten alle Sklaven Lauer ohne Mengenbeschränkung, in den anderen 9 Monaten (Januar - September) dagegen Wein. Im Januar gibt es täglich 1 hemina (= 0,27 Liter), von Februar bis Mai bei steigender Wärme und zunehmendem Durst 0,54 Liter, von Juni bis August bei noch grösserer Hitze

0,81 Liter, im September 1,62 Liter täglich pro Kopf, an Festtagen (Saturnalien und Kompitalien) jeweils pro Mann wahrscheinlich 2 congii (= 6,52 Liter). Die Fussgefesselten (conpediti) erhalten 10 quadrantalia Wein im Jahr, pro Tag wenigstens 0,725 Liter, also eine Flasche Wein (170b).
Cato's Verpflegung beschränkt sich nicht auf Brot, Lauer und Wein, die Sklaven erhalten auch Zugaben (pulmentarium, cap. 58) in Form von unreifen Falloliven und reifen Oliven, welche für die Ölproduktion nicht recht taugen, aber dem Genuss dienlich sind (cap. 58, 1); später gibt es eingelegte Fische (auch Fischtunke) und Weinessig (hallec (170c) et acetum, cap. 58,2). Weiter bekommt jeder monatlich 1 Sextar Öl (= 0,54 Liter) und 1 modius (= 8,7 Liter) Salz jährlich (170d).
Auch mit Kleidung wird die familia angemessen versorgt. Jeder erhält alle zwei Jahre (alternis annis) eine tunica und ein sagum (Pelerine) gegen Herausgabe der alten Stücke und gute geschnitzte Holzschuhe (sculponias bonas) (Cato cap. 59) (170e).
Wie sehr die Verpflegung Cato's eine Funktion der geleisteten Arbeit war (beziehungsweise sein sollte), zeigt Cato 2, 4, wo dem Verwalter vorgehalten wird, er hätte den Sklaven (servi) bei Krankheit nicht so viele Lebensmittel (cibaria) geben sollen. Bei solcher Einstellung verwundert nicht, dass Cato den Verwalter alte und kranke Sklaven wie Tiere oder Waren verkaufen lässt (agr 2, 7) (170f).
Auch Varro und Columella wissen, dass Sklaven nur etwas leisten können, wenn man sie gut ernährt und anständig kleidet. Selbst die Gewährung von Sonderurlaub (remissio operis) ist für Varro ein Mittel, um die Arbeitsfreude zu erhöhen (Varr. 1, 17, 7). Tüchtigen Sklaven wird in Form des peculium (Sondervermögen) auch die Haltung von eigenem Vieh (mit ein wenig Land) zugestanden als materielle Unterstützung und "um sie in ihrer Arbeit gewissenhafter zu machen" (Varro 1, 19, 3; vgl. auch Plaut., Asin. 540f), vor allem den Hirten (171). Die Haltung eines peculium und einer coniuncta conserva (Gefährtin) mache die Führungskräfte (praefecti) tüchtiger und bodenverbundener (firmiores ac coniunctiores fundo) (Varro 1, 17, 5). Diese Zugeständnisse steigern die Arbeitsproduktivität und würden sich in zunehmender Ergebenheit (benevolentia) der Sklaven gegenüber dem Herrn - auch bei harter Arbeit - auswirken (Varro 1, 17, 7) (172). Neben dem peculium stellt das contubernium, das Recht mit einer Frau zusammenleben und Kinder zu zeugen, ein Mittel dar, um vilicus und andere Führungskräfte mit Frau und Kindern ans Gut zu binden und vor Flucht abzuhalten (173). Auf den Umgang mit seiner Frau ist der Verwalter ganz besonders angewiesen, da ja sein Kontakt mit der Aussenwelt beschränkt ist und auch die Beziehungen zu den Untergebenen sich in Grenzen halten sollen (Colum. 1, 8, 5) (174).
Bei den Hirten Varro's, die stets auf dem Gutshof weilen, darf die Gefährtin (conserva) nicht fehlen. Den anderen, die ausserhalb des Gutshofes die Herden weiden und dort den Sommer über in provisorischen Hütten (casis repentinis) wohnen, werden ebenso Frauen (mulieres) beigegeben, "die den Herden folgen wie auch den Hirten die Nahrung bereiten und sie bodenständiger machen" (quae sequantur greges ac cibaria pastoribus expediant eosque assiduiores faciant", Varro 2, 10, 6). Sie führen den Hirten den Haushalt, erziehen die Kinder und helfen ihnen notfalls bei der Arbeit (Varro 2, 10, 7-8) (175).
Für fruchtbare Frauen hat sich Columella besondere Anreize ausgedacht. Er hat ihnen, "wenn sie mehrere Kinder grossgezogen hatten, Arbeitsurlaub (otium) (176) und bisweilen auch die Freiheit gegeben" (Colum. 1, 8, 19) (177). Das geschah sicher auch aus der Erwägung heraus, dass "solche Gerech-

tigkeit und Fürsorge des Gutsherrn ... viel zur Mehrung des Vermögens"
(1, 8, 19-20) beitrage (177a).
Alle diese Anreize, gute Versorgung, peculium, contubernium, Urlaub (remissio operis, otium), Freilassung mögen zur Steigerung der Arbeitsproduktivität wesentlich beigetragen haben.

7.5. Führungssystem und Oberaufsicht des Gutsherrn (dominus)

Columella erkennt, dass auf jenem Gut am besten gearbeitet wird, wo die Besitzer sich häufig sehen lassen und noch häufiger ihr Erscheinen ankündigen, ohne auch tatsächlich zu kommen; "unter dem Druck dieser Angst nämlich werden Verwalter und Gesinde ihre Pflicht tun" (Colum. 1, 2, 1). Der gewissenhafte Gutsherr müsse "alle Teile seines Landes zu jeder Jahreszeit" (Colum. 1, 2, 1) öfter besichtigen. Diese Kontrolle gilt nicht nur den Sklaven, sondern auch den Pächtern.

7.5.1. Gutsherr und Pächter

Die Pächter soll der Gutsherr freundlich behandeln, "allerdings mit grösserem Nachdruck gute Arbeit fordern als Zahlungen (pensiones), da das weniger verärgert und doch aufs Ganze gesehen einträglicher ist" (Colum. 1, 7, 1). Bei der Auswahl des Pächters lässt Columella besondere Sorgfalt walten. In entlegenen Gegenden gibt er dem Pächter vor der Sklavenwirtschaft den Vorzug - vor allem beim Getreidebau, da bei ihm Misswirtschaft und Veruntreuung nicht so vorwalten (Colum. 1, 7, 7). Ansonsten will er Pächter nur in Gegenden einsetzen, "die infolge gesundheitsschädlichen Klimas und unfruchtbaren Bodens kaum anbauwürdig sind" (Colum. 1, 7, 4) (178). Der Parzellenpacht gibt er den Vorzug vor der Grosspacht, deren Kontrolle schwierig ist. Columella kommt allerdings auch nicht darum herum, "die Bewirtschaftung der verpachteten Parzellen zu überwachen, um die Kolonen zur Arbeit anzuhalten". Diese Aufsicht ist gerechtfertigt, da der Herr dem Pächter einen Teil der Produktionsmittel (instrumentum fundi) überliess (Colum. 1, 7) (179).

7.5.2. Gutsherr und Sklaven

Die materielle Versorgung der Sklaven bei Cato ist selbst für heutige Verhältnisse sehr zufriedenstellend (s. o. Kap. 74). Weniger günstig ist bereits ihre materielle Sicherheit bei Krankheit und Alter; denn alte, nicht mehr arbeitstüchtige Sklaven werden wie Tiere abgeschoben (Plut., Cato maior 4). Überhaupt macht Cato zwischen Tieren und (unfreien) Menschen keine Unterschiede; dieses Verhalten Catos hält übrigens Plut. Cato 5 für ein Zeichen eines gemeinen Charakters (179a). Plutarch übersieht jedoch dabei, dass Cato bei aller Intelligenz im Grunde ein Bauer bleibt. Die asketische Lebenshaltung, die sich nicht zuletzt in mässigem Essen und Trinken äussert

(Plut. Cato 4), verlangt er auch seinen Sklaven ab. Als Gerichtsherr scheut er bei Verbrechen auch nicht vor der Todesstrafe zurück, wobei Exekutionen in Anwesenheit der Mitsklaven durchgeführt werden (Plut. Cato 21, 4) In der Biographie Plutarchs wird so richtig deutlich, dass Catos Sklaven ein Produktionsfaktor sind wie das instrumentum mutum und semivocale. Ein Sklave hat entweder zu arbeiten oder zu schlafen. Er hielt überhaupt Menschen, die ausreichend geschlafen hatten, für arbeitstauglicher und -tüchtiger - eine nicht nur für Cato typische bäuerliche Lebenseinstellung (vgl. Plut. Cato 21).

Als Politiker verwirklicht Cato die in der römischen Politik praktizierte Maxime divide et impera auch in der Behandlung der auf seinem Hof tätigen Sklaven. So bemüht er sich stets seine Sklaven in gegenseitige Zwistigkeiten zu verwickeln. Gegenseitige(s) Einvernehmen und Harmonie bei ihnen machen ihn argwöhnisch und sogar ängstlich. Cato erkennt also bereits im 2. Jahrhundert v. Chr. die Solidarität der Sklaven als eine gefährliche Macht, der man dauern vorbeugen muss (Plut. Cato 21).

Für seine Sklaven hat der Herr bei Columella eine besondere Fürsorgepflicht (179b). Er hat darauf zu achten, "dass sie in Kleidung und sonstigen Zuwendungen ihr Recht bekommen" (Colum. 1, 8, 17), "er kostet selbst, ob Brot und Getränk gut sind, und sieht sich die Kleidung, Handschuhe und Fussbekleidungen an". Es erscheint uns Heutigen sehr progressiv, dass die Sklaven auch die Möglichkeit erhalten, "sich über solche zu beschweren (179c), die sie entweder durch Rohheit plagen oder sie begaunern" (Colum. 1, 8, 18). Columella nimmt als Gutsherr auch die, die sich "mit Recht beklagen", genauso in Schutz, wie er die bestraft, "die durch Aufsässigkeit die Sklavenschaft in Aufruhr bringen oder ihre Vorgesetzten verleumden"; dagegen belohnt er die, "die sich tüchtig und fleissig zeigen" (Colum. 1, 8, 18). Der Gutsherr verhält sich hier als patriarchalischer Vorgesetzter, der Belohnung anbietet für erwartetes und erwünschtes Verhalten und Strafen androht für unerwünschtes Verhalten. "Diese Strategie sozialer Beeinflussung ist nur insoweit erfolgreich, als der Beeinflussende über entsprechend wirksame Belohnungen und Strafen verfügt und die beabsichtigten Handlungsalternativen im Repertoire des Beeinflussten vorhanden sind" (180). Man wendet diese Menschenführung an "in organisierten Gruppen mit hierarchischer Verteilung von Positionen und Rollen" (181). Dass die Sklaven bei Varro und Columella nicht eine ungegliederte Masse sind, sondern eine deutlich ausgeprägte hierarchische Struktur - nicht nur bei den Führungskräften - aufweisen, geht aus verschiedenen Stellen hervor (182).

Mit diesem Lohn-Strafe-Schema hat sich Columella als Gutsherr aber nicht begnügt, da er wohl auch die Nachteile einer so einseitigen Behandlung erkannte. Er schreitet darum weiter zu Ansätzen einer motivierenden und partizipativen Führung. So spricht er Landsklaven (rusticos), "soweit sie sich nicht ungehörig geführt hatten, häufiger als Stadtsklaven (urbanos) ganz vertraulich an", macht "gelegentlich sogar einen Scherz und noch mehr, (er) erlaubte auch ihnen selbst zu scherzen" (Colum. 1, 8, 15), da er die befreiende Wirkung des Humors schätzte und sie damit zu motivieren wusste. Weiter beriet er "mit ihnen, als ob sie erfahrener wären (ut quasi cum peritioribus), über irgendwelche neuen Arbeiten" und erkundete gleichzeitig auf diese Weise, "wo eines jeden Fähigkeiten liegen und wie gross sie sind". Er erkannte, dass die Sklaven "williger an eine Arbeit herangehen, von der sie annehmen, dass man sie mit ihnen besprochen und nach ihrem Rat unternommen habe" (Colum. 1, 8, 15-16) (183).

Auch Varro kümmert sich als Gutsherr um die personalen und sozialen Bedürfnisse seiner Leute, die es richtig zu motivieren gilt. Er will den guten

Willen der Führungskräfte (praefecti) "dadurch gewinnen, dass man ihnen Anerkennung (honore aliquo) zuteil werden lässt; auch die von den Arbeitern (operarii), welche die anderen übertreffen, sollten bezüglich der Arbeit zu Rate gezogen werden. Sie fühlen sich dann weniger von oben angeschaut und glauben, dass sie beim Herrn etwas gelten" (Varro 1, 17, 6) (184). Es geht also den Führungskräften bei Varro in erster Linie um die Anerkennung ihrer Arbeit, den untergebenen qualifizierten Arbeitern um Prestige, Geltung und Partizipation am Arbeitsprozess. Das entspricht wohl auch ihrem höheren Status in der familia, der auf höherer Leistung beruht (185). Johne sieht deshalb in seiner Besprechung von Brockmeyer, Arbeitsorganisation, Jahrbuch für Wirtschaftsgeschichte III, 1973, 219-224 den Sachverhalt verzerrt, wenn er meint, bei den verschiedenen Vergünstigungen für Sklaven (auch bei Varro) "handelte es sich um Anpassungsbestrebungen der herrschenden Klasse an veränderte Bedingungen, mit dem Ziel, durch eine gewisse Elastizität der Methoden die den bestehenden Produktionsverhältnissen innewohnenden Widersprüche zu mildern und so zur Systemerhaltung beizutragen" (S. 222). Der Eigennutz des Gutsherrn muss mit den Bedürfnissen der Sklaven nicht unbedingt im Widerspruch stehen.

7. 6. Führungssystem des vilicus

Das Führungssystem des vilicus unterscheidet sich von demjenigen des dominus, des Gutsherrn, der die Oberaufsicht führt, dadurch, dass der vilicus sowohl den Anforderungen von oben gerecht werden als auch die Bedürfnisse der Untergebenen befriedigen muss. Somit wird Führung von Untergebenen zu einem grundsätzlichen Problem und der "ideale" Verwalter zu einer vieldiskutierten Frage, übrigens auch im Neuen Testament (Luk. 16, 1-13; Mt. 18, 23-35) (185a).

7. 6. 1. Führung als Wissenschaft (scientia imperandi) (185b)

Es ist ein zeitloses Problem, dass ein Führer zwei Ebenen beherrschen muss, die sich nicht so leicht auf einen Nenner bringen lassen (186). Er soll sowohl ein guter Fachmann in seinem Beruf sein als auch etwas von der Führung von Menschen verstehen, er soll also sowohl Leiter als auch Führer sein (187) Bei Columella muss der Verwalter sein Fach beherrschen, muss scientissimus sein, "um sowohl die Untergebenen belehren als auch selbst ohne Mühe tun zu können, was er anordnet" (Colum. 11, 1, 4). Er soll also nicht der "Schüler", sondern der "Lehrer der Arbeiter" (magister operariorum) sein (Colum. 11, 1, 4; vgl. auch Cato 5, 2). Die Arbeiter müssen den Eindruck gewinnen, dass er deswegen an der Spitze steht, "weil er im Wissen überlegen ist" (quod scientia praestet) (Varro 1, 17, 4-5). Es müssen also diejenigen führen, "die von der Landwirtschaft etwas verstehen" (qui periti sunt rerum rusticarum) (Varro 1, 17, 4). Doch ist es nicht damit getan, dass einer bloss ein guter Landwirt ist, es muss noch etwas hinzukommen: "Es mögen manche wohl in der Arbeit sehr bewährt und sachverständig sein (operum probatissimi artifices), verstehen aber nicht anzuschaffen, und durch zu heftiges oder auch zu lässiges Antreiben (aut saevius

aut etiam lenius agendo) bringen sie den Herren Schaden" (Colum. 11, 1, 6).
Richtig führen kann ein Verwalter nur, wenn er eine Lehre durchgemacht
hat, langjährige landwirtschaftliche Praxis hat und wenn er abschätzen kann,
"was für eine Aufgabe (officium) und welche körperliche Belastung dem einzelnen zugemutet werden darf" (Colum. 11, 1, 7). Er muss über die Arbeit
jedes Mitarbeiters voll informiert sein, so dass "er bei jedem das verkehrt
Gemachte zu verbessern imstande ist"; man könne sich nicht damit begnügen, "dass man einen Fehlgehenden (peccantem) tadelt, wenn man ihm nicht
auch den richtigen Weg weist" (Colum. 11, 1, 9). Die richtige Führung der
Untergebenen im Sinne Varro's und Columella's (11, 1, 25 nennt er sie subiecti) ist also ein gesunder Mittelweg zwischen zu grosser Strenge und zu
grosser Laxheit (Colum. 11, 1, 25), zwischen Leitung und Führung (187a). Die
Untergebenen sollen in diesem Sinne mehr die Strenge (severitatem) des
Verwalters fürchten als seine Grausamkeit (saevitiam) verabscheuen (Colum.
11, 1, 25). Dieses richtige Mass zwischen zwei Extremen zu finden, ist "auch
in grösseren Befehlsbereichen" (etiam in maioribus imperiis) nicht leicht
(Colum. 11, 1, 25). Zum fundierten Fachwissen müssen also Führungswissen
und Führungsfähigkeit (scientia imperandi, Colum. 11, 1, 6) hinzukommen.

7. 6. 2. Der vilicus als Vorbild der Arbeiter

Der Verwalter hat als Führer der Untergebenen auch darauf zu achten, dass
er ihnen in allem Vorbild ist. In diesem Sinne hat er nicht nur zu befehlen,
sondern auch so zu handeln, dass der Arbeiter ihn nachahmt (ut facientem
imitetur, Varro 1, 17, 4). Der Verwalter soll "als erster von allen wach sein
und die Leute, die sich immer Zeit lassen, wenn es an die Arbeit geht, entsprechend den Jahreszeiten schleunigst hinausführen und selbst eifrig vorangehen" (Colum. 11, 1, 14; vgl. auch Cato 5, 5). Die Arbeiter erhalten dann keine
Gelegenheit zum Bummeln. Vorbild sei der Verwalter auch insofern, als
er nicht zuviel schlafe, den Weingenuss nicht übertreibe (Colum. 11, 1, 13);
im Essen sei er "Beispiel im Masshalten" (11, 1, 19) und auch bei Liebschaften möge er sich zurückhalten (11, 1, 14). Bei der Arbeit soll er müde
Arbeiter "durch mancherlei Zuspruch" aufmuntern; manchmal soll er, "als
wenn er helfen wollte, einem Ermattenden das Werkzeug wegnehmen" und
ihm "energisch" zeigen, wie man die Arbeit vorteilhaft ausführe (Colum.
11, 1, 17). Dieses Vorbildsein mag dem Verwalter erleichtert worden sein,
dass er "vor allem die engere Gemeinschaft (convictum domestici) mit den
Sklaven des Hauses" (11, 1, 13) zu meiden hatte. Es kann ja ein Verwalter
auf die Dauer nur Vorbild sein, wenn er zu seinen Untergebenen eine gewisse Distanz wahren kann. Ohne diese ergibt sich eine zu starke Identifikation des Untergebenen mit dem Vorgesetzten (Führer), womit auch das
Vorbild immer mehr verblassen würde. Die Distanz darf wiederum auch nicht
so gross sein "wie in der reinen Leitung, wie wir das aus dem militärischen Bereich kennen" (188), da sonst Verwalter und Untergebene zu wenig
verbindende Gemeinsamkeiten aufweisen und diese in ihm nicht mehr einen
der "Ihren" sehen. Dass Columella hier diese mittlere Distanz anstrebt,
sehen wir daraus, dass der Verwalter nicht die Gemeinschaft mit den Sklaven an sich, sondern nur die e n g e r e Gemeinschaft meiden solle. Er will
also die privaten Beziehungen zwischen Verwalter und Untergebenen nicht
abschaffen, sondern nur kanalisieren (vgl. Colum. 11, 1, 18-19).

7.6.3 Führungsstil des vilicus (188a)

7.6.3.1. Militanter Führungsstil

Bei Varro und Columella finden wir eine Kombination verschiedener Führungsstile (188b), den militanten (189), patriarchalischen (190), und kooperativen beziehungsweise sozialintegrativen (191) Führungsstil. Auf den militanten Führungsstil weisen die unbedingte Präsenzpflicht von Vorgesetzten und Sklaven - auch ausserhalb der Arbeitszeit - auf dem Gut hin (Varro 1, 16, 5) (192). Der Verwalter darf bei Columella "die Gutsgrenzen nur überschreiten, um eine Anbauweise neu zu lernen, auch das aber nur, wenn er so in der Nähe bleibt, dass er kaum fort ist" (Colum. 1, 8, 7) (193). Daraus darf man schliessen, dass die Bewegungsfreiheit seiner Untergebenen noch weit mehr eingeschränkt ist. An Kasernen erinnert die Tatsache, dass die Mitglieder der familia zusammen mit ihren Vorgesetzten in einem Haus "dicht beieinander wohnen" (Colum. 1, 6, 8) und sich gegenseitig kontrollieren. An militärische Strafgefangene lässt die Existenz des Arbeitshauses denken, wo die "gefesselten Sklaven" täglich mit Namen aufgerufen werden und darauf geachtet werden soll, "dass sie sorgfältig in Beinschellen geschlossen sind, auch ob der Platz der Wache wohlverwahrt und gehörig gesichert ist " (Colum. 11, 1, 22). Militärischen Ursprungs ist sicher die decuria, die Zehnergruppe, welche die "Alten" sehr empfahlen und die eine optimale Überwachung der Arbeiter garantierte (1, 9, 7) (194). Es erinnert an militärisches Kommando und an militärische Formulierung (195), wenn es heisst, dass der Verwalter darauf zu achten habe, "dass die Gutsleute nicht gleich bei Tagesbeginn schon zögernd und lässig zur Arbeit gehen, sondern dass sie wie zu einem Kampfe frisch und freudig ihm als ihrem Anführer eifrig folgen" (Colum. 11, 1, 17). Der unbedingte Gehorsam, der sich bei Columella im häufigen Vorkommen des Verbs imperitare äussert und die Sklaven zu Befehlsempfängern macht, wie auch die straffe hierarchische Struktur weisen auf militanten Führungsstil hin (196).

7.6.3.2. Patriarchalischer Führungsstil

Die patriarchalische Führung baut auf dem Gehorsam und der Treue (fides) der Untergebenen sowie auf dem gegenseitigen Vertrauen zwischen Vorgesetzten und Untergebenen auf. In diesem Sinne ist die Betriebsführung die Führung und Leitung einer grossen Familie. Bei den römischen Agrarbetrieben ist der Verwalter der Vertreter des pater familias in der familia. Bei Cato ist der patriarchalische Führungsstil, primär auf materieller Bedürfnisbefriedigung beruhend, am reinsten ausgeprägt. In seiner noch unkomplizierten Welt befiehlt der Gutsherr beziehungsweise Verwalter (Cato de agric. 5, 2 imperitare; 5, 3 iussus siet, iniussu domini), die Sklaven (mit vilicus) haben zu gehorchen und die Befehle auszuführen (5, 3 auscultet; vilicus sc. dominoque dicto audiens sit = 142, 1). Der bei Cato cap. 5 für Verwalter und Sklaven vorgeschriebene Verhaltenskodex ist noch relativ leicht überschaubar. Leitmotiv seiner Moral ist die Zucht (disciplina bona, Cato 5, 1). Strafen für Vergehen (siquis quid deliquerit, 5, 1) sind nicht drakonisch, sondern dem Prinzip der Verhältnismässigkeit entsprechend (pro noxa bono modo vindicet, sc. vilicus). Cato kennt auch Ansätze einer Belohnung für Wohlverhalten (pro beneficio gratiam referat, Cato 5, 2). Dem Verwalter schulden die Sklaven genauso Gehorsam (obsequium; benevolentia) und Treue (fides) wie dem Herrn (Colum. 11, 1, 7; 12, 1, 6). Weiterhin sieht Columella in Zucht (disciplina, Colum. 1, 8, 20), Gewissenhaftigkeit (diligentia, 12, 1, 6; 12, 2, 4), Ordnung (ordo, Colum. 12, 2, 4; 12, 2, 6; ordinatio 12, 3, 10; ratio (vitae) 12, 2, 4, im Sinne von gesamtheitlicher Lebensordnung), Planung (dispositio, Colum. 12, 2, 4; 12, 2, 6) und Genauigkeit die Voraussetzungen einer effektiven Betriebsführung von vilicus und vilica (196a). Die Ordnung zeigt sich auch darin, "dass die gehörige Arbeitsleistung gefordert" (Colum. 1, 8, 11), "das vorgeschriebene Arbeitsmass geleistet wird" (Colum. 11, 1, 26) und "der Verwalter immer gegenwärtig ist" (1, 8, 11) (197).

Der patriarchalische Stil verlangt von den Untergebenen oft Leistungen bis zur Selbstaufgabe, übrigens auch vom Vorgesetzten beziehungsweise Eigentümer. Überhaupt ist die Leistung (operis exactio, Colum. 1, 8, 11) bei diesem Stil primäres Unternehmensziel. Bei Columella werden die Sklaven von der Arbeit so in Anspruch genommen, dass sie "nach der anstrengenden Arbeit sich mehr nach Ruhe und Schlaf als nach Vergnügungen sehnen" (Colum. 1, 8, 11-12) (198).

Um das Leistungsziel möglichst optimal zu verwirklichen, werden gute Leistungen belohnt, schlechte bestraft (199). Die Strafen müssen nicht unbedingt körperliche Züchtigungen sein. Belohnt werden vor allem diejenigen, "die sich tüchtig (strenue) und fleissig (industrie) zeigen (Colum. 1, 8, 18; vgl. auch die boni et seduli in 11, 1, 25), auch die weniger Guten (minus probi) soll der Verwalter schonen (11, 1, 25). Die Tüchtigsten (fortissimi) und Ordentlichsten (frugalissimi) erhalten Spenden (largitiones); solche Untergebene soll er manchmal an seinen Tisch ziehen und daran denken, "sie noch durch andere Ehrungen auszuzeichnen" (Colum. 11, 1, 19) (200). Der Verwalter hat die Besseren zu begünstigen, doch auch die "weniger Guten" mit Überlegung zu behandeln, "sodass sie mehr seine Strenge fürchten als seine Grausamkeit verabscheuen" (Colum. 1, 8, 10). Bei Cato 5, 2 soll der Verwalter das Wohlverhalten der Sklaven belohnen, "damit andere Lust bekommen, richtig zu handeln" (201). Es wirkt also die Belohnung einer guten Leistung nicht nur auf das Verhalten des Belohnten zurück (Rückkoppelungseffekt), sondern auch auf das Verhalten der Mitsklaven ein.

Wenn es Belohnung und Anerkennung für gute Leistungen gibt, so Strafe und Sanktionen für schlechte. Wer sich irgendwie vergangen hat, soll "dem Schaden entsprechend auf gute Art" (bono modo) bestraft werden (Cato 5, 1). Wenn die Sklaven Kleidung und Arbeitsgeräte nachlässig behandeln, "so haben sie keine Hoffnung ungestraft davonzukommen" (Colum. 11, 1, 21). Bestraft werden auch diejenigen, "die durch Aufsässigkeit die Sklavenschaft in Aufruhr bringen oder ihre Vorgesetzten verleumden" (Colum. 1, 8, 18). Gerecht bestraft werden auch die Trägen (ignavi) und Säumigen (cessantes), "ohne dass sie murren dürften" (Colum. 1, 9, 8). Wetteifer (aemulatio) und Wettbewerb (certamen), typische Elemente der patriarchalischen Führung, treiben nicht nur die Arbeit voran, sondern bilden auch das Kriterium für Lohn oder Strafe, indem durch sie die Trägen entlarvt, die Fleissigen belohnt werden.

Ein guter Verwalter, "der seine Befehle weder zu sanft noch zu rücksichtslos gibt" (Colum. 1, 8, 10), wird sich ja ohnehin bemühen, "dass seine Untergebenen sich nichts zuschulden kommen lassen". Das sei sowieso besser, "als wenn er durch mangelnde Aufsicht es dahin bringt, dass er Schuldige bestrafen muss" (Colum. 1, 8, 10-11). Der gute patriarchalische Führer zielt also dahin ab, wenn irgendwie möglich mehr mit Worten als mit Schlägen zu kontrollieren und zu leiten (202), er muss darüber hinaus darauf bedacht sein, bei jeder Arbeit "das verkehrt Gemachte zu verbessern", es genüge nicht, einen Fehlgehenden zu tadeln, "wenn man ihm nicht auch den richtigen Weg weist" (Colum. 11, 1, 9).

7.6.3.3 Sozialintegrativer Führungsstil

Beim sozialintegrativen Führungsstil werden die sozialen Bedürfnisse, Partnerschafts- und Integrationsbedürfnisse, Streben nach Prestige und Selbstverwirklichung am Arbeitsplatz befriedigt (202a). In diesem Sinne hat der Verwalter sich nicht nur um die materiellen Belange seiner Untergebenen am Arbeitsplatz, sondern auch um ihre sozialen Bedürfnisse in der Freizeit zu kümmern. Verletzte soll er verbinden, unter Umständen ins Krankenzimmer bringen und für weitere gute Behandlung sorgen. Bei den Gesunden muss er für Essen und Trinken sorgen; auch speise er gemeinsam mit ihnen (Colum. 11, 1, 18-19; 1, 8, 12) (203). Ebenso soll ihm die richtige Bekleidung der Sklaven am Herzen liegen (Colum. 11, 1, 21).
Beim sozialintegrativen Stil sind leitende und ausführende Arbeit nicht starr getrennt; der Arbeiter wird hier für wert erachtet, an der Gestaltung des Arbeits- und Produktionsprozesses mitzuwirken. Columella erkennt, dass die Sklaven williger an eine Arbeit herangehen, von der sie annehmen, "dass man sie mit ihnen besprochen und nach ihrem Rat unternommen habe" (Colum. 1, 8, 15-16). Er hat oft "mit ihnen, als ob sie erfahrener wären, über irgendwelche neuen Arbeiten" beraten und somit erkundet, "wo eines jeden Fähigkeiten liegen und wie gross sie sind" (Colum. 1, 8, 15) (204). Bei diesem Verhalten strebt Columella natürlich nicht primär eine Selbstverwirklichung seiner Sklaven am Arbeitsplatz an, sondern will damit erreichen, dass der richtige Mann am richtigen Platz arbeitet. Varro will die Arbeiter (operarii), "die die anderen übertreffen" (qui praestabunt alios), bei der Gestaltung ihrer Arbeit zu Rate ziehen; dadurch fühlen sie sich bestätigt und glauben, beim Herrn etwas zu gelten (Varro 1, 17, 6) (205). Diese Mitberatung und Mitwirkung am Produktionsprozess ist eine wichtige Vorstufe für die Selbstverwirklichung in der Arbeit.

Schlußbetrachtung

Cato, für den "grösstmöglicher Gelderwerb durch marktmässigen Absatz der landwirtschaftlichen Produkte" (205a) oberstes Ziel seiner Landwirtschaft ist, beschreibt in 'de agricultura' die Probleme der intensiven Landwirtschaft an den Modellen eines Ölgutes von 240 iugera (rd. 60, 5 ha) und eines Weingutes von 100 iugera (rd. 25 ha) in Mittelitalien im 2. Jhd. vor Chr. Varro befasst sich in den drei Büchern seiner 'res rusticae' mit dem Ackerbau, der Viehzucht, der Haus- und Kleintierhaltung (pastio villatica). Neben Öl- und Weinproduktion weist die Weidewirtschaft zunehmende Bedeutung auf. Als Modell schwebt ihm wohl ein Mittelbetrieb (um 500 ha?) im 1. Jhd. vor Chr. vor. Columella (1. Jhd. n. Chr.) stützt sich in seinen Werken 'de re rustica' und 'de arboribus' auf grössere Mittelbetriebe des Wein- und Ölbaus, geht aber mehr als Cato und Varro auf die Getreideproduktion ein.

Auf den landwirtschaftlichen Gütern der Agrarschriftsteller werden sowohl eigene und fremde landwirtschaftliche Arbeitskräfte wie auch Handwerker beschäftigt. Den Hauptstamm der landwirtschaftlichen Arbeitskräfte Cato's bilden die Sklaven mit dem Verwalter für stetig anfallende Arbeiten. Für Arbeitsspitzen und Gelegenheitsarbeiten zieht Cato zusätzlich Tagelöhner heran oder vergibt sie an politores bei der Getreideernte, conductores bei der Schafhaltung und redemptores bei der Olivenernte (Leasingunternehmer auf Verdingungsbasis). Das Weingut überlässt Cato dem curator partiarius, der zwischen Pächter und Lohnarbeiter einzuordnen ist. Bei Varro gewinnen die freien Arbeiter zunehmend an Bedeutung. Es sind in 1,17,2 pauperculi (Kleinlandwirte), mercennarii (Tagelöhner) und obaerarii (Schuldknechte) genannt, letztere wohl mit den obaerati von Varro de lingua lat. 7,105 identisch und höchstwahrscheinlich coloni (Pächter). Neben den obaerarii nennt Varro noch eigens coloni als Parzellenpächter.

Bei Columella bilden wieder die Sklaven mit einer Fülle verschiedener Bezeichnungen (nicht nur servi und mancipia!) das Rückgrat der (intensiven) Landwirtschaft. Daneben kommen bei ihm auch Pächter (coloni, auch rustici genannt) vor. Bei Arbeitsspitzen werden fremde Arbeitskräfte (operae, mercennarii) verwendet. Cato hat keine festangestellten Handwerker auf seinen Gütern, für komplizierte Arbeiten (Reparaturen an landwirtschaftlichen Geräten wie Ölpressen etc.) nimmt er sich fremde Handwerker auf Werkvertragsbasis. Varro hingegen empfiehlt für stadtferne Standorte die Beschäftigung eigener Handwerker, für stadtnahe Güter die Haltung von Handwerkern auf Jahresvertragsbasis. Columella bevorzugt festangestellte Handwerker, um den Betriebsablauf nicht zu gefährden.

Die Agrarschriftsteller kennen bereits das Problem der optimalen Betriebsgrösse und der optimalen Arbeitskräfteausstattung eines Betriebes, wobei Betriebsfläche und Faktoreinsatz (bzw. man-days) zueinander in Beziehung gesetzt werden. Cato gibt die optimale Ausstattung eines Wein- und Ölgutes mit Arbeitskräften, Arbeitstieren sowie Maschinen und Geräten an. Sein Ölgut von 240 iugera weist ein Stammpersonal von 13, sein Weingut von 100 iugera ein solches von 16 Personen auf. Im Weinberg kommt Cato auf 50 man-days per iugerum (bereinigter Wert).

Varro legt sich nicht wie Cato auf eine fixe Relation von Bodenfläche zu Faktoreinsatz fest. Bei ihm hängt die optimale Beschäftigung von Beschaffenheit und Grösse der Nachbargüter und der Zahl der dort beschäftigten Menschen ab (Anpassungsstrategie im Oligopol!), dann von Experiment und Nachahmung bewährter Methoden. Standortfaktoren und geographische Lage des Gutes sind weitere Einflussfaktoren für die Ermittlung der optimalen Beschäftigung. Im Sinne einer technischen Produktionsfunktion, wo die Zeit der Input und die bewältigte Menge der iugera der Output ist, zeigt Varro, dass 1 Mann nach Saserna maximal 1 iugerum in 4 Tagen, optimal - bei Anrechnung einer Zeitreserve - in 5,625 Tagen (errechneter Wert aus: 8 iugera in 45 Tagen) umgraben kann. Diese Grössen sind nach Varro generelle Richtwerte, gelten nicht wahllos für jeden Anbautyp, sondern werden nach oben und unten durch folgende Prinzipien modifiziert: Praxis des früheren Eigentümers und der benachbarten Eigentümer sowie eigene Erfahrung (vgl. Varro res rust. 1, 18).

Für eine 200 iugera grosse Getreideanbaufläche, frei von Bäumen, braucht man nach Colum. (2, 12, 7) 10 Beschäftigte, für eine mit Bäumen bewachsene 13 Beschäftigte, nach Colum. 12, 2, 8 lassen sich für 200 iugera 920 man-days errechnen. 10 Mann erwirtschaften auf der baumlosen Anbaufläche einen Gesamtertrag von jeweils 250 modii Weizen und Gemüse (pro Mann je 25 modii). Die südspanische Landwirtschaft im Raume Cordova muss in den 50er Jahren des 20. Jhd. immerhin 20 man-days pro acre aufwenden, dagegen liegt Columella mit umgerechnet 14,5 bzw. 15,7 (mit Eggen) man-days pro acre relativ niedrig. Columellas Getreideproduktion weist also, was die Relation Arbeitereinsatz (Arbeitertage) zu bewirtschafteter Bodenfläche betrifft, eine höhere Arbeitsproduktivität auf als die südspanische in der neuesten Zeit (50er Jahre). Dies ist durchaus vorstellbar, wenn man bedenkt, dass Columella das Wirtschaftlichkeitsprinzip auf seinen Gütern perfektionierte und den Einsatz seines Kapitals und seiner Produktionsfaktoren vorbildlich organisierte (räumliche Differenzierung, Vermeidung von Monokultur, Streuung des Anbaues nach verschiedenen Reifezeiten, doppelte Haltung von Eisengeräten etc.). Hohe Produktivität und Rentabilität auf den Gütern Columellas sind auch dann anzunehmen, wenn man wie Duncan-Jones die für die 7 iugera grosse vinea (Weinberg) angegebenen finanziellen Daten etwas revidiert (Colum. 3, 3, 8-9).

Wenn sich bei Cato und Varro zu Arbeitsteilung und Gruppenbildung nur Ansätze finden, so bringt Columella Gedanken, welche den modernsten sozialpsychologischen Erkenntnissen gerecht werden. Er legt Wert auf klare Kompetenzabgrenzung der eigenen Tätigkeiten und auf Spezialisierung. Mit der Arbeitsteilung eng verbunden ist die Gruppenbildung. Hier geht Columella auf Fragen der maximalen und optimalen Gruppengrösse ein. Bei ihm soll die landwirtschaftliche Arbeitsgruppe maximal 10 Mann, die optimale Gruppe 3 bis 10 Mann umfassen. Mit der decuria kommt er der in der modernen Industrie üblichen Zehnergruppe (vgl. Anm. 61) sehr nahe. In anderen Lebensbereichen nimmt man die optimale Gruppengrösse bei 20, die maximale zwischen 25 und 30 an. Die Beschränkung der Gruppe auf bis zu 10 Leuten soll leichtere Überwachbarkeit und Wettbewerb der Gruppenmitglieder garantieren.

Die Grossgruppe 'familia' als landwirtschaftliche Arbeits-, Wirtschafts- und Lebensgemeinschaft, in welcher Sklaven und Freie (zumindest seit dem 2.

Jhd. n. Chr.) zusammen tätig waren, hat einen Verwalter (vilicus) als Leiter. Bereits die familia von Cato weist eine hierarchische Struktur auf.
Bei den Agrarschriftstellern liegen entwickelte Ansätze einer Arbeitsplatzbeschreibung vor. Während der Verwalter als vielseitiger Mann bei ihnen ausführlich beschrieben wird, sind die Angaben zu den anderen Führungskräften spärlich Aus den Agrarschriftstellern lassen sich folgende vier Führungsebenen herauskristallisieren: an der Spitze der Gutsherr, dann der procurator, an 3. Stelle der vilicus (actor), an 4. Stelle custos, epistates, praefectus, exactor, monitor, magistri operum. Kompetenzen waren allerdings kaum geregelt, eher falsch geregelt, so unterstanden z. B. die gefesselten Sklaven mehreren Vorgesetzten. In der Weidewirtschaft gibt es nur zwei Führungsebenen: dominus und magister pecoris bzw. opilio (= Oberhirt).
Aufgaben und Pflichten des Verwalters sind bei den Agrarschriftstellern sehr vielfältig und differenziert geregelt. Cato cap. 2 befasst sich mit dem Rechenschaftsbericht des Verwalters gegenüber dem visitierenden Herrn, in cap. 5 (vilici officia) sind seine Pflichten beschrieben. Varro 1, 16, 5 erörtert die Befehlsgewalt des Verwalters, der auch über gute Ausbildung und Fachwissen verfügen soll (1, 17, 3-4). Columella unterscheidet den in Öl- und Weinbau tätigen vilicus vom opilio vilicus der Weidewirtschaft (7, 3, 13). In 1, 8 beschreibt er die Eigenschaften und Fähigkeiten des idealen vilicus, wie er sich verhalten soll, was er nicht tun soll (vgl. auch 11, 1). Besonders ausführlich befasst sich Varro (2, 10) mit Eigenschaften, Fähigkeiten, Aufgaben und Pflichten des magister pecoris und der Hirten.
Eine wichtige Rolle auf dem Gutshof spielt auch die vilica. Ihre Eigenschaften und ihr Verhalten werden bei Cato 143, 1 und bei Colum. 12, 1 analysiert. Ihr obliegen die Leitung und Kontrolle der Hauswirtschaft sowie der in Haus und Hof tätigen Personen (Cato 143, 2-3 und Colum. 12, 1). Überhaupt hat sie für eine funktionierende Ordnung (Colum. 12, 1-2) und für den Krankendienst zu sorgen (12, 3).
Stellung und Aufgaben der Sklaven im Arbeitsprozess sind bei Cato, Varro und Columella ausführlich geregelt. Bei Varro sollen die einfachen Arbeiter mittlere Begabung, die Führungskräfte eine gehobene Bildung und Ausbildung mitbringen (1, 17, 4). Columella gibt grundsätzlich Sklaven vor freien Lohnarbeitern den Vorzug. Letztere werden für einfache, erstere für anspruchsvollere Tätigkeiten eingesetzt, so die Weinbauspezialisten bei Colum. 5, 5, 13. Bestimmten Tätigkeiten ordnet Columella Sklaven mit ganz bestimmten Fähigkeiten und Eigenschaften zu und kommt dabei auf 4 Gruppen mit verschiedenen Anforderungsniveaus (11, 1, 8).
Stadtsklaven verfügen über mehr Freizeit als Landsklaven, letztere müssen aber i. d. R. auch nicht länger arbeiten als die freien Landarbeiter. Die Intensität der Arbeiten ist dem Wetter angepasst: leichtere Arbeiten im Winter und bei Regen, schwerere bei Schönwetter und im Sommer. Die Sklaven partizipieren an den allgemeinen Feiertagen, haben daneben aber meist noch eigene Sklavenfeste. An einigen Feiertagen mussten mancherorts leichte Arbeiten verrichtet werden (Colum. 2, 21, 2).
Stellt man das Kontroll- und Führungssystem der Gutssklaverei in einen weiteren Zusammenhang, so darf man die Sklavenfrage in der römischen Literatur nicht ausser acht lassen. Wenn es z. B. Euripides um die innere Freiheit des Sklaven geht, so sind bei Terenz und Plautus Herr und Sklave wirtschaftlich aufeinander angewiesen. Nicht sittliche Werte binden den Sklaven an den Herrn, sondern Angst vor Strafe, Belohnung, bessere Behandlung, Essen und Trinken, ja sogar die Hoffnung auf die Freiheit. Doch Ebenbürtigkeit zwischen Herrn und Sklave besteht nicht, der Sachcharakter des

Sklaven steht fest. Für menschliche Erleichterungen und bessere Behandlung setzen sich v. a. Cicero, Plinius d. Ä. und d. J. sowie Seneca ein. Sie erkennen, dass mehr Humanität im wirtschaftlichen Interesse des Eigentümers liege. Dieser humanitären Richtung steht aber eine andere gegenüber, welche die Sklaven mit den bisher üblichen Methoden des physischen Zwanges behandeln will. Als Methoden des Zwangs erscheinen in der Wirklichkeit Strafen, Schläge, Fesselung und Einsperrung ins Arbeitshaus. Bei Cato werden Fussgefesselte (conpediti) genannt (cap. 56/57), bei Varro finden sich keine gefesselten Sklaven Columella erwähnt 1, 8, 16 und 11, 1, 22 gefesselte Sklaven im ergastulum, die dort eine Strafe verbüssen. Die Strafen halten sich allerdings bei den Agrarschriftstellern in Grenzen, trotz der eingeschränkten räumlichen Freizügigkeit waren die materiellen Lebensverhältnisse erträglich. Bei der Landsklaverei handelt es sich im Grund sicher um ein Zwangssystem, aber praktisch doch mehr um ein System gegenseitiger Kontrolle zwischen Verwalter und Sklaven (Varro 1, 13, 2 und Colum. 1, 6, 7-8).

Eine wesentliche Voraussetzung einer Produktivitätssteigerung ist (übrigens in jedem Sozialsystem) die Schaffung materieller Anreize. Das sind bei den Agrarschriftstellern einmal reichliches Essen und Trinken (v. a. bei Cato cap. 56/57 nachweisbar), dann reichliche Kleidung (Cato cap. 59), Sonderurlaub (Varro 1, 17, 7) und die Schaffung von Sondervermögen (peculium) mit eigener Viehhaltung (Varro 1, 19, 3). Besonders motivierend mag das Zugeständnis sein, sich eine Frau zu halten (Varro 1, 17, 5), was besonders bei den Hirten üblich ist (2, 10, 7-8). Columella belohnt reichen Kindersegen mit Arbeitsurlaub (otium) und bisweilen mit der Freiheit (1, 8, 19-20).

Bei der Untersuchung des Führungssystems bieten sich zwei Aspekte an, einmal Führung und Aufsicht vom Gutsherrn her den untergebenen Pächtern und Sklaven sowie dem vilicus gegenüber, dann Führung und Aufsicht vom vilicus her seinen Mitsklaven (und evt. freien Arbeitern) gegenüber.

Effektive Führung bedarf der häufigen Anwesenheit des Gutsherrn (Colum. 1, 2, 1) und regelmässiger Gutsbesichtigungen. Den Pächtern gegenüber ist freundliche Behandlung am Platz, ihre Auswahl bedarf besonderer Sorgfalt (1, 7, 1).

Für die Sklaven hat der Herr besondere Sorgepflicht. Sklaven haben Beschwerderecht über Vorgesetzte. Tüchtige werden belohnt, Aufsässige bestraft. In den Beziehungen zwischen Herrn und Sklaven fehlen Scherz und Humor nicht. Sklaven werden bei der Gestaltung der Arbeit beratend herangezogen (Varro 1, 17, 6; Colum. 1, 8, 15-16). Varro erkennt, dass der Sklave unbedingt Anerkennung für seine Arbeit braucht; ein Punkt, auf den die moderne Sozial- und Betriebspsychologie ganz besonders hinweist (vgl. die grosse Bedeutung der Anerkennung und Selbstbestätigung in der Bedürfnispyramide von Maslow) (205b).

Der Verwalter hat es als Führer schwerer als der Gutsherr. Er steht zwischen dominus und Untergebenen, wird von 'oben' und 'unten' kontrolliert und muss es beiden Seiten rechtmachen. Am Modell der Tätigkeit des vilicus erörtert Columella die Frage, ob die Führung eine Wissenschaft sei. Vom Verwalter werden nicht nur landwirtschaftliche Fachkenntnisse, sondern auch Führungsfähigkeiten erwartet (Varro 1, 17, 4-5; Colum. 11, 1, 4). Fach- und Führungswissen fallen nicht immer in einer Person zusammen; gute Fachleute sind oft schlechte Führer. Führung darf nicht zu heftig, aber auch nicht zu lässig sein (Colum. 11, 1, 6). Sie bedarf auch der Information und des Gespürs, welche Aufgaben welchen Mitarbeitern zugemutet werden können (Colum. 11, 1, 7). Tadel allein genügt nicht, der Führer muss zeigen, wie man's besser macht (11, 1, 9). Dieser Mittelweg zwischen Skylla und Charybdis verabscheut Grausamkeit, schliesst aber Strenge nicht aus (11, 1, 25).

Die besten Fähigkeiten des Verwalters nützen nichts, wenn derselbe nicht Vorbild seiner Untergebenen ist (Varro 1, 17, 4). Dies soll er nicht nur in der Arbeit, sondern auch im Privatleben (im Essen, im Trinken und in der Liebe) sein. Das Vorbildsein wird ihm erleichtert, dadurch dass er zu den Sklaven die nötige Distanz hält (Colum. 11, 1, 13), die aber nicht zu Entfremdung führen darf.

Bei Cato (206), Varro und Columella ist der patriarchalische Führungsstil ohne Zweifel vorherrschend, bei Cato jedoch in recht altväterlicher Form. Stark ins Gewicht fallen bei Columella die militanten Elemente. Varro praktiziert einen entwickelten patriarchalischen Führungsstil mit Ansätzen zur sozialintegrativen Führung (207). Sein Führungssystem ist gegenüber Cato ein deutlicher Fortschritt, Varro gegenüber ist dasjenige des Columella (trotz seiner Ansätze einer sozialintegrativen Führung) in mancher Hinsicht ein Abstieg. Alle drei haben jedoch das Führungssystem angewandt und praktiziert, das dem wirtschaftlichen Entwicklungs- und dem sozialen Bewusstseinsstand ihrer Zeit gemäss war.

Varro und Columella kommen bei den in ihren Werken niedergelegten Ideen den (nicht immer praktizierten!) Führungsgrundsätzen moderner Grossunternehmen vielfach recht nahe. Vor allem bei Columella finden wir Rechte und Pflichten des wichtigsten Vorgesetzten, des Verwalters, wie auch Rechte und Pflichten der Sklaven beziehungsweise Arbeiter ziemlich ausführlich behandelt. Sehr ins Detail gehen auch die Stellen- und Arbeitsplatzbeschreibung wie auch die dargelegten Führungsinstrumente. Letzteren mangelt allerdings oft die in modernen Führungskatalogen übliche Systematik, was aber für die Anwendung in der Praxis nicht immer ein Nachteil sein muss. In oft teilweise recht handfesten Ansätzen hat Columella (und zum Teil auch Varro) die Gedanken der Motivation, der Kontrolle, der Kritik und Anerkennung, der Mitwirkung am Arbeitsplatz, der Information (die aber einseitig nur vom Mitarbeiter zum Verwalter geht), der Beurteilung (der Mitarbeiter durch den Verwalter) und sogar der Fort- und Weiterbildung angesprochen. In groben Umrissen wird (vor allem bei den Agrikulturbetrieben) auch eine Hierarchie der Führungskräfte sichtbar, von denen jedoch nur der Verwalter näher charakterisiert wird. Mit dem Beschwerderecht der Sklaven (Arbeiter) bei Columella wird das Prinzip der "offenen Tür" eingeführt. Nicht behandelt bei den Agrarschriftstellern finden sich die Delegation von Aufgaben, Rechten und Pflichten von über- an untergeordnete Stellen, die Regelung der den einzelnen Vorgesetzten (neben dem Gutsherrn) genau zustehenden Kompetenzen und deren Abgrenzung sowie Fragen des Dienstweges und der Stellvertretung, vor allem im Falle der (seltenen) Abwesenheit des Verwalters. Trotz dieser Mängel ist das Kontroll- und Führungssystem der römischen Agrarschriftsteller ein so gewaltiger Fortschritt gegenüber griechischen und hellenistischen Vorbildern, dass es selbst uns Heutigen noch etwas zu sagen hat.

Führungsebenen	Arten der eingesetzten Arbeitskräfte		
	Cato:	Varro:	Columella:
(1) Gutsherr (dominus, patronus)	(1) Sklaven: operarii, servi, operae (4, 4)	(1) Sklaven: operarii (1, 8, 14), mancipia, servi (= instrumentum vocale)	(1) Sklaven: servi (1, 9, 9), mancipia, servuli (12, 3, 3), rustici (1, 8, 15; 11, 1, 19), operarii (11, 1, 4; 11, 1, 16), subiecti (1, 8, 4; 1, 8, 10; 11, 1, 4), agricolae (11, 1, 6), coloni (?) (11, 1, 14)
(2) Geschäftsführer (procurator Colum. 1, 6, 7-8)	(2) Freie Arbeiter: operarii, mercennarii	(2) Freie Arbeiter: a) pauperculi cum sua progenie, b) mercennarii, c) pastores (1, 17, 2)	(2) Freie Arbeiter: gelegentlich freie Arbeiter (operae) für schlechte Böden und bei niedrigem Lohnniveau (2, 2, 12; 3, 21, 10), rustici (?) (1, 6, 19f), mercennarii (1, praef. 12; 1, praef. 9), coloni (?) (1, 6, 19f)
(3) Verwalter (vilicus, actor, saltuarius), Schafverwalter (opilio villicus Colum. 7, 3, 13), Oberhirt (magister pecoris) (Varro r.r. 2, 10)	(3) Pächter: emptor (c. 149), curator partiarius (c. 137), conductor (f. Schafnutzung, c. 150)	(3) Pächter: coloni, obaerarii (obaerati) (1, 17, 2)	(3) Pächter: coloni indigenae für Grenzböden (1, 7, 3), rustici (1, 7, 2), nexus civium (1, 13, 2)
(4) Vorarbeiter, Gruppenleiter etc. (magistri operum, praefecti, custodes, epistates, monitores) und Frau des Verwalters (vilica)	(4) Handwerker: Dorfschmied (faber = 7, 2), faber für Bauaufträge im Werkvertrag (14, 3), fabri und adiutores aus Nachbardörfern (21, 5)	(4) Handwerker: artifices, fabri (1, 16, 4), anniversarii mit Jahresvertrag, bei grösseren Entfernungen von Dörfern oder Städten eigene artifices und fabri (1, 16, 4), textores (Weber), histonae (Spinner) und alii artifices (1, 2, 21)	(4) Handwerker: (fabri) als eigene Leute (4, 30, 1), aus dem Zusammenhang zu erschliessen
Sklaven, Arbeiter	(5) Leasingunternehmer (auf Verdingungsbasis): a) politor (v. a. für Getreideernte, c. 136), b) redemptor (v. a. für Olivenlese und Ölgewinnung, c. 144-145 c) socii (Mitunternehmer des red.) (144, 4; 145, 3)		

Anmerkungen

(1) Skydsgaard J. E., Nuove ricerche sulla villa rustica romana fino all' epoca di Traiano, Analecta Romana Instituti Danici V, Kopenhagen 1969, 26. Die Agrarschriftsteller "hatten nicht die Absicht, die ländliche Struktur Italiens zu beschreiben, sondern reichen Leuten die Methoden beizubringen, mit denen sie aus ihren Landgütern die höchsten Gewinne herausholen konnten" (Brunt P. A., Die Beziehungen zwischen dem Heer und dem Land, in: Schneider H. (Hrsg.), Zur Sozial- und Wirtschaftsgeschichte der späten römischen Republik, Darmstadt 1976, 130). Auf den von ihnen behandelten Gütern sowie auf den Latifundien war Sklavenarbeit üblich. Sie waren überzeugt, "dass Sklavenarbeit die höchsten Profite abwerfe" (Brunt, ebd., 130). Auf Grund dieser Profitorientierung waren sie an "den Problemen der mittleren und kleinen Grundbesitzer" (Brunt, ebd., 131) nicht interessiert.

Zu beachten ist auch, dass die Agrarschriftsteller nicht nur Ökonomen waren, sondern als Mitglieder des Senatorenstandes auch politische, ja in erster Linie politische Funktionen ausübten. Für römische Senatoren gab es dabei zwei Möglichkeiten, ein Landgut zu erwerben, einmal delectationis causa, dann fructu causa. Varro "gehörte zu jenen Senatoren, die das Land als Einnahmequelle behandelten" (Jaczynowska M., Die wirtschaftliche Differenzierung der römischen Nobilität am Ende der Republik, in: Schneider, a. a. O., 225). Für die piscinarii (Besitzer von Fischteichen) war Landbesitz primär Prestigeobjekt und Mittel politischer Einflussnahme. Im Gegensatz zu dieser senatorischen Oberschicht "kümmerte sich die Mehrheit der Senatoren (zu denen auch Varro und Columella zu rechnen sind, Verf.) um den Ertrag aus dem Land, weil er für sie das einzige verhältnismässig sichere und stabile Einkommen war, auf das sie nicht verzichten konnten, um ihre gesellschaftliche Stellung aufrechtzuerhalten" (vgl. Jaczynowska, Nobilität, 226). Es war also nur konsequent, wenn die Agrarschriftsteller Varro und Columella mit ihrem Kapital, das ja in erster Linie die Sklaven waren, schonend umgingen und sich um effektive Methoden der Arbeitsorganisation und Menschenführung bemühten. Dieser Zwang war ja für Cato, der über eine Fülle von Einkommensquellen verfügte, nicht gegeben. - Die ironisierende Charakterisierung der superreichen senatorischen Oberschicht als piscinarii geht auf Cic. Att. 1, 19, 6; 1, 20, 3 zurück (vgl. dazu Jaczynowska, Nobilität, 224).

(1a) Es scheint, dass in der hellenistischen Welt "die traditionelle, altmodische bäuerliche Bewirtschaftung allmählich neuen Methoden Platz machte, die von dem Verlangen diktiert wurden, die besten Qualitäten der am besten verkäuflichen Waren in der grösstmöglichen Menge zu erzeugen, um den maximalen Gewinn zu erzielen" (Rostovtzeff M., Die hellenistische Welt, Gesellschaft und Wirtschaft, Bd. 2, Tübingen 1955, 946).

Bereits in klassischer Zeit wurden viele landwirtschaftliche Handbücher geschrieben, die Aristoteles bekannt waren und von Theophrast benützt wurden Auch die römischen Agrarschriftsteller zogen sie heran, ohne dass ihre Spuren im einzelnen nachweisbar sind. Diese Handbücher "scheinen Sammlungen von Bauernregeln gewesen zu sein" (Rostovtzeff, Bd. 2, 946), die sich auf die Empirie (ἐμπειρία) stützten. Es ist jedoch zu bedauern, dass "kein einziges Handbuch hellenistischer Zeit erhalten" (S. 946) ist. Rekonstruktionen sind sehr problematisch. Varro hat die von ihm in seiner Bibliographie erwähnten fünfzig griechischen Agrarschriftsteller genauso wenig direkt benützt wie seine Nachfolger (Rostovtzeff, Bd. 2, 947). Nur Cassius Dionysius "verarbeitete sie in seiner Übersetzung" des Handbuchs von Mago, der "von griechischen Quellen reichen Gebrauch machte" (Rostovtzeff, Bd. 2, 947). Dieser Cass. Dion. war nun "die Hauptquelle aller römischen Werke über die Landwirtschaft" (S. 947), womit der Einfluss der griechischen auf die römische Agrarliteratur nachweisbar ist. Das Verdienst der griechisch-hellenistischen Agrarwissenschaft besteht auch darin, dass sie die Ergebnisse jahrhundertelanger Erfahrungen in den verschiedenen hellenistischen Ländern systematisch zusammenfasste. Diese Ergebnisse wurden von Italien und dem Westen übernommen und den westlichen Gegebenheiten organisch angepasst (Rostovtzeff, Bd. 2, 1049).

(1b) Die verschiedenartigen Ursachen des Übergangs von der Gutswirtschaft zum Kolonat referiert ausführlich und ausgewogen Prachner G., Zur Bedeutung der antiken Sklaven- und Kolonenwirtschaft für den Niedergang des römischen Reiches, in: Historia 22, 1973, 732-756, ohne sich jedoch auf eine bestimmte Version festzulegen. Prachner geht auch auf die sozialistische Forschung kritisch ein.

(1c) Nach Heinen H., Neuere sowjetische Monographien zur Geschichte des Altertums, in: Historia 24, 1975, 378-384.

(1d) Vgl. Heinen H , Zeitschriftenreferat, Vestnik drevnej istorii (VDI) 1959 -1967, in: Historia 19, Heft 3, 1970, 378-383 und Zeitschriftenreferat VDI 107-110, 1969, Heft 1-4, Historia 22, Heft 2, 1973, 373-378.

(1e) Vgl. Heinen H., Neuere sowjetische Monographien, in: Historia 24, 1975, und Zeitschriftenreferat, in: Historia 1970, Heft 3, 378ff.

(1f) Heinen, Neuere sowjetische Monographien, 1975, 384.

(1g) Als wichtiger Beitrag der sozialistischen Villaforschung ist hervorzuheben Thomas E. B., Römische Villen in Pannonien. Beiträge zur pannonischen Siedlungsgeschichte (ungar.), Budapest 1964 (deutsche Übersetzung: O. Ratzinger).

(2) Erstaunlich positiv ist jedoch die Besprechung durch J. Burian in: Gymnasium 74, Heft 5, 1967, 476-478.

(2a) Trotz Kritik von sozialistischer Seite ist die Besprechung seiner Arbeit im Jahrbuch für Wirtschaftsgeschichte, Berlin 1973, III, 219-224 (Kl.-P. Johne) recht ausführlich.

(2b) Thielscher P., Des Marcus Cato Belehrung über die Landwirtschaft, Berlin 1963, Einleitung, 5. - Grobe Ungereimtheiten und Widersprüche lassen de agric. nicht als organisches, einheitliches Werk erscheinen. Hörle J., Catos Hausbücher. Analyse seiner Schrift De agricultura nebst Wiederherstellung seines Kelterhauses und Gutshofes, Paderborn 1929, 4ff will Catos Werk aus verschiedenen Teilen entstanden wissen. Er zerlegt es in 5 Haupt- und 5 Zwischenstücke. Erstere seien "nach Stil und Inhalt in sich geschlossene selbständige Einheiten", letztere "in Wahrheit zusammengewehte, 'lose Blätter', reine Einzelstücke wie Verträge, Inventarien, Quellenauszüge und Umarbeitungen für Teile der Hauptstücke ..." (S. 6).

(2c) 1 iugerum umfasst genau 2.523 qm (bei 1 röm. Fuss = 296 mm).
(3) Thielscher S. 7. Vgl. auch Cato agr. cap. 18-19 und Hörle, Catos Hausbücher, 201ff.
(3a) Vgl. Tibiletti G., Die Entwicklung des Latifundiums in Italien von der Zeit der Gracchen bis zum Beginn der Kaiserzeit, in: Schneider H., a. a. O., 23. Die Auffassung von Tibiletti ebd., dass Cato die Latifundienwirtschaft beschreibe (i V. mit entwickelter Kapitalintensität, vgl. Tibiletti, Latifundium, 24), ist mit Vorsicht zu geniessen, zumal die Agrarschriftsteller den Begriff latifundia nie gebrauchen, dieser sonst nur in der Mehrzahl vorkommt und aus dem Zusammenhang von Plin. nat. hist. 18, 35 (verumque confitentibus latifundia perdidere Italiam, iam vero et provincias) sich zu ergeben scheint, "dass mit dem Begriff nicht nur die Vorstellung der blossen Grösse, sondern auch die der extensiven Bewirtschaftung verbunden ist" (White K. D , Latifundia. Eine kritische Prüfung des Quellenmaterials über Grossgüter in Italien und Sizilien bis zum Ende des ersten Jahrhunderts n. Chr., in: Schneider H., a. a. O., 335). Bei den latifundia unterscheidet White, ebd., 341 "1. Güter, die Viehzucht in grossem Massstab betrieben, 2. Betriebe mit Mischkultur in grossem Massstab". Zur eben erwähnten Pliniusstelle (nat. hist. 18, 35) ist noch zu vermerken, dass ein angeblich durch die latifundia ruiniertes Italien (mit Provinzen) in seltsamem Widerspruch zu anderen Stellen steht. So beschreibt z. B. der gleiche Plinius (nat. hist. 18, 94; 18, 188) "Afrika als ein Land mit Rekordernten und phantastischen Getreideerträgen" (White, ebd., 343). Auch Vergil und Varro (res rust. 1, 2, 6) zeichnen von Italien ein ganz anderes Bild. An dem negativen Bild Italiens stimme nur, dass "die Symptome der Entvölkerung unverkennbar " seien (White, ebd., 344). Den "dichtbevölkerten Gegenden im Norden und Nordosten" stehen entvölkerte Regionen "des äussersten Südens" gegenüber (White, ebd., 345). Als weitere Zentralbegriffe der Agrarwirtschaft und Arbeitsorganisation untersucht White, Latifundia, 334f die Begriffe fundus (Gattungsbegriff: "Gutseinheit, auf der bäuerliche Arbeiten durchgeführt werden"), ager ("entspricht unserem Wort 'Land'"), praedium ("Grundbesitz allgemein, sei es in der Stadt oder auf dem Land"), villa (bei den Agrarschriftstellern "immer die Gebäude eines Gutshofes. Bei den übrigen Schriftstellern hat das Wort gewöhnlich die Bedeutung von praedium") und saltus ("eigentlich ... der Ort", ubi silvae et pastiones sunt, Aelius Gallus bei Fest. S. 302).
(3b) Typisch für Catos Wirtschaftsgesinnung sind folgende Worte an seinen Sohn (als reliquium erhalten): Emas non quod opus est, sed quod necesse est; quod non opus est asse carum est (Jordan H., M. Catonis praeter librum de re rustica quae exstant, Stuttgart 1967, 'Libri ad Marcum Filium, De agri cultura (?)', nr. 10, 79). Bezeichnend auch Plut., Cato 21 Προτρέπων δέ τον υἱόν ἐπὶ ταῦτά φησιν οὐκ ἀνδρός, ἀλλὰ χήρας γυναικός εἶναι τὸ μειῶσαι τι τῶν ὑπαρχόντων·
(Seinen Sohn dazu ermahnend sagt er, es sei zwar Sache einer Witwe, nicht aber eines Mannes, etwas vom Vermögen zu verringern), Jordan ebd. nr. 12, 79. -
Neue Erkenntnisse zum Bild Catos als eines vielseitigen und widersprüchlichen Mannes bringt Kienast D., Cato der Zensor. Seine Persönlichkeit und seine Zeit, Heidelberg 1954. Cato war zwar politisch konservativ, aber wirtschaftlich progressiv (Handelsgeschäfte!). Der grosse Griechenhasser war von griechischer Kultur und den wirtschaftlichen Errungenschaften des Hellenismus stark beeinflusst, ohne dies zugeben zu wollen (Kienast. Einleitung, 7-9). Selbst F. Klingner, Römische Gei-

steswelt, 3. Aufl., München 1956, 52 hält Cato in Wirklichkeit für einen "kühnen Neuerer".

(4) Thielscher, Einl., 16. Vgl. auch Mazzarino, Introduzione al De agri cultura di Catone, Rom 1952 und White, Roman Agricultural Writers I: Varro and his Predecessors, in: Aufstieg und Niedergang der römischen Welt, Geschichte und Kultur Roms im Spiegel der neueren Forschung, I, Von den Anfängen Roms bis zum Ausgang der Republik, 4. Bd., Berlin-New York 1973, 447ff.

(4a) Genau genommen ist Buch II dem Turranius Niger gewidmet, vgl. White, Roman Agricultural Writers I, 483.

(4b) Skydsgaard J.E., Varro the Scholar, Studies in the First Book of Varro's 'De re rustica', Kopenhagen 1968 (Analecta Romana Instituti Danici IV, Suppl.) untersucht und kommentiert mit den Mitteln der philologischen und textkritischen Methode das für das vorliegende Thema so wichtige Buch I. Im einzelnen befasst er sich mit Struktur, analytischer Methode, exemplifizierender Darstellungsweise, Landwirtschaftskalender, Varros Verhältnis zur "technischen Literatur" von Buch I (Kap. I-V bei Skydsgaard). In Kap. VI "Varro as a Writer" setzt sich Skydsgaard mit Varros Qualifikation und Relevanz als Agrarschriftsteller, in Kap. VII "The Roman Scholar" mit Varro als Gelehrtem und seiner Stellung in der römischen Literatur auseinander. Kap. VIII analysiert recht kritisch Varros Werke als historische Quelle. Nicht immer gebe Varro "a correct account of the sources he used, and in some cases he has, no doubt, found and used corrupt or reconstructed sources" (S. 119), doch bestreitet Skydsgaard nicht Varros "highly developed critical sense" (vor allem in seiner Beurteilung von Plautus).

(5) Dahlmann H., M. Terentius Varro, RE Suppl. VI 1185f, vgl. auch Ahrens K., Columella, De re rustica, Ein Lehr- und Handbuch der gesamten Acker- und Viehwirtschaft aus dem 1. Jahrhundert u. Z., aus dem Lat. übersetzt, eingeführt und erläutert, Berlin 1972, Einf., 36.

(6) Dahlmann ebd. - Varro gebe kein einheitliches Bild eines römischen Gutsbetriebes, meint Gummerus H., Der römische Gutsbetrieb als wirtschaftlicher Organismus nach den Werken des Cato, Varro und Columella, Klio, Beiheft 5, 1906, 55.

(7) Vgl. Dohr H., Die italischen Gutshöfe nach den Schriften Catos und Varros, Diss. Köln 1965, 85-101. Seit Cato stieg der "Bedarf an tierischen Produkten (Fleisch, Käse, Wolle, Häute) stetig" (S. 86), sicher die Folge des Wandels der Nahrungs- und Lebensgewohnheiten.

(8) Vgl. Brockmeyer N., Arbeitsorganisation und ökonomisches Denken in der Gutswirtschaft des römischen Reiches, Phil. Diss. Bochum 1968, 110.

(9) Brockmeyer, ebd., S. 112. Von Scrofa scheint Varro res rust. 1, 17, 5 die Beschreibung der Eigenschaften und Fähigkeiten agrarischer Vorgesetzter und deren Führungssystem übernommen zu haben, vgl. White, Roman Agric. Writers I, 462.

(10) Ahrens, Columella, Einführung, 13. Nach Gummerus, Gutsbetrieb, 77 schreibe Columella "fast ausschliesslich" für Grossgrundbesitzer. Bei Dohr, Ital. Gutshöfe, 11 sind Güter von 10-80 iugera Kleinbetriebe, von 80-500 iugera mittelgrosse Betriebe (dazu gehören die meisten Wein- und Ölgüter), die über 500 iugera Grossbetriebe (meist Vieh- und Weidewirtschaft), vgl. auch White K.D., Latifundia, in: University of London, Institute of Classical Studies, Bullet. Nr. 14, 1967, 62-79. Ich persönlich glaube, dass sich Columella an grösseren Mittel- und kleineren Grossbetrieben orientiert.

(11) Im Schlusswort des 12. Buches bezeichnet sich Columella als Greis Als weiteres Werk hat er vorher "de arboribus" verfasst; dieses begnügt sich mit der "Darbietung von Regeln für die landwirtschaftliche Praxis" (Ahrens, Columella, Einführung, 34).

(12) Ahrens, Columella, ebd. 34.

(13) Vgl. Becher W., De L. Iunii Moderati Columellae Vita et Scriptis, Diss. Leipzig 1897, 42f; vgl. auch Skydsgaard J. E., Varro the Scholar: Studies in the First Book of Varro's 'De re rustica', Anal. Romana Instit. Danici, Suppl. IV, Kopenhagen 1968 und Martin R., Recherches sur les agronomes latins, Paris 1971.

(14) Vgl. Kappelmacher, Iunius, RE X 1060f.

(15) Ahrens, Columella, Einführung, 36.

(16) Ahrens, ebd., S. 37. Bei Columella sind alle Zweige des Ackerbaues, der Viehzucht, der Wein- und Olivenkultur sowie der pastio villatica gleichmässig berücksichtigt. Zur pastio villatica vgl. Dohr, Ital. Gutshöfe, 102ff.

(17) Dass Columella's Werk für den heutigen Weinbau und die moderne Imkerei unmittelbar praktischen Nutzen hat, zeigt Ahrens, Colum., Einführung, 40ff, vgl. dazu Barzen R. M., Neue Arten der Rebenveredlung, Neustadt a. d. Weinstr., o. J. (1958) und Klek J.-Armbruster L., Artikelserie im "Archiv für Bienenkunde" in den Jahren 1919-21 (hier unter anderem Columella, Buch 9, neben anderen Quellen übersetzt). Unbestritten ist der Wert des Werkes von Columella auch für die moderne Soziologie (Ahrens, Columella, Einführung, 41). - Dal Pane L. Orientamenti e problemi della storia dell' agricoltura italiana del seicento e del settecento, in: Rivista storica Italiana, Jahrg. LXVIII, fasc. II, 1956, 178ff sowie Dal Pane L.-Poni Carlo, Le annotazioni manoscritte di Belisario Bulgarini alle vinti giornate dell' agricoltura et de' piaceri della villa di Agostino Gallo, Ricerche storiche ed economiche in mem. di C. Barbagallo, Vol. II, 1970, 351ff zeigen den Einfluss Columellas auf Agostino Gallo und andere Agrarschriftsteller des späten Mittelalters und der frühen Neuzeit in Italien (Gallo's Werk erschien 1564 in Venedig). - Die römischen Agrarschriftsteller bilden seit dem 16. Jhdt. bis zu Thaer "das europäische Compendium der Agrarwirtschaft" (Salin Edgar, Politische Ökonomie, 5. Aufl. 1967, 23). Die Einwirkungen der römischen Agrarwissenschaft im deutschen Kulturraum in der frühen Neuzeit zeigt Brunner Otto, Adeliges Landleben und europäischer Geist. Leben und Werk Wolf Helmhards von Hohberg, 1612 -1688, Salzburg 1949, 237-264.

(18) Ahrens ebd., 20. Vgl. Schmitz P., Die Agrarlandschaft der italienischen Halbinsel in der Zeit vom Ausgange der römischen Republik bis zum Ende des ersten Jahrhunderts unserer Zeitrechnung, Phil. Diss. Köln, Berlin 1938, 7.

(19) Gummerus, De Columella philosopho, Helsingfors 1910, betont vor allem Seneca's Einfluss.

(20) Aus dem gleichen Geist heraus lehnt Columella auch den Krieg ab (Colum. res. rust. 1, Vorrede 7; vgl. auch Ahrens, Colum., Einf., 27).

(20a) Darauf hat bereits Th. Mommsen, Römische Geschichte, Frankfurt/M. 1954 (Nachdruck), 426ff (Kap. über die Zerstörung Karthagos) hingewiesen.

(20b) Brunt P. A., Social Conflicts in the Roman Republic, London 1971, 17 vertritt die Auffassung, dass Roms Expansion die Krise der Republik nicht hervorbrachte, sondern nur vertiefte. Ihre Krise ist nach Brunt eine primär soziale Krise. Bei der Vernachlässigung neuer sozialer

Schichten (plebs urbana und ausgebeutete Kleinbauern) musste es dahin kommen, dass "die zunächst latenten sozialen Konflikte .. sich im Verlauf der Entwicklung in offene politische Konflikte" verwandelten (Schneider H. (Hrsg.), Sozial- und Wirtschaftsgeschichte, Einleitung, 8). Zur plebs urbana vgl. Yavetz Zvi, Die Lebensbedingungen der 'plebs urbana' im republikanischen Rom, in: Schneider H., a. a. O., 98-123.

(20c) Wie sehr in der späten Republik Rom vom Mob der Strasse bedroht war und wie ohnmächtig dagegen vielfach Senat und selbst mächtige Senatoren waren, zeigt Brunt P.A., Der römische Mob, in: Schneider H., a. a. O., 271-310.

(20d) Knechtschaft macht nach Aristoteles (Polit. 1253b; 1255b) "den Menschen zum Instrument eines anderen Menschen". Man brauche aber Sklaven, "solange es noch keine selbsttätigen mechanischen Werkzeuge für die entsprechenden Vorrichtungen gebe" (Aristot. Polit. 1253b-1254a). Die antike Arbeitsorganisation war untrennbar "mit dem an das Bürgerrecht gebundenen Eigentum an Grund und Boden" verbunden, ebenso "mit dem freien Privateigentum an Ware und Geld, mit dem Privateigentum an Menschen (Sklaverei) oder mit dem Privateigentum des Menschen an seiner eigenen Arbeitskraft (Tagelöhner)" (Welskopf E. Ch., Die Bedeutung der Arbeitsorganisation für die Entwicklung der Produktivkräfte im Altertum, Jahrb. f. Wirtschaftsgesch. 1973, III, 175).

(20e) Für die antike Wirtschaftsgeschichte (und besonders für die grössere Gutswirtschaft) "hatte die Sklaverei demnach eine ähnliche Bedeutung wie das Arbeiter- und Angestelltenverhältnis in der modernen, industriellen Kapitalwirtschaft" (Lauffer S., Die Sklaverei in der griechisch-römischen Welt, Gymansium 68, 1961, 386).

(21) Vgl. Brockmeyer, Arbeitsorganisation, 79.

(22) Brockmeyer ebd., 78f. Cato gebraucht für 'anwerben' das Verb conducere (vgl. agr. 4, 4: operarios facilius conduces, auch cap. 145, 1 e, was Gummerus, Gutsbetrieb, 25 falsch interpretiert, vgl. Thielscher, Erläuterungen zu Cato agr. 14/15, 223). Vgl. auch die Ausführungen in Anm. 28.

(23) operarium, mercennarium, politorem diutius eundem ne habeat die (Cato agr. 5, 4).

(24) Seeck O., Geschichte des Untergangs der antiken Welt I, 3. Aufl., Berlin 1910, Anhang, 559 fasst Catos operarii "wenn auch nicht ausschliesslich, so doch vorzugsweise" als "gemietete fremde Sklaven" auf. Bei Cato agr. 10; 11 sind sie Sklaven, in agr. 145, 1 freie Tagelöhner. Die operarii in agr. 5, 4 und 145, 1 sind nach Gummerus, Gutsbetrieb, 26 "wahrscheinlich Kleinbauern - Eigenbesitzer oder Pächter -, die sich auf diese Weise einen Nebenverdienst verschafften". Bei der Arbeit auf Catos Gütern waren sie wie die Sklaven dem Verwalter untergeordnet.

(24a) Cato agr. 144 spricht hier von locare. Das entgegengesetzte Rechtsverhältnis wird durch conducere ausgedrückt (vgl. Dohr, Italische Gutshöfe, 143). Cato gebraucht locare 14mal, conducere nur 3mal.

(25) Celsus, Dig. 17, 2, 52, 2 bezeichnet später das Arbeitsverhältnis zum politor als "Genossenschaft, die für eine gemeinsame Fruchtgewinnung organisiert sei und in die der Politor sein Können und seine Arbeit einbringe".

(26) Štaerman ebd., 79. Gummerus, Gutsbetrieb, 25f meint, dass politor mehrdeutig und kein "fester, unbeweglicher Begriff" sei, vgl. auch Dohr, Ital. Gutshöfe, 144 und Frank T., An Interpretation of Cato

'Agricultura' 136, The Amer. Journ. of philol. 54, 1933, 162ff. - Zum polire gehörten im alten Rom sarire und runcare, also Hacken sowie Dornen und Disteln mit dem runco beseitigen. Thielscher, Cato cap. 136 stellt dem operarius mercennarius politor von 5, 4, der für Lohn arbeite, den operarius partiarius politor, der ein Deputat erhalte, gegenüber. Die operarii bei Cato unterscheidet Thielscher, Cato cap. 137 nach fachlichen Gesichtspunkten: bei Olivenernte und -verarbeitung leguli und strictores beziehungsweise factores, bei der Ackerbestellung politores; nach der Entlohnung mercennarii und partiarii (S. 333).

(27) Brockmeyer, Arbeitsorganisation, 82 hält es für erwiesen, "dass der politor nur die Ernte, nicht aber die Aussaat und andere Arbeiten übernahm". Nach Gummerus, Gutsbetrieb, 33 erhielt der politor die Hälfte der Ernte, nach Sergejenko, Očerki po sel'skomu chozjajstvu drevnej Italii, Moskau-Leningrad 1958, 16, 1, 5- 2 modii pro Arbeitstag (vgl. auch Štaerman, Blütezeit, 80). Ein Tagelöhner bekam 2 - 3 Asse (ca 1/2 modius) pro Tag (um 200 vor Chr. entsprach 1 modius Weizen bei günstiger Preislage gleich 4 Asses, vgl. Štaerman, Blütezeit, 80). Vgl. auch Keil H., Observationes criticae in Catonem et Varronem, 1849, 65ff und A. Pernice, Parerga I, Zeitschrift f. Rechtsgesch., Romanist. Abteilung, 1882, 50ff; Zanini L., Alcune osservazioni sul politor e sul colonus partiarius, Atti del Istituto Veneto, Classe Lett. 9, 52, 1935/36, 68. Es ist sehr fraglich, ob die politores nur "einfache Taglöhner" waren, wie Brockmeyer, 82 meint.

(27a) Thielscher, cap. 144 A, 4b (= 144, 4) übersetzt ansässige Leute, was ich für problematisch halte. Es gab doch wohl in der Nachbarschaft nicht so viele Leute, die man jederzeit haben konnte.

(28) Analog gestaltet sich bei Cato die Verdingung der Ölherstellung (cap. 145), etwas modifiziert der Verkauf der hängenden Früchte (cap. 146) und der Verkauf der Traubenernte auf dem Stock (cap. 147). Gummerus, Gutsbetrieb, interpretiert die Stelle Cato's "operarios facilius conduces" nicht ganz richtig als Nachweis von Unternehmern, "die mit Scharen von freien Arbeitern umherziehen und denen grössere landwirtschaftliche Arbeiten in Akkord gegeben werden". So seien die leguli und factores, durch welche die Olivenernte und Ölbereitung ausgeführt werden, freie Leute, denen der Käufer der hängenden Früchte ihren Lohn zahlt (S. 25). Csillag P., Die Stellung der Arbeit im römischen Recht, Klio 53, 1971, 169ff, unterscheidet zwischen locatio-conductio, wo der conductor seine Arbeitskraft "für einen zwischen den Parteien vereinbarten Lohn" (S. 170) vermietet, die locatio-conductio-operarum ("Arbeitnehmervertrag"), die locatio-conductio-rei ("Sachmiete bezüglich des Sklaven", S. 174) und die locatio-conductio-operis ("Werkvertrag", S. 175). Der Verdingung von Arbeitern durch politor und redemptor an einen Gutsbesitzer im juristischen Sinn kommt das moderne Leasing im wirtschaftlichen Sinne ziemlich nahe.

(28a) Auch der Bauunternehmer in cap. 14, 3 heisst conductor.

(29) Brockmeyer, Arbeitsorganisation, 86 und Dohr, Italische Gutshöfe, 142f (Cato agr. cap. 136ff). Thielscher, Erläut. zu Cato, cap. 137, sieht im curator einen operarius besonderer Art, eine Auffassung, die ich nicht teile. Er bekomme nicht einen bestimmten Teil des Ertrages, "sondern der Ertrag ist ihm und dem Gutsherrn gemeinsam" (S. 333). Im Grund ist also dieser curator kein partiarius, "sondern - aber nur nach der zweiten Entlohnung - socius" (Thielscher, Cato, cap. 137, 333). Der Stellung nach sei er Gutspächter Gutsherr und curator haben also den gleichen Anspruch. So übersetzt der Thes. linguae latinae pro in-

diviso (cap. 137) mit aequis partibus (Thielscher 333). Zur colonia partiaria in der Kaiserzeit vgl. Rostovtzeff, Kolonat, 369.

(30) Auch die moderne Wirtschaftstheorie behandelt den "Faktor" Arbeit neben den anderen Produktionsfaktoren Boden und Kapital. In der neuesten Theorie gilt auch die unternehmerische "Disposition" als Produktionsfaktor.

(31) Im 1. Jahrhundert nach Chr. bildete sich der Begriff des Gutsinventars (instrumentum) in der Rechtswissenschaft aus. Umstritten war jedoch, ob die Sklaven dazugehörten. Der Jurist Mucius, Dig. 28, 5, 35, 3 lässt sie dazugehören. Dagegen schliesst der Jurist Alfenus alles Lebende, auch die Sklaven, davon aus (Alfen., Dig. 33, 7, 12, 2). Die Pächter (coloni) gehörten auf keinen Fall zum Gutsinventar, zumal deren Wirtschaftsbetriebe von den villae getrennt waren (vgl. Štaerman, Blütezeit, 82f und dieselbe, Die Krise der Sklavenhalterordnung, 32f). - Der Kaufsklave, dem der altrömische Unfreie der familia angeglichen war, wurde im römischen Recht nie "als reine Sache" behandelt. "Die beliebte Formulierung, dass der Sklave kein Mensch, sondern eine Sache sei, entstammt dem 19. Jahrhundert und dem Ethos der modernen Emanzipationsbewegung" (Lauffer S., Sklaverei 385; vgl. auch Ehrhardt, Rechtsvergleichende Studien zum antiken Sklavenrecht I, Zeitschr. Savigny-Gesellsch. für Rechtsgesch., Romanist. Abteilung 68, 1951, 74ff).

(31a) Auf den Landgütern im ptolemäischen Ägypten arbeiteten (neben Sklaven) als freie Arbeiter Tagelöhner (ἐργάται, σώματα, μίσθιοι, μισθωταί), Arbeiter auf Zeit (καταμήνιοι) und festbeschäftigte Arbeiter (ohne einheitliche Bezeichnung), letztere sowohl gelernte als auch ungelernte Kräfte. Auch die ὑπουργοί der Zenon Papyri zählen wohl zu den festangestellten Arbeitern. Es "erhielt jeder Rezipient (des P. Prag. 93-102 = Eirenaiosrolle, Verf.) eine gleiche Monatsration. 1 Artabe Weizen", die "führenden Angestellten" sind davon nicht ausgenommen (Varcl L., ΜΕΤΡΗΜΑΤΙΑΙΟΙ, JJP XI/XII, Warschau 1958, 101). Eine grosse Variationsbreite zeigen nur die monatlichen Geldlöhne (ὀψώνια), nämlich zwischen 4 und 40 Drachmen (vgl. Varcl ebd.). Auf diese bezieht sich Hengstl, Arbeitsverhältnisse, 100 i.V. mit P. Cairo Zen. 59176 Z. 220ff, ohne jedoch die unterschiedlichen Geldlöhne richtig zu interpretieren. Vgl. auch die οἰκέται und μετρηματιαῖοι auf dem von Eirenaios oder Heron(e)inos (Name nicht ganz sicher: vgl. Varcl ebd., 100f) verwalteten Landgut und benachbarten Gütern bei Hengstl ebd., 100f und Varcl ebd., 97-110 (P.Prag.39; 93-102; 115; 168). Die μετρηματιαῖοι die den Sklaven nahestanden, bezogen Natural- und Geldlohn; sie waren wie die οἰκέται ständig beschäftigt, während die μίσθιοι Gelegenheitsarbeiter waren (vgl. Varcl ebd., 103). Die μετρ. arbeiteten "alle (30) Werktage im Monat" (Varcl ebd., 103). Varcl 104 stellt sie den "Deputanten (Deputatarbeitern)" der kapitalistischen Gesellschaft gleich. Wie bei allen Festbeschäftigten war ihre Verwendungsmöglichkeit sehr vielfältig (vgl. Hengstl J., Private Arbeitsverhältnisse freier Personen in den hellenistischen Papyri bis Diokletian, Bonn 1972, 99).

(31b) Ausser Varro bringt nur Horaz ep. 1, 17, 46f den pauperculus mit dem Bauerntum in Beziehung; ansonsten "bezeichnet es Armut und einfache Herkunft zugleich" (Dohr, Italische Gutshöfe, 34, Anm. 3).

(32) F. de Coulanges, Le colonat romain, 1885, sieht in den obaerati Kolonen, die in der Schuld des Eigentümers stehen, da sie die Pacht nicht bezahlen konnten. Sie seien "die Vorläufer der an die Scholle gebundenen Kolonen der späteren Zeit" (Gummerus, Gutsbetrieb, 62,

vgl. auch Schulten A, Histor. Zeitschr. 78, 1897, 7 und Huschke Ph. Ed., Über den Census und die Steuerverfassung der früheren römischen Kaiserzeit, Berlin 1847, 159). Coulanges bringt die obaerati Varro's mit den bei Colum. 1, 3, 12 "im Schuldverhältnis zu den Latifundienbesitzern stehenden freien Bürgern, nexus civium, welche die Äcker ihrer Gläubiger zu bestellen hatten" (Gummerus, Gutsbetrieb, 62) in Verbindung. Vgl. Varro ling. lat. 7, 105; Günther R., Die Entstehung der Schuldsklaverei im alten Rom, Acta ant VII, 1-3, 1959, 231ff und Finley, The Ancient Economy, London 1973, 70.

(33) Vgl. Brockmeyer, Arbeitsorganisation, 125. - Gummerus, Gutsbetrieb, 65, rechnet neben den Kleinbesitzern auch Kleinpächter zur Kategorie der pauperculi.
Der agrarische Konzentrationsprozess in der späten römischen Republik sowie die in Verbindung mit den Agrarreformen von Tiberius und Gaius Gracchus entstandenen Wirren haben oft fälschlicherweise den Eindruck erweckt, dass es im römischen Reich fast nur mehr Latifundien gegeben habe. Wenn auch nach den Punischen Kriegen die Betriebsgrössen vermutlich zunehmen, so bleibt doch in vielen Regionen Italiens und des Reichs überhaupt (v. a. in gebirgigen und abgelegenen Landschaften) der "dem eigenen Bedarf dienende(n) bäuerliche Familienbetrieb" (Tibiletti, Latifundium, 77) erhalten. Brunt, Beziehungen, 131 zeigt auf Grund des Quellenmaterials, dass Ende des 2. Jahrh. v. Chr. "die Klasse der Kleinbauern gerade im römischen Gebiet und in erheblich geringerem Masse im Gebiet der Bundesgenossen zahlenmässig abgenommen hatte - aber nicht ausgestorben war". Auch er nimmt die Aufrechterhaltung dieser Schicht in Rückzugsgebieten an (ebd. 131). Diese pauperculi (wie auch die mercennarii und obaerarii) bei Varro 1, 17 können natürlich auch Pächter sein, wie sie z. B. Horaz sat. 2, 2, 115 beschrieben hat (vgl. Brunt, ebd. 131). Aus Suet. Caes. 42 scheint ebenfalls zu entnehmen sein, "dass freie Arbeiter zur Verfügung standen" (Brunt, Beziehungen, 133). Auch die juristischen Quellen der späten Republik und der Zeit des Augustus weisen Pachtbauern nach (Brunt, ebd. 132). White, Latifundia, 337 stellt fest, dass in einigen Gegenden Süditaliens wegen ganz bestimmter "geographische(r) und klimatische(r) Besonderheiten, die diese Region für Viehwirtschaft in grossem Massstab besonders geeignet machten" (White, Latifundia, 337, Anm. 5; vgl. auch Magaldi E., Lucania Romana, Rom 1947), Latifundien sich herausbildeten. "Im allgemeinen scheinen in Italien sowohl in der Zeit der Republik als auch in der Kaiserzeit relativ kleine Bauernhöfe neben latifundia fortbestanden zu haben; allerdings gab es zwischen den einzelnen Regionen beträchtliche Unterschiede" (White, ebd. 337).
Auch Tibiletti, der die italische Landwirtschaft der späten Republik und der frühen Kaiserzeit als Latifundienwirtschaft beschreibt, gibt zu, dass Koloniegründungen "in manchen Gegenden Italiens den alten Typ des Kleinbauern wieder aufleben liessen, der sein Land mit eigener Hand bestellte und, wenn es nötig war, auch zum Soldaten wurde" (Tibiletti, Latifundium, 27). Neue Parzellen für Kleinbauern wurden nicht nur in der Kolonisationszeit, sondern auch in den Bürgerkriegen geschaffen. Letztere besassen jedoch eine "geringere Ausdehnung" (Tibiletti, 66) als erstere (20-40 iugera gegenüber Gütern von 100 iugera und mehr). Trotz vorgesehener Unveräusserlichkeit seien diese Parzellen meist "bald weiterverkauft" (S. 67) worden, was meines Erachtens schwer nachzuweisen ist. Es hätten "die einen die Güter der

anderen aufgekauft" (S. 69). Überhaupt hätten die "zerstückelten Latifundien ihre ursprünglichen und natürlichen Ausmasse" (S. 69) wieder angenommen; weiter sei "die Tendenz zur Spezialisierung der Anbauflächen durch die Koloniegründungen Sullas .. nur in bescheidenem Masse gehemmt worden" (S. 69). Es habe also das Latifundienwesen "durch die Enteignungen und Koloniegründungen Sullas im allgemeinen keinen Rückschlag" (S. 70) erlitten. Auch bei Caesars Reform "blieben die possessiones Sullanae und also auch die Latifundien unangetastet" (S. 73). Diese Ausführungen sind sehr bestechend, scheinen mir jedoch quellenmässig nicht ausreichend belegbar zu sein. Tibiletti vertritt die Auffassung, dass die "freien Arbeitskräfte nicht selten unter schlechteren Bedingungen lebten als die Sklaven selbst; denn die letztgenannten stellten doch immerhin eine Kapitalanlage dar" (Latifundium, 53).

(33a) Dohr, Italische Gutshöfe, 34. - Mihaescu H., Economia agricola la Varro, Stud. şi Cerc. Ist. Veche IV, Bukarest 1953, 528 nimmt an, dass die pauperculi auf Pachtland arbeiten.

(34) Brockmeyer, Arbeitsorganisation, 125. Vgl. auch Martini, Mercennarius, 1958.

(35) Štaerman, Blütezeit, 80, bringt für den Landbesitz der Politoren jedoch keinen Quellennachweis.

(36) W. D. Hooper - H. B Ash, Übersetzung von Varro de re rust., London 1934, 224, 1, bezeichnen als obaerarii "those who work off a debt by labour". Vgl. auch Gummerus, Gutsbetrieb, 62 und Günther R., Wirtschaftliche und soziale Differenzierung im ältesten Rom, Wiss. Zeitschr der Univ. Leipzig 7, 1957/58, Gesellschafts- und Sprachwiss. Reihe 5, 606ff.

(36a) Kreissig H., Die landwirtschaftliche Situation in Palästina vor dem judäischen Krieg, Acta antiqua 17, 1969, 223-254.

(36b) Broughton T. R. S., New Evidence on Temple-Estates in Asia Minor, Studies .. in Honour of A. Ch. Johnson, Princeton 1951, 236-250. - Zawadzki T., Quelques remarques sur l'étendue de l'accroissement des domaines des grands temples en Asie Mineure, Eos 46, 1952/53, 83-96; ders., Problems of the Social and Agrarian Structure in Asia Minor in the Hellenistic Age, publ. by the Hist. Commission of the Poznan Society of Friends of Science, vol. 16, nr. 3, 1952 (polnisch, mit engl. summary), 67-77. - Kreissig H., Hellenistische Grundbesitzverhältnisse im oströmischen Kleinasien, Jahrb. für Wirtschaftsgesch. 1967, I, 200-206.

(36c) Günther R., Wirtschaftliche und soziale Differenzierung, 607.

(36d) Vgl. Düll, nexum, RE XVIII 163-165.

(36e) Vgl. Liv. 8, 28: initium libertatis ... necti desierunt ... pecuniae creditae bona debitoris non corpus obnoxium esset. Ita nexi soluti, cautumque in posterum, ne necterentur.

(37) Brockmeyer, Arbeitsorganisation, 129, vgl. auch Gummerus, Gutsbetrieb, 65. - Cicero, Ep. 13,11,1 berichtet von Pächtern in Gallia cisalpina, "die für Pachtungen auf ager vectigalis Geldabgaben zu entrichten hatten" (nach Brockmeyer, Arbeitsorganisation, 128). Wahrscheinlich war Parzellenpachtung in Cicero's Zeit weitgehend üblich. Doch mag er unter coloni "ebenfalls zur Klientel gehörende Kleinbauern verstanden haben" (Brockmeyer S. 128). Vgl. auch Ruelens J., Agriculture et capitalisme à l'epoque de Cicéron, Les Etudes Class. 19, Nr. 1, Jan. 1951, 330ff. Štaerman, Blütezeit, 74ff und Günther R., Die Entstehung des Kolonats im 1. Jahrhundert v.u. Z. in Italien, Klio 43-45, 1965, 249ff. - Brockmeyer, Arbeitsorganisation, 9-22 gibt einen ausführlichen Bericht über die Entwicklung des römischen Kolonates in der Forschung.

"In der Kaiserzeit konnte der Bedarf an Kleinpächtern auf dem parzellierten Grossgrundbesitz" mangels ausreichender freier Landbevölkerung nur durch Sklaven gedeckt werden. Diese wurden darum "den freien Kolonen gleichgestellt oder förmlich in Kolonen umgewandelt" (Lauffer, Sklaverei, 386). Vgl. auch Lipschiz, Das Problem des Verfalls der Sklavenhalterordnung und der Anfänge des Feudalismus in Byzanz (russ.). Vestn.drevn.istor. 1955,4,63ff, resümiert in BCO 1, 1956, 147f. Die Lage der γεωργοί in den Zenon-Papyri ist uneinheitlich. Bei Annahme gleicher Rechtsverhältnisse sind diese "eine Mischung von Kleinpächter und Landarbeiter" (Hengstl, Arbeitsverhältnisse, 82). Hengstl hält es für möglich, "dass sie zwar Pachtland bewirtschaften, daneben aber zu Arbeiten auch ausserhalb ihrer Parzelle herangezogen werden und dafür (regelmässig oder ausnahmsweise?) ein Entgelt erhalten" (S. 82).

(37a) Günther R., Kolonen und Sklaven in der Schrift de re rustica Columella's, in: Beiträge zur Alten Geschichte und deren Nachleben, Festschrift für Franz Altheim, herausgeg. von R. Stiehl und H. E. Stier, Bd. 1, Berlin 1969, 509.

(37b) Ebd. 509.

(37c) Vgl. dazu die meines Erachtens nicht ganz stichhaltige Beweisführung von Günther, Kolonen und Sklaven, 510 zu Colum. 11, 1, 14 (igitur primus..). Die coloni sind nur ein anderes Wort für das vorhergehende familia; es kann sich also schon deswegen nicht um blosse Kolonen (Pächter) handeln. Die Forschungen von De Robertis zeigen, dass Sklaven und Freie in der familia zusammenarbeiten!

(37d) Vgl. Günther, Kolonen und Sklaven, 510.

(37e) Die rustici bei Colum. 1, 8, 15 und die servuli in 12, 3, 3 finden sich bei Günther nicht behandelt.

(38) Bei Columella ist der colonus vielfach Synonym für rusticus, agricola, arator (Colum. 2, 2, 7; 2, 2, 5; 2, 9, 17; 2, 10, 2; 3, 5, 2; 3, 8, 5; vgl. auch in 1, praef. 17 die opera colonorum). In 1, 7, 1 - 1, 7, 7 versteht Colum. unter coloni ganz sicher Pächter. Es scheint also der Pachtbildungsprozess in seiner Zeit noch nicht ganz abgeschlossen zu sein. Vgl. auch Günther R., Kolonen und Sklaven, 506ff.

(39) Vgl. Günther, ebd., 507. Die sozialistische Geschichtswissenschaft vertritt die These von der sinkenden Arbeitsproduktivität der Sklavenarbeit und der steigenden Produktivität der Pachtwirtschaft aus Gründen der Arbeitsmotiviertheit, vgl. Günther R. und Schrot G., Bemerkungen, 229ff und Maschkin, Römische Geschichte, Berlin 1953, 471, auch Štaerman, Die Blütezeit, 71ff und dieselbe, Die Krise, 49ff. Anders dagegen Fr. de Robertis, Lavoro e lavoratori nel mondo romano, Bari 1963, 108f, der nachzuweisen sucht, dass in den familiae Freie und Sklaven produktiv zusammenarbeiteten; es hatten hier die freien Arbeiter keinerlei Vorrang vor den Sklaven. Es seien vielmehr die Sklaven "nelle funzioni direttive e di sorveglianza" (S. 109) bevorzugt worden, vgl. auch Lauffer, Sklaverei, 370ff und Crifò G., Cronache - L' XI Congresso internazionale di scienze storiche, Labeo 7, 1961, 110-131. - In der älteren Literatur vertritt Seeck, Colonatus, RE IV, 483-510 die zwiespältige Auffassung, Kolonen hätten an sich "billiger und besser gearbeitet als gemietete Taglöhner", doch sei bei den gegebenen Umständen eine Gutswirtschaft auf der Grundlage von Sklavenarbeit bei reichlichem Sklavenangebot die rentabelste Betriebsform gewesen (Seeck 485ff).

(39a) Vielleicht ist diese Knappheit damit zu erklären, dass bereits in der späten Republik freie Arbeitskräfte knapp wurden (vgl. Heitland W. E.,

Agricola. A Study of agriculture and rustic life in the Greco-Roman World from the point of view of labour, Cambridge 1921, 264ff).

(39b) Günther, Kolonen und Sklaven, 507 fasst die rustici bei Colum. 1, 6, 19-20 (Fumarium quoque ... in parte rusticae villae fieri potest iunctum rusticis balneis. Nam eas quoque refert esse, in quibus familia, sed tamen feriis, lavetur) als Landarbeiter (Taglöhner) auf, "die auch in der Nähe der Villa auf dem Gutsland wohnten" (S. 507). Auch die folgenden coloni, für welche in der Nähe des Gutes Backöfen und Mühlen errichtet werden sollen, gelten ihm als Landarbeiter. Beide Schlüsse halte ich nicht für zwingend. - In 1, 9, 9 stellt Colum. den genera servorum die genera colonorum, die Gesamtheit der landwirtschaftlichen freien Arbeitskräfte auf dem Gut, gegenüber.

(40a) Cato's Baumeister war wohl "ein Grieche oder griechisch gebildeter Römer" (Thielscher, Cato cap. 14/15, 221).

(40b) Si enim a fundo longius absunt oppida aut vici, fabros parant, quos habeant in villa, sic ceteros necessarios artifices, ne de fundo familia ab opere discedat ac profestis diebus ambulet feriata potius, quam opere faciendo agrum fructuosiorem reddat (Varro res rust. 1, 16, 4).

(41) "Beim Betriebsmaximum wird die vorhandene Fertigungs- und Absatzkapazität zu 100% ausgenutzt; das Betriebsoptimum, das sich an Ausfälle und Stossaufträge besser anpassen kann, liegt je nach Betriebsart und Marktlage zwischen 80 und 90% des Maximums. Das Maximum stellt die technische, das Optimum die wirtschaftliche Obergrenze einer Betriebsauslastung" dar (Fischer G., Allgemeine Betriebswirtschaftslehre, Heidelberg 1957, 7. Aufl., 391). Vgl. auch Heinrich W , Wirtschaftspolitik. Gebiets-, Verbands- und Betriebswirtschaft, Wien 1954 (Grundriss der Sozialwissenschaften Bd. 3, II, 2) 150ff. Zur Frage der optimalen Betriebsgrösse in der antiken Landwirtschaft vgl. Finley M. I., The Ancient Economy, Berkeley and Los Angeles 1973, 105ff. "The optimum size of a peasant farm is an obviously meaningless notion: There are too many variables" (Finley, Ancient Economy, 105). Eine Betriebsgrösse von 10 iugera erscheint als wirtschaftliche Untergrenze für einen Familienbetrieb (ebd., 105).

(42) Štaerman, Krise, 34.

(43) Ebd., 35. Vgl. Skydsgaard, Nuove ricerche, 36.

(43a) Vgl. Orth, Landwirtschaft, RE XII 653.

(44) Seeck O., Geschichte des Untergangs der antiken Welt, I, Anhang, 559 sieht in den operarii Catos "vorzugsweise" gemietete fremde Sklaven.

(45) Vgl. dazu White, Agricultural Writers I, 453. - Frank T., An Economic Survey of Ancient Rome, I, Rome and Italy of the Republic, 1933 (Neudruck 1959), 163 weist darauf hin, dass heute für 40 iugera Rebland mindestens 10 Arbeitskräfte erforderlich seien (nach meiner Ansicht ist der Arbeitseinsatz für 40 iugera in den letzten 10 bis 20 Jahren in Industrieländern etwas verringert worden).

(46) Gummerus, Gutsbetrieb, 25. Die 13 bzw. 16 Sklaven reichten deswegen aus, weil Cato ihre Arbeitskraft äusserst effektiv zu nutzen wusste, was Gummerus nicht beachtet.

(47) Cato agr. 10/11 gibt die Gesamtausstattung des Öl- und Weingutes, agr. 12/13 die für den Pressraum und den Ölkeller.

(47a) Vgl. White K.D., Farm Equipment of the Roman World, Cambridge 1975, 44ff.

(48) White, Roman Farming, London 1970, 373. Anders dagegen Maróti E., Zur Frage der Warenproduktion in Cato's de agri cultura, Acta antiqua 11, 1963, 1-2, 229f und Mihaescu H., Economia agricola la Cato

(Landwirtschaft bei Cato), in: Studii şi Cercetări de Istorie Veche, I, Bukarest 1950, 192.

(48a) Die stadtfernen Höfe lagen meist innerhalb eines Dorfes oder ganz in ihrer Nähe, vgl. Dohr, Italische Gutshöfe, 26.

(48b) Diese Zahlen von römischen Mittelbetrieben nehmen sich recht bescheiden aus, wenn man mit ihnen die Extremgrössen von überdurchschnittlichen Grossunternehmen vergleicht. So hinterliess z. B. Caecilius Isodorus, ein Freigelassener, 8 v. Chr., lt. Testament 4.116 Sklaven, 3.600 Joch Ochsen, 257.000 andere Tiere und 60 Millionen HS in bar (Plin. nat. hist. 33, 135). Vgl. White, Latifundia, 329. Plinius informiert uns nicht darüber, ob es sich bei den von Isodorus hinterlassenen Vermögenswerten um ein räumlich geschlossenes Landgut handelt. Aus dem Zusammenhang von Plin. nat. hist. 22, 135-137 lässt sich jedoch entnehmen, dass die 4.116 Sklaven im Agrarbereich tätig waren. Die Frage des räumlichen Zusammenhangs ist m. E. sekundär, weil für Rentabilität und Produktivität eines Gesamtunternehmens, (das ja in einzelne Teilbetriebe zerfallen kann) nicht in erster Linie die räumliche Geschlossenheit, sondern Art und Effektivität der Organisation, Qualität der Arbeitskräfte, Fähigkeiten der Führungskräfte (dominus, vilicus etc.) massgebend sind. - So sind heute industrielle Grossbetriebe fast nie räumlich zusammenhängende Produktionsstätten, sondern die Addition mehrerer Einzelbetriebe in verschiedenen Ländern, Staaten, ja sogar Erdteilen unter einheitlicher Leitung. Tiberius Gracchus liess die grossen Besitzungen "zum grossen Teil unbehelligt", auch liess er "die Latifundien von 500 oder 1000 iugera unangetastet und festigte sie sogar noch" (Tibiletti, Latifundium, 31f). Er strebte v. a. die Aufteilung der Domänenlatifundien an (S. 32). Kornemann, Bauernstand, 102 nimmt eine "Grossgrundbesitzerkaste" in der Zeit von Tiberius Gracchus an. Viele von ihnen hätten "weit mehr als 100 Iugera allein an Domanialland besessen" neben ihrem Privatland. Zu den landwirtschaftlichen Grossbetrieben und zur landwirtschaftlichen Besitzkonzentration, welche am Ende der Republik in einigen Regionen, z. B. in Etrurien, Sizilien und in der Provinz Africa ungesunde Ausmasse annahmen, vgl. Lauffer S., Kurze Geschichte der antiken Welt, München 1971, 174 und Werner R., Weltreich, 453, Anm. 104 (dort auch einschlägige Sekundärliteratur zur Zahl der Güter und ihrer Grösse). Aus Plin. nat. hist. 18, 35 wissen wir, dass 6 Grundbesitzer, die dann von Nero enteignet wurden, die halbe Provinz Africa besassen. Aus den Angaben von Plinius darf man aber nicht auf zu grosse Güterkonzentration in den Händen weniger Reicher im ganzen Reich schliessen. Trotz zunehmender Proletarisierung und Landflucht steht in der frühen Kaiserzeit der mittlere Besitz in der Landwirtschaft im Vordergrund.

(49) In 1, 18, 1 referiert Varro die Sklavenkalkulation auf Oliven- und Weingütern von 200 bzw. 100 iugera (mit Bezugnahme auf Cato).

(49a) Die Rentabilität der Getreideproduktion war in Italien nicht übermässig hoch, "except in regions of exceptional fertility" (Duncan-Jones, The Economy of the Roman Empire. Quantitative Studies, Cambridge 1974, 35). Im Durchschnitt brachte das Getreide in Italien nach Columella den vierfachen Ertrag in Relation zum eingesetzten Saatgut. Dem 7fachen Ertrag auf Columellas Gütern steht Duncan-Jones (S. 328) genauso skeptisch gegenüber wie dem italienischen 4fach-Ertrag (nach Colum.), da für das 16. und 17. Jahrhundert in Italien - allerdings in einer Zeit wirtschaftlicher Depression (vgl. Cipolla Carlo M., Il de-

clino economico dell'Italia, in: Storia dell' economia italiana - a cura di Carlo M. Cipolla, Vol. 1: Secoli settimo-diciassettesimo, Torino 1959, 605-623), was Duncan-Jones verschweigt - erst 4- bis 5fache Erträge bezeugt sind (Duncan-Jones, Roman Empire, 328), vgl. dazu auch Duncan-Jones, 49, Anm. 4.
Der hohe Getreidereproduktionswert Columellas ist ausserdem schon deswegen gar nicht so von der Hand zu weisen, wenn man bedenkt, dass die Römer in der späten Republik (nach den Punischen Kriegen) neue Methoden der Bewässerung, Bodenverbesserung und Düngung aus dem hellenistischen und karthagischen Kulturbereich übernommen hatten (vgl. Lauffer, Kurze Geschichte, 176). Rostovtzeff, Hellenistische Welt, Bd. 2, weist auf die fortschrittlichen hellenistischen Anbaumethoden hin (S. 950), die auf Grossgütern in der Regel Anwendung fanden. Die Methoden der Düngung blieben gleich. Verbesserrungen wurden in der Auswahl neuer Getreidesorten und im Anbau neuer Pflanzen erzielt (Zur Einführung neuer Pflanzen- und Tierarten vgl. auch Rostovtzeff, Hellenistische Welt, Bd. 2, 928ff). Selbst Doppelernten kamen in "einigen fruchtbaren Teilen Griechenlands" (S. 950) vor. Zur Ertragssteigerung der Landwirtschaft und zur rationellen Gestaltung sowie systematischen Organisation der landwirtschaftlichen Arbeit im ptolemäischen Ägypten vgl. Rostovtzeff, Hellenist. Welt, Bd. 2, 958f. Ertragssteigernd wirken auch "systematische Bewässerung und sorgfältiges Pflügen" (Rostovtzeff, Hellen. Welt, Bd. 2, 958) (Wichtige Literatur zur ptolem. Landwirtschaft findet sich bei Rostovtzeff, Hellen. Welt, Bd. 3, 1136f, Anm. 86). Zur Bewässerung in der Provinz Africa vgl. auch Rostovtzeff, Römisches Kaiserreich, Bd. 2, 89. An dieser Stelle betont er auch, dass keine Erschöpfung des Bodens vorliege. Über die Bewässerungsmaschinen der hellenistischen Zeit informiert gut Schnebel M., Die Landwirtschaft im hellenistischen Ägypten, 1925, 73ff. Neben der Bewässerung sind noch andere Techniken erwähnenswert: So z. B. Dreschmaschinen (Norag), welche O. Krüger, Landwirtschaftliche Erzeugung im hellenistischen Ägypten, Bull. Ac. Hist. Mat. Civ. of URSS CVIII, 1935 (russ.), 86ff nachzuweisen sucht, vgl. auch Rostovtzeff, Hellen. Welt, Bd. 3, 1163, Anm. 157. Rostovtzeff schränkt aber seine Aussagen zum technischen und wirtschaftlichen Fortschritt in der hellenistischen Landwirtschaft ein: "Verbesserungen in der Agrartechnik und in den Methoden der alljährlichen Bebauung mögen in den reicheren Teilen Griechenlands und auf Gütern fortschrittlicherer Landwirte vorgenommen worden sein" (Hellen. Welt, Bd. 2, 950). Er warnt also vor einer Überbewertung der antiken Agrartechnik (Hellen. Welt, Bd. 2, 994). Zur Frage der langsamen Entwicklung der Agrartechnik vgl. Rostovtzeff, Social and Econ. Hist. of the Roman Empire, 302ff.
Zum karthagischen Einfluss auf Rom, der jedoch nicht überschätzt werden darf, vgl. Ensslin W., Der Einfluss Karthagos auf Staatsverwaltung und Wirtschaft der Römer, in: Vogt J., Rom und Karthago, Leipzig 1943, 262-296. Zum karthagischen Agrarschriftsteller Mago und zu dessen Einfluss auf die römische Landwirtschaft vgl. Ensslin, Einfluss, 284ff.
Henning F.-W., Dienste und Abgaben der Bauern im 18. Jahrhundert, Stuttgart 1969, 128 kommt für einige Ämter im Raume Paderborn zu unterschiedlichen Werten für das Verhältnis von Fläche und Arbeitskräfteeinsatz:

Arbeitskräfte je Hof und je Hektar Nutzfläche in 1018 Höfen der Ämter Delbrück, Boke und Neuhaus im Fürstentum Paderborn im 18. Jahrhundert (Tab. 25)

Betriebsgrösse in ha	Zahl der Höfe	Arbeitskräfte je Hof	je Hektar	für 50 Hektar (+)
0,5 bis 2	320	2,9	2,42	121
2 bis 5	269	4,3	1,54	77
5 bis 10	235	6,5	0,87	43,5
10 bis 15	108	7,4	0,61	30,5
15 bis 20	61	8,1	0,48	24
20 bis 25	14	9,1	0,39	19,5
25 bis 30	11	9,8	0,36	18

(+) 50 ha = 200 römische iugera, damit Vergleichbarkeit mit Angaben bei Colum. 2, 12, 7; Werte für 50 ha wurden von mir errechnet.

Wenn Cato agr. 10 für ein Ölgut von 60 ha (= 240 iugera) ein Stammpersonal von 13 Leuten, Columella für ein Getreidefeld von 50 ha (= 200 iugera), das mit Bäumen bewachsen ist, ebenso 13 Personen (10 Personen bei Feld ohne Bäume) beschäftigt (Colum. res. rust. 2, 12, 7), so erscheint der oben von Henning ausgewiesene Arbeitseinsatz von (umgerechnet) 18 Menschen bei einer Betriebsgrösse von 25 bis 30 ha noch erstaunlich hoch, von den mit abnehmender Betriebsgrösse zunehmenden Arbeitskräften je ha (bzw. für 50 ha) ganz zu schweigen.

Bei einer Betriebsgrösse von 45 bis 55 ha errechnet Henning 0,16 Arbeitskräfte je ha, umgerechnet 8 Arbeitskräfte für 50 ha, für 315 Bauernhöfe der Lüneburger Heide im 18. Jahrh. (Henning, Dienste, 129, Tab. 27). Für das Calenberger Land gibt Guelich, G. v., Über die Verhältnisse der Bauern im Fürstentum Calenberg, Hannover 1831 "einen Bestand von 0,23 Arbeitskräften je Hektar für Höfe von etwa 30 Hektar Nutzfläche an" (Henning, Dienste, 129). Der Wert von 0,2 Personen (umgerechnet 10 für 50 ha) stelle für den niedersächsisch-westfälischen Raum "das Mindestmass im 18. Jahrhundert" (Henning S. 129) dar. Die Werte im extensiver genutzten Ostpreussen liegen im gleichen Zeitraum deutlich niedriger, der Arbeitskräfteeinsatz schwankt dort je 100 ha Acker von 6,8 bis 23,3 Personen (Henning, Dienste, 129, Tab. 28). Abel, W., Geschichte der deutschen Landwirtschaft, 1. Aufl., 1962, 191 Tab. 24 nimmt auf nord- und ostdeutschen Domänen und Gütern 15 Personen je 100 ha Nutzfläche an, Henning für die kapitalintensive Landwirtschaft Flanderns 25 je 100 ha (Henning, Dienste, 130).

(49b) Vgl. zu Colum. 2, 12, 7-8 M. E. Sergejenko, Columella 2, 12, 7-8 (Versuch eines Kommentars) (russ.), Vestn. drev. istor. 1971, 116-119.
(49c) In res rust 2, 12, 1-6 gibt Colum. an, wieviele Arbeitertage man aufwenden muss, um eine bestimmte Menge (in der Regel modii) einer bestimmten Anbauart zu erzeugen.
(50) White, Roman Farming, 370f und Frank T., Survey of Ancient Rome, Bd. 1, 181ff. Die Arbeit bei Colum. 2, 12, 1 umfasst zwar die Ernte, nicht aber das Schneiden des Strohs (1 Arbeitertag pro iug. anzusetzen) und das Dreschen (2-3 Arbeitertage pro iug.). Statt 10 1/2 Arbei-

tertagen kämen wir somit auf 13 1/2 bis 14 1/2 (Duncan-Jones, Roman Empire, 329). Zur Häufigkeit des Pflügens vgl. auch Duncan-Jones S. 330ff.

(51) Dumont R., Rural Economy, 226ff.
(52) Vgl. dazu Kaltenstadler W., Produktivität in historischer Sicht, Scripta Mercaturae, München 1971, Heft 2 (o. Bd.), 61-72.
(53) Vgl. White K. D., The Productivity of Labour in Roman Agriculture, Antiquity 39, 1965, 102-107 und ders., Wheat Farming in Roman Times, Antiquity 37, 1963, 207-212.
(54) White, Roman Farming, 372. Vgl. auch Brockmeyer, Arbeitsorganisation, 147.
(55) Vgl. White, Roman Farming, 372.
(56) White ebd. 372.
(56a) Die wohl ausführlichste und fundierteste Interpretation des Vinea-Modells (mit 7 iugera) bei Colum. 3, 3, 8-15 gibt Duncan-Jones, Roman Empire, 39ff. Er stellt fest, dass Columella "still overlooks important overheads" (S. 39). Der Boden, den er für 1000 HS pro iug. erwirbt, ist wohl unbebaut. Unter der Kapitalausstattung (dote sua) lässt er die Gebäude, die Weinpressen, die Subsistenz der Arbeitskräfte und Kapitaltilgung ausser acht. Der von ihm errechnete Gesamtwert von 32.480 HS (mit Zinsen) für die vinea ist also zu niedrig angesetzt (S. 39f), die von ihm nach verschiedenen Methoden errechneten Reinerlöse entsprechend zu hoch, zumal Colum. auch von einem zu hoch angesetzten Weinpreis (300 HS pro culleus) und einem zu hohen Ertrag pro iugerum (3 cullei pro iug.) ausgeht (S. 40ff). Vielleicht ist auch der Preis des erworbenen Landes (1000 HS pro iug.) zu niedrig angesetzt (S. 42). Durch Verwendung von "corrected income figures" (S. 44ff) zeigt Duncan-Jones, dass die Erlöse der 7-iugera-vinea Columella's niedriger liegen als tatsächlich ausgewiesen. Durch den Vergleich mit dem durchschnittlichen Weinertrag des modernen Italien (Gebiete mit Wein-Monokultur) von 1,16 cullei per iug. für die Jahre 1909-1913 und von 1,17 cullei pro iug. für die Jahre 1909-1936 weist Duncan-Jones (S. 44ff) Columella's Minimalertrag von 3 cullei pro iug. und damit auch den von ihm mit 900 HS pro iug. angenommenen Erlös als deutlich überhöht zurück. Selbst wenn Columella solche aussergewöhnlichen Erträge in seinen Weingütern je erreicht hätte, wären sie auf keinen Fall für den italischen Weinbau im 1. Jahrhundert nach Chr. typisch.
Columella's Minimalwert von 3 cullei pro iug. wird zugrundegelegt bei R. Billiard, La vigne dans l'antiquité, 1913, 133-135 und bei White, Roman Farming, 244. Da Duncan-Jones die 3 cullei pro iug. für überhöht hält, sind für ihn J. Day's (Yale Class. Studies 3, 1932, 180) von diesem Wert ausgehende Schätzungen der Betriebsflächen von Bauernhöfen "extremely suspect". Er schliesst daraus: "If the yield was only one third of the figure taken from Columella, the implied farm areas at Pompeii would be three times as great as has been concluded" (Duncan-Jones, Roman Empire, 45, Anm. 3). Wegen der Unsicherheit der Lagerungskapazitäten für Weinernten (nur 1 Ernte oder mehrere Ernten lagerungsfähig?) hält er auch jeden Versuch, "to deduce farm sizes from wine storage capacity" (S. 45, Anm. 3), für sinnlos.
(56b) Vgl. Skydsgaard J. E., Nuove ricerche sulla villa rustica romana, Anal. rom. instit. dan. V, Kopenhagen 1969, 32f.
(56c) Vgl. Mommsen Th., Die italische Bodenteilung, Hermes 19, 1884, 393ff.

(56d) Vgl. Day J., Agriculture in the Life of Pompei, Yale Class. Studies 1930, 131ff und Skydsgaard, Nuove ricerche, 33f. Zu den villae rusticae bei Pompeii vgl. White, Latifundia, 333.

(56e) Vgl. Skydsgaard, Nuove ricerche, 34. Zu Wert und Betriebsflächen von Grossgütern in Italien vgl. Duncan-Jones, Roman Empire, Append. 1 "Estate-sizes in Italy", 323ff. Er befasst sich auch mit den Betriebsgrössen bei den Agrarschriftstellern (S. 325ff) und nimmt an, dass "Varro's own estates must have been at least twice the size envisaged by Cato" (Varro res rust. 1, 18, 3; Duncan-Jones, Roman Empire, 325). Moderne Forscher (so z. B. Martin, Recherches, 220, nr. 4) haben aus Cato 13, 2 (14 labra = Wannen für Olivenöl von 240 iugera) und Colum. 12, 52, 11-12 (90 labra) eine Betriebsfläche von mehr als 1.500 iugera zu errechnen versucht, was Duncan-Jones, Roman Empire, 326 wegen des vermutlich ungleichen Rauminhalts der labra bei Cato und Columella ablehnt, zumal das Öl in dolia gelagert war, die bei Cato, aber nicht bei Columella vorkommen, vgl. auch Skydsgaard, Nuove ricerche, 31.

(56f) Mit der pampinatio (1/2 Arbeitertag) sowie Weinlese und Weingewinnung (mindestens 7 Arbeitertage) kommen wir auf insgesamt 30 1/2 Arbeitertage (vgl. Duncan-Jones, Roman Empire, 331, der irrtümlicherweise 31 1/2 errechnet). Unklar ist mir, wie White, Roman Farming, 373 unter Bezugnahme auf Colum. arbor. 5, 3f (?) auf 63 Arbeitertage ("man-days") gekommen ist, wahrscheinlich ein Rechenfehler. Unter Einbeziehung der vinitores (Colum. res rust. 3, 3, 8) waren im Jahr insgesamt 52 Arbeitertage pro iugerum potentiell verfügbar (als Maximalwert auf der Angebotsseite). Cato agr. 11, 1, Plin. nat. hist. 17, 215 und Saserna-Varro res rust. 1, 18, 2 geben Maximalwerte von 44 1/2 - 36 1/2 Arbeitertage pro iugerum. Der nach Columella mit 30 1/2 Arbeitertage zu errechnende Input pro iugerum "can easily be reconciled with the maximum of 52 man-days available annually" (Duncan-Jones, Roman Empire, 331). Allerdings sieht Duncan-Jones, S. 331, gewisse Widersprüche zwischen Colum. arbor. 5, 5 und den entsprechenden Arbeitertagen in Colum. res rust. 11. Er zieht daraus den Schluss, dass "the figures for working times are often open to doubt not merely because of their mutual inconsistencies. They seem to have the character of ancestral prescriptions" (S. 332), denen Varro mit Recht misstrauisch gegenüberstand. Es gehe aber nicht an, die quantitativen Angaben der römischen Agrarschriftsteller als völlig unempirisch zu verwerfen, wie das A. Young, A Course of Experimental Agriculture, 1970 VII, getan hat. Die von Varro wiedergegebenen Zahlen "were probably intended as an index with which the owner, or his vilicus, could organise farm schedules, and check the work output of the labour force" (Duncan-Jones, 332).

(56g) Vergleiche mit modernen "working-rates" findet Duncan-Jones, Roman Empire, 332 zwar "potentially interesting", wendet gegen diese aber ein, dass "they are bound to be somewhat speculative when the ancient figures are inconsistent or improvable" (S. 332). Gegen White's Vergleiche zwischen antiken und modernen man-days-Werten gibt er zu bedenken, dass diese "do not take in account the discrepancies between Columella's different versions of the same operations" (S. 332). Die von ihm an White, Roman Farming, 373 geübte Kritik, wo White unerklärlicherweise (nach arbor. 5, 5) 63 (!) statt 23 mandays errechnet, besteht zu Recht. Denn aus Columella's manning-ratio von 1 vinitor auf 7 iugera lässt sich nur ein Maximum von 52 Arbeitstagen pro

(57) iug. im Jahr errechnen (Duncan-Jones S. 332f und White, Roman Farming, 413f). Dieser Widerspruch geht aber wegen des Rechenfehlers von White nicht zu Lasten von Columella.

(57) Die Agrarschriftsteller kommen beim Weinbau auf "manning-ratios" von 1 Mann auf 7-10 iugera, bei Olivenproduktion von 1 Mann auf 30 und bei Ackerbau 1 Mann auf 25 iugera (vgl. Duncan-Jones, Roman Empire, 39). Plin. nat. hist. 17, 215 nimmt 10 Mann auf 100 bzw. 1 Mann auf je 10 iugera für den italischen Weinbau an (vgl. Duncan-Jones, Roman Empire, Append. 2 "Agricultural work loads and manning ratios", 327). Die tatsächlichen Arbeitertage pro vinea oder pro iug. hängen nicht zuletzt auch davon ab, ein wie grosser Anteil der Betriebsfläche mit Wein bebaut wurde. Den mit Wein bebauten Anteil der gesamten Betriebsfläche lässt White, Roman Farming, 373; 392f zwischen 30 und 70% variieren (vgl. auch Duncan-Jones, Roman Empire, 45, Anm. 4), was man jedoch in Zweifel ziehen kann. Zur Frage der bei Oliven- und Weinproduktion nicht genützten Betriebsfläche (für Oliven bzw. Reben) vertritt Duncan-Jones, ausgehend von Cato agr. 10, 1, die Auffassung, "that the olive-plantation envisaged by Cato contained a larger amount of land not used for the main crop than did the vineyard" (S. 327), was er auf die grösseren Pflanzabstände bei Olivenbäumen (25-60 feet) als bei Weinreben (3-10 feet) zurückführt. Er zweifelt auch daran, ob die beiden zusätzlichen bubulci und der opilio die Aufgabe hatten, "to meet the needs of the staff of the oliveyard since its total number was lower than that of the staff of the vineyard" (S. 327). Ganz einleuchtend scheint mir aber auch diese Argumentation nicht. Vgl. auch White, Roman Farming, 376 und Heitland, Agricola, 159.

(58) Vgl. White K.D., Agricultural Implements of the Roman World Cambridge 1967. Zur Technik der Drainage und Bewässerung vgl. Forbes R.J., Studies in Ancient Technology, Leiden 1955, Bd.2, 16ff. Zur gallischen Erntemaschine vgl. White K. D., Gallo-Roman harvesting-machines, Latomus 26, 3, 1967, 641ff. White unterscheidet hier den Vallus-Typ vom Carpentum-Typ. Štaerman glaubt, dass "die Anwendung komplizierter Produktionsgeräte" erschwert gewesen sei "durch die Interesselosigkeit der Sklaven an der Arbeit" (Štaerman, Krise, 33).
Kiechle F., Sklavenarbeit und technischer Fortschritt im Römischen Reich, Wiesbaden 1969, widerspricht dieser Auffassung mit stichhaltigen Argumenten, doch weist er auch auf mangelhafte und nachlässige Auswertung von Erfindungen (zum Beispiel der Erntemaschine, S. 115ff) und auf unterbliebene mögliche Erfindungen (zum Beispiel Windmühle, S. 164ff) hin. - Zur technischen Ausstattung der catonischen Villa vgl. Hörle, Catos Hausbücher (3. Teil: Zwei Probestücke), 149ff, wo vor allem Kelter (torculum) und Olivenmühle (trapetum) zur Sprache kommen, und Beck Th., Beiträge zur Geschichte des Maschinenbaus, Berlin 1900, 66ff. Trotz seines Alters ist noch immer brauchbar Meister A. L., De torculario Catonis, Göttingen 1764. Zur Ölherstellung vgl. White K. D., Farm Equipment of the Roman World, Cambridge 1975, 225ff (Appendix A).

(59) Die eine Agrarschule "empfahl, nur die einfachsten Geräte und Wirtschaftsmethoden anzuwenden, um die Aufwendung zu verringern, während die andere Schule, die Columella vertrat, versuchte, Wege zur grössten Rationalisierung der Wirtschaft zu erforschen, die auf der Sklavenarbeit beruhte" (Štaerman, Krise, 33). Vgl. auch Burskij M. I., Cato, Varro, Columella und Plinius über Landwirtschaft (russ.), Moskau-Leningrad 1937 (Einleitung).

(60) Fortgeschrittene Arbeitsteilung herrschte bereits in den Werkstätten des ägyptischen Priesters Petosiris im 4. Jahrhundert vor Chr., ihm unterstanden mehrere Aufseher, vgl. Heichelheim F. M., An Ancient Economic History from the Palaeolithic Age to the Migrations of the Germanic, Slavic and Arabic Nations, Bd. 3, Leiden 1970, 162.

(60a) Hengstl, Private Arbeitsverhältnisse, 102f weist auf die Existenz freier Arbeitsgruppen im ptolemäischen Ägypten hin, deren rechtliche Position und sozialer Status aber quellenmässig schwer zu fassen sind.

(61) Vgl. die δεκατάρχαι des Apollonios in den Zenonpapyri (Heichelheim, Economic History Bd. 3, 167). Die Dekurieneinteilung erfordert nach Seeck, Untergang der antiken Welt I, Anhang, 569 eine Arbeitsstärke von mindestens 30 Mann, und zwar bei 500 iugera Ölwaldung oder 200 iugera Weinland, vgl. auch Gummerus, Gutsbetrieb, 79. - Bei Audi-NSU Ingolstadt wurden nach Abschaffung der Fliessbandarbeit Arbeitsgruppen von je 10 Mann zur Montage von Zylinderköpfen eingeführt. Erfolg nach längerer Laufzeit: Keine Fluktuation, der "Krankenstand war um 50% geringer als im Werksdurchschnitt" (o. V., Gruppenarbeit auch bei Audi NSU in Ingolstadt, in: Handelsblatt 29. Jahrgang, Nr. 231, 3. 12. 1974, 12). - Die psychologische Forschung arbeitet "aus technischen Gründen zumeist mit Kleingruppen von zwei bis fünf Personen" (Franke H., Das Lösen ... 1975, 86).

(62) Übersetzt nach K. Ahrens, Columella, Berlin 1972.

(63) Vgl. Weiss C., Pädagogische Soziologie, Bd. IV, 1972, 107 und Franke H., Das Lösen von Problemen in Gruppen. 1975, 86f (Kap. 1. 2. 6 "Zur Gruppengrösse").

(64) Tritsch, W., Wandlung der menschlichen Beziehungen, in: Die neue Weltschau, 1952, zit. nach C. Weiss, Pädag. Soziologie IV, 112. Auch die Vorgeschichtsforschung schätzt die Urhorde auf 20 Mitglieder, vgl. Glück J. F., Zur Soziologie des archaischen und des primitiven Menschen, in: Brinkmann, Soziologie und Leben, 1952, 126-165.

(65) Anger H., Kleingruppenforschung heute, in: Kleingruppenforschung und Sport, Herausgeber: G. Lüschen, 1966, 21.

(66) Wössner J., Soziologie, Einführung und Grundlegung, 4. Aufl., Wien-Köln-Graz 1972, 101.

(67) Weiss, Pädagogische Soziologie IV, 111. Eine autoritär geführte Lernschulklasse kann aber maximal bis zu 60-70 Kindern umfassen, vgl. Weiss IV, 107.

(68) Ebd. S. 72ff.

(69) Columella lässt die Winzer (vinitores) in Gruppen unter der Aufsicht eines monitor arbeiten. Da sie bei einem Preis von 6000 - 8000 HS wertvollstes Kapital darstellen, solle man sie "im allgemeinen in Fesseln und im ergastulum halten" (Colum. 1, 9, 4). Dennoch sollen sie gerecht behandelt werden, da sonst Colum. fürchtet, dass sie "leicht zu einem Aufstand gereizt werden könnten" (Brockmeyer, Arbeitsorganisation, 152).

(70) Bei den römischen Juristen ist familia bald ein Vermögensbegriff, bald eine Personengruppe. In der Gruppe kann familia a) die Sklaven, b) die Freigelassenen im Verhältnis zu ihrem patronus betreffen. "An anderer Stelle umfasst der Ausdruck alle abhängigen Hausgenossen, die Hauskinder mit inbegriffen" (Leonhard, familia, RE VI 1982), dazu gehören auch die fide bona servientes. Später wurde auch der Hausherr zur familia gerechnet (1980ff). Nach Ahrens, Columella, 450 bezeichnet die familia "die gesamte Arbeiterschaft des Gutes", also Sklaven und Kolonen. Obgleich der vilicus Sklave war, "... musste ihm

doch auch über die Kleinpächter das Aufsichtsrecht eingeräumt werden, ... weshalb auch die Colonen in engster Verbindung mit der familia rustica erscheinen" (Seeck, colonatus, RE IV 488, vgl. Ahrens, Columella, 450 zu Colum. res rust. 11, 1, 14). Grundlegend zur familia rustica ist auch Martin R., Familia rustica, Annales littéraires de l'Univ. de Besançon, vol. 11, 267-297.

(71) Vgl. De Robertis, Lavoro, 103. Bömer F., Untersuchungen über die Religion der Sklaven in Griechenland und Rom, 1. Tl., Mainz-Wiesbaden 1958, 57ff weist auf die ursprünglich primär sakrale Funktion der familia als Kultgenossenschaft hin.

(72) Die (mercennarii) conductiis liberorum operis res maiores, ut vindemias ac faenisicia (Weinlese und Heuernte) administrant.

(73) De Robertis, Lavoro, 104, Anm. 11.

(74) Ebd. S. 106, vgl. Macqueron, Le travail des hommes libres dans l'antiquité romaine, Aix 1958, 64ff und De Robertis, Sulla considerazione sociale del lavoro nel mondo romano, Economia e Storia VI, 1959, 304ff.

(75) Es bestand also das Verbot, nur Sklaven auf den Latifundien zu beschäftigen (Suet. Caes. 42, 1 neve ii ...). Dieses Verbot knüpft an das 2. Bauernschutzgesetz (Ende 4. oder Ende 3. Jahrh. v. Chr.?) an (vgl. Kornemann, Bauernstand, 98). Der Nachschub an Sklaven auf dem Markt in der frühen Kaiserzeit hatte rapid abgenommen, die pax Romana hatte Sklavenjagden vereitelt und die Piraten waren nach ihrer Vernichtung durch Pompeius als Lieferanten von Sklaven weggefallen. Auch zunehmende Freilassungen minderten die Sklavenzahl. Insofern sanktionierte also Caesars Verordnung nur nachträglich einen bereits vorhandenen Entwicklungstrend (vgl. Lauffer, Sklaverei, 370ff). Salin, Polit. Ökonomie, 22 lässt die Sklavenzufuhr erst seit der pax Augusta abnehmen und damit eine Verteuerung der Sklaven eintreten. Die augusteische Politik war im Agrarbereich liberal, jedoch "in anderen Bereichen durch drastische Eingriffe gekennzeichnet" (Tibiletti, Latifundium 76, Anm. 127).

(76) Auch die Schiffsbesatzungen der Severerzeit bestanden aus Freien und Sklaven (Ulpian. Dig. 4, 9, 7).

(77) Vgl. De Robertis, Lavoro, 108.

(78) Crifò, Cronache, 122 weist darauf hin, dass die Stellung der Söhne dem pater familias gegenüber schlechter sein konnte als die der Sklaven. Es ist also kein Zufall, wenn bei Plautus und Terenz die Sklaven es oft mit den jungen Herren gegen die seniores halten. Man darf allerdings nicht übersehen, dass die Komödie vielfach ein verzerrtes Bild der sozialen Wirklichkeit gibt.

(79) De Robertis, Lavoro, 109.

(80) Vgl. De Robertis, Lavoro, 110, Anm. 22 und ders., Storia sociale di Roma, Bd. 1, Bari 1945, 121ff.

(81) Vgl. De Robertis, Lavoro, 111 und Amirante, Ricerche in tema di locazione, BIDR (Boll. ital. dir. rom.) 62, 1959, 37. Vilicus heisst auch der Verwalter städtischer Grundstücke (Iuven. 3, 195; Mart. 12, 32, 23). Der leitende Sklave der städtischen familia ist dagegen der atriensis. Die Aufseher der ptolemäisch-ägyptischen Bergwerke im 2. Jahrh. v. Chr. nennt Diod. 3, 12, 1 προσεδρεύοντες τοῖς μεταλλικοῖς ἔργοις.

(82) Vgl. De Robertis, Lavoro, 114 und Calderini, Contratti di lavoro di venti secoli fa, Studi Romani 7, 1954, 649-662. Bereits Aristot. Polit. 1334a, 1337b und 1278a stellt Gemeinsamkeiten zwischen Sklaven, Banausen (Handwerkern) und Theten fest, vgl. auch Welskopf E. Ch., Die Analyse von Herrschafts- und Knechtschaftsformen durch Aristoteles, Acta ant. philippopolit., Studia hist. et philol., Sophia 1963, 13ff.

(83) De Robertis, Lavoro, 115, Anm. 38.
(84) Seneca benef. 3, 22 sieht darum im servus richtigerweise einen perpetuus mercennarius (immerwährenden Taglöhner), vgl. De Robertis, La nozione di lavoro nelle fonti romane, Boll. scuola perfez. dir. lavoro Univ. Trieste, 1959, 1ff. Ulpian. Dig. 43, 16, 1, 18 spricht von den liberos quos tenemus ut liberos, sed veluti servis utimur. Vgl. auch De Robertis, I lavoratori liberi nelle 'familiae' aziendali romane, SDHI 24, 1958, 269ff.
(85) Lauffer, Sklaverei, 370ff.
(85a) Vgl. Heitland, Agricola, 185.
(85b) Vgl. Bellen H., Studien zur Sklavenflucht im römischen Kaiserreich, Wiesbaden 1971, 20 und Česka J., Die Differenzierung der Sklaven in Italien in den ersten zwei Jahrhunderten des Prinzipats (tschech.), Prag-Brünn 1959, resümiert in BCO (Bibl. Class. Orient.) 5, 1960, 270-274.
(86) White, Roman Agricultural Writers I, 456. Der Verwalter ist der "key-man in the enterprise" (ebd.). Sehr fundierte Ausführungen zum colonus, vilicus, magister pecoris, zur vilica, zu den monitores und operum magistri, den operarii und weiblichen Sklaven bringt Martin, Familia rustica, 269ff. Lauffer, Sklaverei, 386 hebt die unternehmerische Qualifikation des antiken Sklaven besonders hervor. Ein Grossteil der antiken Unternehmerpersönlichkeiten seien Sklaven und ehemalige Sklaven gewesen. - Der römische vilicus geht bereits auf griechisch-hellenistische Vorbilder zurück. Mit zunehmendem Absentismus des attischen Gutsherrn brauchte dieser seit dem 5. Jahrh. vor Chr. einen Stellvertreter auf dem Gut, den ἐπίτροπος . Der erste uns bekannte "Gutsverwalter" (Audring G., Über den Gutsverwalter (epitropos) in der attischen Landwirtschaft des 5. und 4. Jahrhunderts v. u. Z., Klio 55, 1973, 110) ist Euangelos, Sklave (οἰκέτης) des Perikles. Er produzierte bereits für den Markt (vgl. Audring, Gutsverwalter, 110). Die epitropoi waren offensichtlich Sklaven.
(87) Gsell St., Esclaves ruraux dans l'Afrique romaine, Mélanges Glotz, Tome I, Paris 1932, 408. In Nordafrika kommen vilici in der Regel nur auf Privatgütern vor (Gsell S. 408).
(88) Für Schmitt Friedrich, Zur Arbeiterfrage in der römischen Landwirtschaft, Diss. Leipzig, München 1910, 28f war der procurator ein Sklave, "der die Gesamtleitung eines Gutes" innehatte, "während dem vilicus nur die Leitung der agrarischen Arbeiten zugestanden hätte". Heitland, Agricola, 264 hält es für möglich, dass der procurator ein Freigelassener war, der vorwiegend den Verkehr mit den Gutspächtern regelte. Auf den kaiserlichen und grossen Privatgütern in Nordafrika war der procurator "der direkte Vertreter des Gutsherrn" (Brockmeyer, Arbeitsorganisation, 159). "Er hat nicht allein die finanzielle Verwaltung der Domäne, sondern die Regelung des Wirtschaftsbetriebes unter sich" (Schulten A., Die römischen Grundherrschaften, Weimar 1896, 61), er sei in der Regel Freigelassener, der in der villa oder in der benachbarten Stadt residiere (Schulten S. 61). In Columella's Zeit hat der procurator wahrscheinlich noch nicht diese umfassenden Kompetenzen trotz gewisser Kontroll- und Aufsichtsfunktionen; er war jedoch wahrscheinlich mehr Manager als der vilicus.
(89) Brockmeyer, Arbeitsorganisation, 209. Für Nordafrika sind die Termini actor und vilicus manchmal synonym gebraucht (Gsell, Esclaves ruraux, 409). Auch Colum. 1, 8, 5 setzt vilicus und actor gleich (Sed qualicumque vilico contubernalis mulier adsignanda est ...; eidemque

actori praecipiendum est ..). In Colum. 1, 7, 7 steht actor für vilicus (Ita fit, ut et actor et familia peccent ...). Der Terminus vilicus verschwand dann fast ganz im späteren Imperium, der actor dagegen trat immer häufiger auf (Gsell, Esclaves ruraux, 410).

(90) Actores "führten ... die Aufsicht auf dem Landgut ihres Herrn (als vilici) oder bei seinen wirtschaftlichen Unternehmungen oder verwalteten seine Gelder" (Reisch, actor, RE I 326ff, vgl. auch Ahrens, Columella, 455).

(90a) Tabularii und adiutores in der Verwaltung der annona weist nach Pavis d'Eseurac H., Le personnel d'origine servile dans l'administration de l'annone, Annales litteraires ..., vol. 11, 1974, 301.

(91) Vgl. White, Roman Farming, 355.

(92) Als Übersetzung wurde hier Thielscher P., Cato, 1963 herangezogen. Die Pflicht des Aufsehers regelt Cato in cap. 66; 67, des Küfers in cap. 66. Die in cap. 2 und 5 beschriebenen Aufgaben des vilicus werden in cap. 142 noch einmal kurz erläutert. Diese Neufassung der früheren Dienstanweisung sei "wahrscheinlich Jahrzehnte später als die erste geschrieben" (Thielscher, S. 181), und zwar unter Einbeziehung der vilica.

(93) Es hat wohl selten vilici gegeben, "die hundertprozentig die Erwartungen ihres Herrn erfüllten" (Brockmeyer, Arbeitsorganisation, 76). Cato's vilicus "ist das Traumbild eines Gutsbesitzers, ein bestimmtes Idealwesen, das der Gutsherr bei sich hätte haben wollen" (Sergejenko M. J., Der Vilicus, BCO 4, 1959, Heft 3, Sp. 155).

(94) Es ist nicht sicher, ob Saserna Vater und Sohn zusammen ein einziges Werk verfassten oder jeder ein eigens Werk, für Plin. nat. hist. 17, 199 waren sie peritissimi, vgl. White, Roman Agricultural Writers I, 459.

(95) Praefecti waren "ausgebildete Fachkräfte, in deren Anschaffung und Ausbildung der Gutsherr beträchtliches Kapital investiert hatte" (Brockmeyer, Arbeitsorganisation, 114), es musste ihm also an ihrem Wohlergehen gelegen sein.

(95a) Der Begriff humanitas ist hier ziemlich undeutlich, im Zusammenhang "il a très certainement un sens intellectuel et non moral" (Martin, Familia rustica, 274). Martin will Varro 1, 17, 4 (zum vilicus) mit 2, 10, 6 (zur Ausbildung des magister pecoris) in Verbindung bringen (Martin, S. 274).

(96) Vgl. zum vilicus auch Sergejenko J., Der Vilicus, BCO 4, 154ff. Bei Cato darf der vilicus aber nicht mehr wissen als der dominus (Cato cap. 5, 2).

(97) Ahrens, Columella, 65.

(98) Columella verlangt Sachverständnis des vilicus "zum Beispiel bei der Fütterung der Tiere und bei der Heilung ihrer Krankheiten" (Colum. 11, 1, 8).

(99) In der modernen Führungstheorie erwartet man primär Führungskenntnisse und -fähigkeiten, erst in zweiter Linie fachliche Kenntnisse. Man hält es für vertretbar, dass in einer Arbeitsgruppe ein Mitglied auf einem Spezialgebiet bessere Kenntnisse hat als der Leiter beziehungsweise der Führer der Gruppe. In der industriellen Praxis lässt sich das allerdings nicht so leicht realisieren. Wo es vorkommt, behält der fachlich versierte Untergebene sein Fachwissen häufig für sich, um nicht mit dem Gruppenführer in Konflikt zu geraten.

(100) "Eine eigentliche Ehe (im Rechtssinne, der Verf.) zwischen Sklaven konnte es nicht geben, denn 'Sklaven waren als Rechtsobjekte de iure

überhaupt nicht imstande, ein familienrechtliches Verhältnis einzugehen. Doch gab es wenigstens de facto eine eheartige Verbindung auch unter Sklaven'" (Kunkel, 'matrimonium' RE XIV 2263, vgl. Ahrens, 455 zu Colum. 12, 1, 1).

(101a) Es ist "im ganzen Gutsbetrieb, wie im Leben überhaupt, sehr wertvoll, wenn jeder sich über die Grenzen seines Könnens im klaren ist und immer sich darum bemüht, das ihm Fehlende zuzulernen" (Colum. 11, 1, 27-28). Beim vilicus müsse man besonders durchsetzen, "dass er sich nicht anmasst zu wissen, was er nicht weiss, und dass er immer zuzulernen bestrebt ist, was ihm fehlt" (Colum. 1, 8, 13-14).

(101b) Skydsgaard J.E., Transhumance in Ancient Italy, Anal. Romana inst. dan. VII, Kopenhagen 1974, 7ff gibt eine detaillierte Beschreibung der römischen Wanderherdenwirtschaft (transhumance): "Transhumance is a type of cattle-breeding where the cattle change pastures summer and winter. This form of cattle-breeding is still found frequently in the Mediterranean countries, where the warm and dry summers in the lowlands do not yield sufficient crop to feed any considerable livestock. Consequently the cattle - mostly sheep - are driven up into the mountains where lower temperatures and heavier rainfall will give sparse, but sufficient vegetation to feed the cattle until they can again be brought down into the lowlands, when autumnal rain will bring back the grass to a satisfactory capacity" (S. 7). Auch die Geographen widmeten ihre Aufmerksamkeit der "Wanderherdenwirtschaft" (vgl. Skydsgaard, Transhumance, Notes, 32). Die Hauptquelle für die römische Wanderherdenwirtschaft stellt Varro 2 dar. Varro 2, 2, 9 erwähnt eigene Schafherden, die in Apulien überwintern, den Sommer über aber in den Bergen um Reate weiden. Beide Gebiete seien durch calles publicae verbunden. Vgl. auch Frezouls, REL XXXVI, 1959, 33f. Auch Cato agr. befasst sich in cap. 149 (lex de pabulo hiberno vendundo) mit der Winterweide (Skydsgaard, Transhumance, 13). Auf Grund dieses Standardkontraktes "areas for pasture can be let on lease for the winter, i.e. from mid September till mid March" (S. 13). Es muss also zu Cato's Zeit schon Wanderherdenwirtschaft gegeben haben, wahrscheinlich nicht auf Cato's eigenen Gütern, doch in seiner Nachbarschaft (S. 14f). Zur Weide- und Wanderherdenwirtschaft vgl. Tibiletti, Latifundium, 33-35 und 45-50; White, Latifundia, 337f.

(102) Der magister pecoris ist eine Art Oberhirt, der die Tätigkeit der anderen Hirten (soweit möglich) kontrolliert und koordiniert. Vgl. auch Dohr, Italische Gutshöfe, 93f.

(102a) Vgl. Skydsgaard, Transhumance, 10.

(103) Vgl. Brockmeyer, Arbeitsorganisation, 154. Ahrens, Columella, übersetzt mit 'Gestütsverwalter'.

(104) Der Terminus vilica für das Weib des vilicus wurde aus dem hellenistischen Osten übernommen (in Übersetzung) (vgl. Heichelheim, Economic History Bd. 3, 168).

(105) Im Original: ne diurna cessando frustrentur opera (Colum. 12, 1, 5).

(106) "Denn aus solcher Fürsorge erwächst Gutwilligkeit und Gehorsamsbereitschaft, und wenn man sich der Kranken richtig angenommen hat, bemühen sie sich nach der Genesung gewiss, treuer als vorher zu dienen" (Colum. 12, 1, 6). So viel Klugheit in der Menschenbehandlung erscheint demjenigen aussergewöhnlich, der weiss, wie wenig man vielfach in der neuesten Zeit auf persönliche und soziale Bedürfnisse der Dienstboten in Mitteleuropa Rücksicht nahm, vgl. Platzer H., Geschichte der ländlichen Arbeitsverhältnisse in Bayern, München 1904.

(107)   Vgl. Brockmeyer, Arbeitsorganisation, 164.
(108)   Ut ordinatio instituta conservetur (Colum. 12, 3, 10).
(109)   Vgl. Sergejenko, Der Vilicus BCO 4, 1959, 156ff. Besonders typisch ist, dass vor allem ehemalige Sklaven als Sklavenhalter ihre eigenen Sklaven besonders grausam behandelten (Lauffer, Sklaverei, 389), so zum Beispiel Vedius Pollio. Vielleicht befand sich der vilicus als arrivierter Sklave in einer ähnlichen Bewusstseinslage.
(110)   Die Eignung für landwirtschaftliche Arbeiten will Varro (nach Cassius) "daran erkennen, wie sie ihre Aufträge für andere Aufgabenbereiche ausführen, und bei Neuzugängen, indem man einen von ihnen ausfragt, was sie gewöhnlich beim früheren Herrn gemacht hätten" (Varro 1, 17, 3). Štaerman, Blütezeit, 81 übersetzt diese Stelle zu frei.
(111)   Vgl. Günther, Kolonen und Sklaven, 505ff und weiter oben in dieser Arbeit Kap. 21. - Gerade der gleichzeitige Einsatz von Sklaven und Freien im gleichen Arbeitsprozess zeigt, dass die römische Sklaverei primär nicht "un rapporto giuridico di proprietà" war, sondern "un rapporto di lavoro subordinato, di lavoro per altri" (Crifò, Cronache, 121).
(112)   Vgl. Gummerus, Gutsbetrieb, 81.
(113)   Cogitque plures operas quantocumque pretio conducere (Colum. 3, 21, 10).
(114)   Gummerus, Gutsbetrieb, 81. Columella will ebenso wie Varro gesundheitsschädliche und unfruchtbare Böden lieber durch Kolonen bearbeiten lassen. Bei gutem Boden und Klima hält er eigenes Wirtschaften mit Sklaven für vorteilhafter (Colum. 1, 7, 5).
(115)   Die Stelle heisst ausführlich: "Allerdings wird ein tüchtiger Mensch von gleicher Beweglichkeit des Geistes (homo frugi eiusdem agilitatis) alles noch besser machen als ein Taugenichts (nequam). Das füge ich ein, damit niemand auf den Gedanken kommt, ich möchte mein Land lieber mit Hilfe von Übeltätern als mit Hilfe von rechtschaffenen Leuten (per noxios quam per innocentes) bestellen" (Colum. 1, 9, 5). "Gleich" in "gleicher Beweglichkeit des Geistes" wird hier nicht im Sinne von gleichbleibend, sondern im Vergleich mit homo nequam gebraucht. Die Übersetzung von noxii mit 'Sträflingen' durch Ahrens ist wohl etwas überspitzt. Ich halte es für besser, noxii mit 'Schuldigen' oder 'Übeltätern' zu übersetzen.
(116)   Vgl. Gummerus, Gutsbetrieb, 88f.
(117)   Vgl. White, Roman Farming, 357. Franke H., Das Lösen von Problemen, 48, misst den Anforderungsmerkmalen Tatkraft (= T), Kooperationsbereitschaft (= K), und Intelligenz (= I) besondere Bedeutung bei.
(118)   De Robertis, Lavoro, 189.
(119)   De Robertis ebd. 190. Vgl. Verg. Georg. 1, 287 und Plin. nat. hist. 18, 40. Nach Einführung der Sonnenuhr 263 vor Chr. und der Wasseruhr 159 vor Chr. wurde der römische Tag wie die Nacht in 12 Stunden eingeteilt (Censorin. 23, 6).
(120)   Vgl. Marquardt, J., Das Privatleben der Römer, Bd. 1, 2. Aufl., Leipzig 1886, 261.
(121)   De Robertis, Lavoro, 193. Auch bei Colum. 12, 1, 3 soll der vilicus mit den Arbeitern früh am Morgen aufs Feld gehen und erst in der Dämmerung müde heimkehren.
(122)   Vgl. De Robertis, Lavoro, 194.
(123)   Vgl. Matth. 20, 1 „ἅμα πρωΐ --- ὀψίας γενομένης" für die 12-stündige Arbeit der Freien, vgl. auch Štaerman, Krise, 51.

(124)   De Robertis, Lavoro, 197f. White, K. D., Organization of Work and Productivity of Labour in the Roman Empire, Internat. Congress of Econ. History, Kopenhagen August 1974, nimmt für den freien Arbeiter in der Stadt einen Arbeitstag von 6 Stunden an, was für Italien sicher nicht typisch ist.

(125)   Da die Römer den Tag von der Morgenröte bis Sonnenuntergang in 12 Stunden und vom Sonnenuntergang bis zum Morgen wieder in 12 Stunden einteilten, konnte die Stunde für alle Jahreszeiten nicht gleich sein, sie variierte also von 44' 30'' bis max. 75' 30'', nur bei Tag- und Nachtgleiche umfasst 1 Stunde genau 60' (Vgl. De Robertis, Lavoro, 199, Anm. 85).

(126)   De Robertis, Lavoro, 200.

(127)   Verg. Georg. 1, 300-305.

(128)   Colum. 2, 12, 9: pluviales quoque et feriarum computantur, quibus non aratur, dies quinque et quadraginta. - Der julianische Kalender gibt 48 öffentliche Festtage an; de facto seien für abhängige Arbeiter nicht über 45-50 offizielle Feiertage anzunehmen (De Robertis, Lavoro, 202). Diese Zahl scheint mir zu niedrig gegriffen.
Hengstl J., Private Arbeitsverhältnisse freier Personen in den hellenistischen Papyri bis Diokletian, Bonn 1972, weist durch Auswertung hellenistischer Papyri für eine Reihe von Lehrverträgen "die Vereinbarung eines mehr oder minder langen, bezahlten Urlaubs für den Lehrling" (S. 94) nach. "Die Zahl der Urlaubstage schwankt zwischen 16 und 36" (S. 94). Bei Verträgen ohne formelle Urlaubsregelung darf man jedoch nicht annehmen, "der Lehrling habe alle Tage im Jahr gearbeitet" (S. 94). Er hatte wohl auch an den Feiertagen des Meisters keine Arbeit zu leisten. Der bezahlte Urlaub bei Lehrlingen "lässt sich auf andere Arbeitnehmer jedoch nicht übertragen". Fitzler hat jedoch aus P. Petrie III 40 nachgewiesen, dass die in diesen Papyri von Unternehmern beschäftigten Arbeiter "alle 10 Tage einen unbezahlten Urlaubstag erhalten" (nach Hengstl, 112f, Anm. 93). Aus einigen altbabylonischen Urkunden wissen wir, "dass damals der Mietling einen vielleicht gesetzlichen Anspruch auf drei manchmal sogar bezahlte Ruhetage im Monat hatte" (San Nicolo, Lehrvertrag, 19f, zit. nach Hengstl, Arbeitsverhältnisse, 113, Anm. 95). Grundsätzlich hat der Arbeiter keinen Anspruch auf Krankheitstage, welche dieser vielmehr "nachholen oder ersetzen muss" (S. 112), nur im Paramonevertrag von P. Dura 20 (140 nach Chr.) "werden dem Arbeitnehmer 7 Tage Krankheitsurlaub zugestanden" (Hengstl S. 113, Anm. 97). Ein Recht auf soziale Leistungen für Arbeiter lässt sich aus den Quellen nicht nachweisen (Hengstl S. 112, Anm. 91).

(129a) Vgl. Braun, Les tabous des feriae, L'année sociologique, 1959, 49ff.

(129b) Vgl. De Robertis, Lavoro, 202. Vgl. dazu Macrob. Sat. 1, 16; Verg. Georg. 1, 268ff und Servius in Georg. 1, 269. - Cato sieht für Feiertage folgende Arbeiten vor: fossas veteres tergeri, viam publicam muniri, vepres recidi, hortum fodiri, pratum purgari, virgas vinciri, spinas runcari, expinsi far, munditias fieri (Cato 2, 4), vgl. auch Cato cap. 138. Cato 2, 3 zählt die Arbeiten an Regentagen auf.

(129c) Vgl. Maróti E., Feriae in familia, Vestn. drev. istor. 1970, 2, 60ff.

(130)   Vgl. Waltzing, Etude historique sur les corporations professionelles chez les Romains, Louvain 1895, 233ff.

(131)   In christlicher Zeit löste der dies dominica (der Tag des Herrn) gegen 400 nach Chr. das System der feriae paganae ab (vgl. De Robertis, Lavoro, 204 und Braun, Les tabous, 116f).

(132) De Robertis, Lavoro, 204. Carcopino, La vie quotidienne à Rome à l'époque de l'Empire, Paris 1956, 236-238, errechnet ein Minimum von insgesamt 182 Festtagen. Wirklich bindend waren davon nur 60 Tage, die Beobachtung der anderen Tage war freigestellt.

(133) In Verbindung mit den sigillaria ('Bilderfest'), vgl. Wissowa G., Religion und Kultus der Römer, 2. Aufl., 1912, 206.

(134) Vgl. De Robertis, Lavoro, 206 und CIL X 6638.

(135) De Robertis ebd. S. 207, vgl. Braun, Les tahous, 108ff und Cato agr. 2 wie auch Colum. res rust. 2, 21 und 11, 1.

(136) Macrob. Sat. 1, 16, 10-11; Serv. in Verg. Georg. 1, 269. Plin. nat. hist. 18, 49 hält den für einen schlechten Hausvater, der das an vollen Arbeitstagen tun liesse, was man besser an Feiertagen hätte erledigen können. - Das religiöse Arbeitsverbot umging Servius mit der Argumentation, dass an Feiertagen "nur der Beginn einer neuen Arbei nicht zulässig sei, dass man aber das tun könne, was zu einer alten Einrichtung auf dem Gut gehöre" (Serv. in Verg. Georg. 1, 270).

(137) Bereits Plato Leg. 6, 776 df erkannte, dass der Staat wie der Einzelne bestrebt sein müssen, "dass die Sklaven ihren Herren möglichst wohlwollend gegenüberstehen" (χρὴ δούλους ὡς εὐμενεστάτους ἐκτῆσθαι καὶ ἀρίστους). Wilsdorf H., Bergleute und Hüttenmänner im Altertum bis zum Ausgang der römischen Republik, Berlin 1952, 62 stellt fest, dass es im alten Ägypten, v. a. im Alten Reich, "nicht nur die Alternative Herr/Sklave gegeben habe, sondern dass menschliche Wertschätzung das persönliche Verhältnis bestimmte", und zwar im Rahmen eines patriarchalischen Verhältnisses (vgl. Junker H., Pyramidenzeit, 1949, 61).

(138) Spranger P. P., Historische Untersuchungen zu den Sklavenfiguren des Plautus und Terenz, Wiesbaden 1961, 19. Vgl. auch Richter Will, Seneca und die Sklaven, Gymnasium 65, 1958, 208f. Zum Freiheitsbegriff von Euripides vgl. die Arbeit von Kuch H., Kriegsgefangenschaft und Sklaverei bei Euripides, Berlin 1974 (= Phil. Diss. Berlin-Ost 1970).

(138a) Vgl. die Ausführungen zur Sklaventreue bei Vogt J., Sklaverei und Humanität,[2] Wiesbaden 1972, 83-96. Zum servus bonus und callidus vgl. Vogt ebd. 84.

(139) Spranger ebd. S. 30, vgl. auch Štaerman, Blütezeit, 211 und Plautus, Men. 3-12 (Sprecher: Parasit Peniculus).

(140) Aristot. Polit. 1255b, 5-10 meint, dass es "für den einen zuträglich und gerecht ist zu dienen, und für den anderen zu herrschen", wenn dies naturgemäss erfolge. In diesem Sinne gäbe es auch "eine gegenseitige Freundschaft zwischen einem Herrn und einem Sklaven" (1255b, 12-15) ohne Aufhebung des fundamentalen Rangunterschiedes natürlich. Aristot. Polit. 1255a, 1-10 stellt die Freien und Sklaven von Natur aus den Freien und Sklaven von Gesetzes wegen gegenüber.

(141) Etienne R., Cicéron et l'esclavage, in: Actes du colloque d'histoire sociale 1970, Annales littéraires de l'Univ. de Besançon, Centre de recherches d'histoire ancienne, vol. 4, Paris 1972, 83.

(141a) Ebd. S. 84. Gegen eine zu grausame Behandlung der Sklaven wendet sich jedoch Iuven., Sat. 14. Selbst Plantagenbesitzer der Südstaaten der USA bemühten sich in der Neuzeit, "rohe Gewalt durch andere Methoden" zu ersetzen, wie Klees Hans, Herren und Sklaven, Wiesbaden 1975, 91f an einigen Beispielen aufzeigt.

(141b) Vgl. Etienne, Cicéron, 85.

(141c) Etienne, Cicéron, 86.

(141d) Vgl. Etienne, Cicéron, 86.
(141e) Vgl. Etienne, Cicéron, 90f.
(141f) Etienne, Cicéron, 91.
(141g) Etienne, Cicéron, 93.
(142) Vgl. dazu auch Štaerman, Krise, 54.
(143) Richter Will, Seneca und die Sklaven, 199. - Seneca ep 47, 4-5 weist nach, dass Sklaven nicht von Natur aus Feinde des Herrn seien, sondern nur durch Grausamkeit, arrogantia und falsche Behandlung zu seinen Feinden würden. Seneca drückt das mit folgenden Worten prägnant aus: non habemus illos hostes, sed facimus (ep. 47, 5).
(144) Vgl. dazu auch Štaerman, Krise, 58.
(145) Auch der Redner M. Fabius Quintilianus wendet sich leidenschaftlich gegen die Prügelstrafe in der Schule, "erstens, weil es hässlich und sklavenmässig (servile) ist und jedenfalls ein Unrecht (iniuria)", "zweitens, weil jemand, der so niedriger Gesinnung ist, dass Vorwürfe ihn nicht bessern, sich auch gegen Schläge verhärten wird wie die allerschlechtesten Sklaven (pessima mancipia), schliesslich, weil diese Züchtigung gar nicht nötig sein wird, wenn eine ständige Aufsicht die Studien überwacht" (Quintil. 1, 3, 14). Prügelstrafe wirkt in der Regel entmutigend und nicht motivierend (Quintil. 1, 3, 16) Quintilian schämt sich fast zu sagen, "zu welchen Schandtaten solche Verbrecher (gemeint sind prügelnde Lehrer, der Verf.) ihr Prügelrecht missbrauchen" (1, 3, 17). Im Grunde beruhe der Lerneifer auf dem freien Willen, "den man nicht erzwingen kann" (qui fere necessitatibus repugnat) (1, 3, 9). Zur Bestrafung der Sklaven in der Antike vgl. Welskopf, Einige Probleme der Sklaverei in der griechisch-römischen Welt, Acta ant. Acad. Hung. XII, 1964, 328f.
(146) Vgl. Štaerman, Krise, 56ff und Richter W., Seneca und die Sklaven, 212. Richter S. 213 spricht hier bei Seneca von einem "modernen Herrentypus, der klug und weitherzig zugleich handelt und das Gefühl hat, sich dabei nichts zu vergeben". Seneca's humane Haltung hat ihr Pendant in einer gewandelten Rechtsordnung der frühen Kaiserzeit: Seit Claudius konnte ein Herr, der seinen Sklaven tötete, "als Mörder belangt werden"; "der Herr, der seinen Sklaven im Krankheitsfalle im Stich liess, büsste sein Herrenrecht ein" (S. 213). In den humanen Prinzipien Columella's sieht W. Richter das "Ergebnis der Erfahrungen eines human empfindenden dominus"; er glaubt, dass "die Formulierung Senecas von Columella unmittelbar beeinflusst ist" (Richter S. 214). Seneca habe überhaupt "die praktische römische humanitas gegen die Unfreien in die stoische Philosophie" (S. 214) nachgetragen. Die Stoa hatte nämlich "keine eigene Lehre über die Sklaven in der Gesellschaft" (Richter S. 205). Anders dagegen die Sophisten. Antiphon und Protagoras halten die Sklaverei für dem Naturrecht widersprechend (Richter S. 206f).
(147) Vgl. Pholenz Max, Griechische Freiheit, Wesen und Werden eines Lebensideals, Heidelberg 1955, 159ff. Dieser Gedanke der inneren Freiheit kommt bei Štaerman, Krise, 56ff meines Erachtens nicht genügend zum Ausdruck.
(148) Pohlenz ebd. 155.
(149) Mit dem Begriff der antiken Freiheit beschäftigt sich insbesondere Gigon Olof, Der Begriff der Freiheit in der Antike, Gymnas. 80, 1973, 8-56. Gigon unterscheidet drei grosse Komplexe der Freiheit in der Antike: a) "Freiheit als Lebensform des Staates und des Einzelnen in Staat und Gesellschaft" b) "Freiheit als die Vorausset-

zung jeglichen ethisch verantwortlichen Handelns", c) Frage, "wie sich die Freiheit des menschlichen Handelns in der kosmologischen und theologischen Perspektive zu behaupten vermag" (Gigon S. 9). Bei Aristoteles manifestiert sich Freiheit im ethischen Sinne darin, "sich für oder gegen die ἀρετή zu entscheiden" (Gigon, Freiheit, 35). Wenn die moderne Freiheit wesentlich geprägt ist vom christlichen Dogma und vom germanisch-mittelalterlichen Erbkönigtum von Gottes Gnaden, so ist die Freiheit in der Antike "primär das auf niemanden und nichts Angewiesensein" (S. 55), dieses Ziel rangiere "vor der Verbesserung der Überlebensbedingungen". In der modernen Freiheit haben Autarkie und Innerlichkeit keinen so hohen Stellenwert wie die Bewältigung und Machbarkeit der Aussenwelt im Sinne einer kreativen Freiheit zum Nutzen der materiellen Lebensbedingungen. - Lauffer S., Der antike Freiheitsbegriff, Atti del XII Congresso Internazionale di Filosofia (Venezia, 1958), Vol. XI, Firenze 1960, 114-116 sieht die antike Freiheit im Rahmen der individuellen Autonomie und Autarkie. Sie ist nicht vom Staat, sondern vom übermächtigen Einzelnen bedroht (Pleonexie) oder durch Fremdherrschaft aufgehoben. "Frei ist, wer nicht Sklave eines andern ist, sondern Herr seiner selbst" (S. 113f). Mehr als diese äussere Freiheit ist nach stoischer Lehre die innere Freiheit zu schätzen. Der innerlich freie Mensch lebt "in Übereinstimmung mit dem Ganzen" (S. 116), dagegen ist der äusserlich Freie und im Sinne der Stoa Unfreie abhängig "von den Dingen". Er ist "daher unwissend unfrei" (S. 116).

(150) Brockmeyer, Arbeitsorganisation, 112.

(151) Vgl. Lauffer, Sklaverei, 382.

(152) Brockmeyer, Arbeitsorganisation, 112. - Maróti, Warenproduktion, hält Varro's Ratschläge für eine besonders raffinierte Methode der Sklavenausbeutung (S. 231ff). Er spricht sogar von Varro's "kalte(m) Rationalismus", der sich auch in der Versorgung der Sklaven zeige (Maróti S. 231). - Rayment Ch. S., Varro versutus, Class. Journ. 40, 1944/45, 355 charakterisiert dagegen Varro's Empfehlungen als "social conscience" und als "knowledge of psychology", ohne dies jedoch näher auszuführen.

(153) Štaerman, Krise, 53.

(154) Štaerman, ebd., 54. Es vernichtete der "Sieg der entwickelten Sklaverei" "die Reste patriarchalischer Beziehungen zwischen dem Sklavenhalter und dem Sklaven" (S 49) Nach Seneca ep. 47 nannte man die Sklaven nur noch auf der Bühne familiares (Staerman, Krise, 49). Das schliesst aber nicht aus, dass sich auf der Basis der gewandelten materiellen, geistigen und gesellschaftlichen Verhältnisse bei progressiven Sklavenhaltern neue gehobene patriarchalische Formen bildeten (Sen. ep. 47, 1).

(155) Bei der physischen Kontrolle "will der Beeinflussende durch physischen Druck erreichen, dass die beeinflusste Person das von ihm intendierte Verhalten leistet. Im Rahmen unserer kulturellen Normen werden solche Akte nicht als Führungsverhalten gewertet" (Schwarzer Eberhard, Psychologische und pädagogische Grundprobleme der Führung von Mitarbeitern, 2. Auflage, München-Augsburg 1971, 116).

(155a) Zur Vielfalt der römischen Strafen vgl. Spranger, Histor. Untersuchungen, 84ff. Schläge (verbera) waren am meisten üblich (Bellen Heinz, Studien zur Sklavenflucht im römischen Kaiserreich, Wiesbaden 1971, 19). Besonders drastisch waren die Strafen für entlaufene Sklaven (fugitivi), die jedoch nicht immer aufs Geradewohl flo-

hen, sondern vielfach als begehrte Arbeitskräfte auf grossen Landgütern unterkamen (vor allem seit dem 2. Jahrhundert nach Chr) (vgl. Bellen, Sklavenflucht, 134) und sich damit der Strafe entzogen. Als gebräuchliche Strafen erscheinen verbera, vincula, stigmata, ergastulum, crux (Bellen, Sklavenflucht, 17). Die Bestrafung mit dem Tode war aber nicht die Regel (S. 29f). Die Strafmassnahmen erstreckten sich nur selten auf das Sondervermögen (peculium) der Sklaven (Bellen S. 18). Im spätrömischen Reich sollten coloni "bei Fluchtverdacht oder nach Rückführung von der Flucht ebenso in Fesseln gelegt werden wie die servi". Auch die aufnehmenden Grundbesitzer wurden bestraft (S. 137). Zu schweren Strafen (Folterungen etc.) vgl. Tibiletti, Latifundium, 52 und für Ägypten Pavlovskaja A. I., Die Sklaverei im hellenistischen Ägypten, in: Blavatskaja - Golubcova - Pavlovskaja, Die Sklaverei in hellenistischen Staaten im 3. - 1. Jahrh. v. Chr. (aus dem Russ.), Wiesbaden 1972, 182ff. Dieses System der Gewaltanwendung (bei den Agrarschriftstellern wenig erwähnt) ist nicht auf die Antike beschränkt. Es ist schwer vorstellbar, aber dennoch wahr, dass Körperstrafen gegen sozial und wirtschaftliche Abhängige noch bis zur Mitte des 19. Jahrhunderts üblich waren. Im alten Preussen gehörten körperliche Züchtigung und Prügel im Alltag zu "Vollzügen direkter Herrschaft". Trotz Milderung im Allgemeinen Preussischen Landrecht (APLR) bestand das Recht zu "mässiger" körperlicher Züchtigung in Preussen seit 1794 auf drei Ebenen:
(1) als "Recht der alten hausväterlichen Gewalt
    (a) des Ehemannes über seine Ehefrau" (als "Recht zu mässiger Züchtigung", Zeit der Schwangerschaft ausgenommen),
    (b) der Eltern über die Kinder,
    (c) "der Herrschaft im Hause über das Gesinde",
    (d) "der Gutsherrschaft über ihr Gesinde",
    (e) "der Lehrherren und ersten Gesellen über Lehrlinge",
    (f) "der Schullehrer gegen die Kinder".
Bei Überschreitung des Rechts der mässigen Züchtigung lag übrigens keine Ehrenkränkung, sondern nur körperliche Beschädigung vor (die nur zivilrechtlich belangt wurde).
(2) als Strafrecht der Polizeigerichtsbarkeit (mässige körperliche Züchtigung etc.),
(3) als "Teil gesetzlich festgelegter, 'ordentlicher' Strafen, die durch richterliche Erkenntnis verhängt werden konnten",
(4) es war möglich, "auf Grund eines Kollegialbeschlusses körperliche Züchtigung zu verhängen, um Angaben über Mitschuldige zu erlangen ...". Dieses Strafsystem blieb in der 1. Hälfte des 19. Jahrhunderts bestehen (vgl. Koselleck, Reinhart, Preussen zwischen Reform und Revolution. Allgemeines Landrecht, Verwaltung und soziale Bewegung von 1791 bis 1848, 1967, Exkurs I, "Über die langsame Einschränkung körperlicher Züchtigung" 641ff).

(155b) Bellen kommt zu dem Ergebnis, "dass die Flucht durchaus als Kampfmittel gegen schlechte Bezahlung angewandt wurde". Bei schlechter materieller Versorgung der Sklaven musste der Herr mit deren Flucht rechnen (Bellen, Sklavenflucht, 133). Erstaunlich ist, dass weder Varro noch Columella die Flucht von Sklaven überhaupt in Erwägung ziehen. Nur Cato agr. 2,2 erwähnt Sklavenflucht (servos aufugisse). Dass jeder Sklave "durch das Ressentiment, das er als Folge seines Schicksals mit sich herumtrug, ein potentieller fugitivus" (Bellen, Sklavenflucht,
(129) sei, bestätigen die Agrarschriftsteller im Grunde nicht.

(156)   Weber Max, die römische Agrargeschichte, 1891, hält das ergastulum, dem hellenistischen ἐργαστήριον entsprechend für ein Gefängnis, "in welchem die gefesselten Sklaven, Schuldner und noxii arbeiteten und schliefen" (S. 240). Aus Columella 1, 8, 16-18, bei welchem diese Auffassung keine Stütze findet, scheint vielmehr hervorzugehen, "dass die Gefesselten wie die übrigen Sklaven auf den Feldern arbeiteten" (Gummerus, Gutsbetrieb, 91). Das ergebe sich zwingend auch aus Colum. 1, 9, 4-5, wo davon die Rede ist, dass "man Weinpflanzungen meist von gefesselten Sklaven bearbeiten" lässt. Missverständlich ist die Aussage, das ergastulum sei "der Gewahrsam derjenigen Sklaven, die man wegen ihrer Unzuverlässigkeit gefesselt arbeiten liess" (o. V., 'Ergastulum', RE VI 431). Die Agrarschriftsteller erwähnen jedoch nirgendwo, dass Sklaven in einem ergastulum gefesselt arbeiten. Wilsdorf, Bergleute und Hüttenmänner, 140 hält Fesselungen während der Arbeitszeit im Bergbau und Hüttenbetrieb für unproduktiv und für seltene Ausnahmeerscheinungen. Nach Colum. 1, 6, 3 soll das ergastulum unterirdisch liegen, "aber gesund sein und viele, aber enge und hochgelegene Fenster haben". Es wäre denkbar, dass straffällig gewordene Sklaven hier (vielleicht gefesselt) die Nacht und ihre Freizeit verbrachten.
Ergastulum bedeutet "auch die Gesamtheit der gefesselten Sklaven" (Plin. nat. hist. 18, 21, 36; Iuv. 14, 24; Apul. apol. 47). Sie werden meist als Feldarbeiter erwähnt (Plaut. Most. 19; Cato agr. 56; Ovid. trist. 4, 1, 5; ex ponto 1, 6, 31; Colum. 1, 9, 4 und Iuv. 11, 80).
Der jüngere Plinius ep. 3, 19, 7 bezeugt, dass im Raum Comum keine vincti verwendet würden. Freie wurden übrigens seit den Bürgerkriegen widerrechtlich in die ergastula gesteckt (Seneca, controv. 5, 53). Erst ab Anfang des 4. Jhd. nach Chr. wurden Freie zur Strafe in private ergastula gesperrt (Cod. Theod. IX 40, 3). Zu den gefesselten Sklaven und zum ergastulum vgl. auch Bellen, Sklavenflucht, 20ff und Duncan-Jones, Roman Empire, 323f.
Etienne R., Recherches sur l'ergastule, Annales littéraires de l'Université de Besançon, vol. 11, 1974, 249ff fasst ergastulum nicht primär als Ort auf, sondern als Sklavengruppe. Er bringt das ergastulum auch mit dem pistrinum (Stampfmühle) und den Gladiatoren (252ff) in Verbindung. Bei Liv. 7, 4 lasse sich ergastulum abweichend von modernen Übersetzern aus dem Gesamtzusammenhang nicht als Gefängnis deuten (S. 254). Zur ursprünglichen Bedeutung von ἐργαστήριον ergastulum vgl. Etienne, Recherches, 250f. Hopper R. J., The Attic Silver Mines in the Fourth Century B.C., Annual of the British School at Athens 48, 1953, 203 sieht in ἐργαστήριον "a word of very common use in the fourth century, with the clear meaning of an establishment where a craft or industry is carried on generally by slaves". In Literatur und Inschriften wird ἐργαστήριον häufig i. V. mit dem μέταλλον (Bergwerk) erwähnt (vgl. z. B. Demosth. 37).

(156a) Die Ausgabe Loeb (1954ff) schwankt bei der Übersetzung von ergastulum bei Columella zwischen Werkstatt und Gefängnis (vgl. Etienne, Recherches, 249). Bei Villenausgrabungen in Latium und Kampanien hat man nie ein ergastulum entdeckt (vgl. Etienne, Recherches, 264).

(156b) Es gibt heute noch moderne Industriebetriebe (man kann vielleicht sagen die Mehrzahl), so z.B. Agfa-Gevaert, die nicht ohne Zwang und Strafe auskommen: "Der Disziplinarvorgesetzte hat das Recht, gegebene Anordnungen mittels Disziplinarmassnahmen (Verweis, schriftliche Verwarnung, Busse, Strafversetzung) zu erzwingen" (o. V., Führungsgrundsätze, in: Wirtschaftswoche, 28. Jahrg., Nr. 39, 20. 9. 1974, 84).

(157) Vgl. Dohr, Italische Gutshöfe, 145; Schrot G., Über die Rentabilität der römischen Landwirtschaft der ausgehenden Republik, Diss. Leipzig 1957, 33 und Etienne, Recherches, 255ff.

(158) Staerman, Blütezeit, 95. Das lässt sich aus Cato und Varro nicht nachweisen. Auch Varro 1, 17, 5 ... ita imperare, ut verberibus coerceant potius quam verbis kann nicht als Beweis gelten. Das gilt auch für folgende Passagen von Staerman: man habe die Sklaven nicht ermuntert, "Initiative zu zeigen, vielmehr hätte eine solche bei den Besitzern nur Unbehagen hervorgerufen und Argwohn erregt". Es waren Sklaven bei den "Herren schlecht angeschrieben, wenn ihre Kenntnisse grösser waren, als es ihre Arbeit erforderte" Staerman, Krise, 51). Gerade der letztere Satz mag für Cato Gültigkeit beanspruchen, kann aber auf gar keinen Fall auf Varro und Columella angewendet werden. Auch folgende Stellen dürften den Sachverhalt überspitzt wiedergeben: "So wurde der Sklave als Persönlichkeit völlig unterdrückt. Er sollte nichts weiter als eine Maschine sein, und so kümmerte man sich wohl in gewissem Masse um seine Erhaltung, liess ihm jedoch keinen eigenen Willen und keine Initiative" (Staerman, Krise, 52). Es "nahmen die Sklaven ständig zum passiven Widerstand ihre Zuflucht und arbeiteten möglichst schlecht" (53). Das lässt sich den Quellen wohl nicht so generalisierend entnehmen!

(159) Staerman, Krise, 95. Arbeitsplatzwechsel war in der Regel nur über Verkauf an andere Herren möglich. In der Kaiserzeit war die Bindung an den Herrn und den Boden "in der Praxis nicht so fest, dass sie als willenlose Ausbeutungsobjekte hätten angesehen werden können" (Bellen, Sklavenflucht, 139).

(160) Der vilicus soll kein ambulator sein (Cato agr. 5, 2). Er soll nur 2 oder 3 Höfe haben, "woher er sich erbittet, was er braucht, und denen er gibt" (Cato 5, 3). Vgl. auch Liv. 5, 3, 8.

(161) Vgl. die Gegenüberstellung der Stadt- und Landsklaven bei Plautus, Mostell. 39-47. "Die Landsklaven standen auf der untersten Sprosse innerhalb der Sklavenschicht" (Staerman, Blütezeit, 96).

(162) Vgl. Bömer, Untersuchungen über die Religion der Sklaven, 1. Teil, 57f und Accame, Bull. del Museo dell' Impero 13, 1942, 24ff.

(163) Sergejenko M.E., Očerki po sel'skomu chozjajstvu drevnej Italii, Moskau-Leningrad 1958, 14 weist nach, "dass die Sklaven Catos nicht in Kasernen lebten, sondern in Kämmerchen, was durch die Ausgrabungen von Villen in der Umgebung von Pompeii bestätigt worden sei".

(164) Staerman, Blütezeit, 95.

(165) Staerman ebd. 235.

(166) Staerman ebd. 236.

(167) Ahrens, Columella, Einführung, 22.

(167a) Die gegenseitige Kontrolle der Sklaven war wohl ein wesentlicher Grund für ihre mangelnde Solidarität.

(168) Ahrens, ebd. 22. - Zwischen 'oben' und 'unten' stehen vielfach auch die leitenden Angestellten der modernen Industrie, vor allem des mittleren Managements, vgl. Mayer Arthur, Betriebspsychologie und industrielle Gesellschaft, Zeitschr. für Betriebswirtschaft, 25. Jahrg., Nr.2, 1955; derselbe, Die Betriebspsychologie in einer technisierten Welt, in: Handbuch der Psychologie, Bd. 9 (Betriebspsychologie heute), 2. Aufl., Göttingen 1970, 3-55 und ders., Die Integration der industriellen Arbeit, in: Studium Generale, 14. Jahrg., Heft 6, 1961, 324-333.

(169) Kontrollfunktion hat bei Colum. auch die Verwalterin (vilica), vor allem gegenüber dem weiblichen Personal, vgl. Colum. 12,1,5-6 und 12,3,5-10.

(170) Vor Ausreden warnt Cato agr. 2. - Colum. 1, 8, 20 legt auf "gute Disziplin" Wert

(170a) 5 modii pro Monat erhielten die Mitglieder der plebs frumentaria in Rom seit dem Ende der Republik. Nach Seneca "5 modii was a normal ration for an urban slave who also received a cash wage" (Duncan-Jones, Roman Empire, 146). Nach Polybios 6, 39, 13 (vgl. Walbank F. W., A Commentary on Polyb. I, 1957, 722) betrug die Kornration des Fussoldaten der mittleren Republik 3 modii (Duncan-Jones S. 146), später wahrscheinlich mehr. Eine Ration von 5 modii pro Monat entsprach wohl 3.000 - 3.500 Kalorien pro Tag, "which is close to modern ideals of 3.300 calories per day for male adults" (S. 147). Zu Cato's Verpflegung vgl. Duncan-Jones S. 146.
Teuteberg H. J. Studien zur Volksernährung unter sozial- und wirtschaftsgeschichtlichen Aspekten, in: Teuteberg/Wiegelmann, Der Wandel der Nahrungsgewohnheiten unter dem Einfluss der Industrialisierung, Göttingen 1972, nimmt für einen Schwerstarbeiter pro Tag heute eine Sollzufuhr von 4.200 Kalorien an (S. 154, Tab. 32). Ansonsten sind zur Sicherstellung von Gesundheit und Leistungsfähigkeit heute "pro Tag und Erwachsener durchschnittlich 2.940 Kalorien erforderlich" (S. 160), wenn es sich um einen körperlich Arbeitenden handelt.

(170b) Vgl. Thielscher, Cato cap. 57 und 58, 268-271. Die Brotrationen der Fussgefesselten (120-150 Pfund im Monat) entsprechen ungefähr 4, 8 bis 6 modii Weizen, "apparently a recongnition of the heavier dietary requirements of men employed in hard labour" (Duncan-Jones, Roman Empire, 146). Die tägliche Normalration an Wein ist im Januar mit 0,27 Liter deswegen so gering, weil die Saturnalien im Dezember und die Kompitalien im Januar gefeiert und an diesen Festen ja Sonderrationen verteilt wurden. Insgesamt darf man sagen, Cato's Kost war zwar einfach, doch kalorienmässig mehr als ausreichend (Thielscher nach Dr. med. Glasewald, Cato, 269).

(170c) Vgl. zum hallec Plin. nat. hist. 31, 44, 95.

(170d) Vgl. zu Cato agr., cap. 58 Thielscher, Cato, 270f.

(170e) Vgl. Thielscher, Cato cap. 59, 271f. Viele Textilien liess Cato im Hausgewerbe herstellen (cap. 10, 5; 14, 2).

(170f) Die Angaben von Maróti, Warenproduktion, 232 zur Sklavenverpflegung Cato's sind unvollständig, einseitig und wenig differenziert. Maróti irrt, wenn er meint, dass die Sklaven nur Treberwein (Lauer) erhielten. Thielscher, Cato cap. 57, 268 konnte nachweisen, dass die Sklaven von Oktober bis Dezember Lauer, von Januar bis September aber Wein erhielten (cap. 57 ubi vindemia facta erit, loram bibant menses III; die folgenden Passagen mense quarto: heminas in dies ... können sich nur auf Wein beziehen). Weiter ist gegen Maróti einzuwenden, dass Cato's Sklaven nicht nur Falloliven, sondern auch reife Oliven (oleae tempestivae) erhielten (cap. 58).
Bei der Lektüre der von Cato angegebenen Sklavenverpflegung sowie der Koch- und Backrezepte (wohl auch für Sklaven zugänglich, vgl. Cato agr. cap. 74ff) möchte ich - anders als Maróti S. 233 - zwar von einer einfachen, aber nicht kargen Lebensmittelversorgung sprechen, die zudem kalorienmässig sehr reich war. - Ob die Ölvorräte deswegen bewacht werden mussten (Cato cap. 66, 1; 67, 2; 145, 2), damit sich die Sklaven nicht zusätzlich mit Öl versorgen konnten, wie

Maróti meint, bezweifle ich, zumal aus keiner Stelle das zwingend hervorgeht. Mir scheint, dass die Ölvorräte eher gegen Diebstahl von aussen gesichert werden mussten. Bei der nachgewiesenermassen reichlichen Verpflegung der Sklaven war der Anreiz, Öl zu stehlen, für sie doch wohl ziemlich gering. Übrigens heisst es in cap. 145, 2 ausdrücklich, dass der conductor als Vertragspartner des Gutsherrn sowie die für den conductor tätigen factores (also nicht Sklaven, sondern Auswärtige!) weder Oliven noch Öl stehlen sollen.

(171) Es nahm die Zahl "der mit einem Pekulium belehnten und freigelassenen Sklaven" im 2. Jahrh. n. Chr. zu (Štaerman, Krise, 48). Vgl. zum peculium als Sondervermögen auch Spranger, Histor. Untersuchungen, 67ff und W. v. Uxkull, Peculium, RE XIX, 1, 13ff.

(172) Diese wichtige Stelle lautet bei Varro 1, 17, 7: Studiosiores ad opus fieri liberalius tractando aut cibariis aut vestitu largiore aut remissione operis concessioneve, ut peculiare aliquid in fundo pascere liceat, huiusce modi rerum aliis, ut quibus quid gravius sit imperatum aut animadversum qui consolando eorum restituat voluntatem ac benevolentiam in dominum. Vgl. auch Colum. 1, 8, 17-18.

(173) Vgl. Colum. 1, 8, 5.

(174) Nach Plaut. Cas. 67-74 sind Sklavenehen in Apulien (Weidewirtschaft) die Regel, ja "sogar wichtiger als bei den Freien" (Štaerman, Blütezeit, 91).

(175) Bei dieser Gelegenheit versäumt es Varro nicht, diesen tüchtigen Frauen die römischen Edeldamen (fetae) gegenüberzustellen, quae in conopiis (Moskitonetzen) iacent dies aliquot, esse eiuncidas (wertlos) ac contemnendas (Varro 2, 10, 8).

(176) Varro gebraucht dafür an anderer Stelle remissio operis (Varro 1, 17, 7), Colum. später in gleichem Zusammenhang vacatio (1, 8, 19).

(177) Weiter unten erläutert das Columella noch näher: "Eine Sklavin mit 3 Söhnen nämlich bekam Urlaub; hatte eine mehr, so fiel ihr die Freiheit zu". Nam cui tres erant filii, vacatio, cui plures, libertas quoque contingebat (Colum. 1, 8, 19). Volkmann, H., Die Massenversklavungen der Einwohner eroberter Städte in der hellenistisch-römischen Zeit, Mainz-Wiesbaden 1961, 235f misst der Aufzucht hausgeborener Sklaven neben dem Erwerb von Sklaven durch Sklavenhandel eine grössere Bedeutung bei in der römischen Geschichte als der Gewinnung von Sklaven durch Massenversklavung. Auch J. Biezunska-Małowist, Z zagadnień niewolnictwa w okresie hellenistycznym, Eos, Suppl. 20, 1949, 65ff stellt bereits für die hellenistische Zeit eine Zunahme der Hausklaven fest; dieselbe Niewolnicy urodzeni w domu (οἰκογενεῖς) i charakter pracy niewolniczej w Egipcie rzymskim, Przegląd historyczny 50, Warschau 1959, 433-447 betont das beträchtliche Interesse der römischen Herren in Ägypten am hausgeborenen Sklavennachwuchs.

(177a) Diese Erkenntnis Columella's, dass richtige Führung der Untergebenen sich auf Produktivität und Rentabilität eines Unternehmens auswirken, dämmert in den letzten Jahren auch modernen Managern. So stellte der Generalbevollmächtigte der Deutschen Bank, Ernst H. Plesser, wörtlich fest: "Konsequent durchgesetzte Führungsgrundsätze senken die Fluktuation" und "schlagen sich in der Gewinn- und Verlustrechnung nieder" (o. V., Führungsgrundsätze, 84).

(178) Auch clientes konnten bis in die späte römische Republik als coloni eingesetzt werden (Štaerman, Blütezeit, 73f). Auch Privatdörfer (auf Privatland) seien "mit Klienten des Landbesitzers besiedelt worden"

"oder mit Kolonen, die auf seinem Lande von Generation zu Generation sassen und von den Klienten nicht zu unterscheiden waren" (S. 75).

(179) Vgl. Gummerus, Gutsbetrieb, 85, vgl. dazu die operis exactores, custodes fructibus etc. bei Plin. ep. 9, 37, 3.

(179a) Plutarch als gebildeter Mensch dagegen empfiehlt euergasía und cháritas den Sklaven und überhaupt allen Lebewesen gegenüber als angemessene Verhaltensweisen (Plut. Cato 5).

(179b) Die römische Sklaverei gewährt Sklaven und Gesinde bei Krankheit, Invalidität und Alter soziale Sicherung und Versorgung. Sie finden "Schutz bei Krankheit und Unfall in den ländlichen Valetudinarien". Einzelne domini lassen "ihre Untergebenen (auch) in den 'collegia tenuiorum' versichern". Bei diesen handelt es sich um eine Art Begräbnisvereine. Die Auffassung von Philipsborn, L'abandon des ésclaves malades au temps de l'empereur Claude et au temps de Justinien, Revue historique de droit français et étranger, 4. Serie, 28. Jahrg., Paris 1950, 402f, dass "der Herr seinen alten und kranken Sklaven nur dann entlassen darf, wenn er ihn durch Einweisung in das Tiberhospital sichergestellt hat" (vgl. dazu Pfeffer M.E., Einrichtungen der sozialen Sicherung in der griechischen und römischen Antike unter besonderer Berücksichtigung der Sicherung bei Krankheit, Berlin 1909, 103), ist erstens zu sehr auf Rom beschränkt und hat zweitens für die Zeit Catos und Varros nicht unbedingte Gültigkeit (vgl. Pfeffer, Soziale Sicherung, 102ff). Vgl. die Aussagen über das valetudinarium bei Columella res rust. 11, 1, 18, wo eine Reihe von Fürsorgemassnahmen beschrieben wird, welche die Sklaven der villa betreffen.

(179c) Zum Beschwerderecht der Sklaven gegenüber ihrem Herren (beim praefectus urbi) vgl. Bellen, Sklavenflucht, 66ff. Die Sklaven konnten sich gegen die saevitia, "die den Sklaven in Furcht halten sollte" (Bellen S. 130), die libido und avaritia des Herrn beim Stadtpräfekten beschweren. Die avaritia in Form von materieller Unterversorgung der Sklaven nahm in Sizilien nach der Mitte des 2. Jahrh. vor Chr. "furchtbare Ausmasse" an (Bellen S. 130) Im Missbrauchsfalle konnte der Stadtpräfekt bzw. Provinzialstatthalter den "Verkauf des Sklaven an einen anderen Herrn" verfügen (Bellen S. 131).

(180) Schwarzer Eberhard, Psychologische und pädagogische Grundprobleme der Führung von Mitarbeitern (Phil. Diss. Universität München), 2. Auflage, München-Augsburg 1971, 117. Vgl. auch Irle Martin, Führungsverhalten in organisierten Gruppen, Handbuch der Psychologie, Bd. 9, 2. Auflage, Göttingen 1970, 521ff.

(181) Schwarzer, Grundprobleme, 117. Die Behandlung der Sklaven hängt nach Štaerman von der Aufnahmekapazität des Produktionsprozesses ab, bei einem Überangebot an Sklaven häufen sich die Exzesse. Das ändert sich mit der Entwicklung der sklavenhalterischen Produktionsmethoden (vgl. Štaerman, Blütezeit, 94). Štaerman berücksichtigt jedoch nicht genügend die anderen Einflussfaktoren wie Sozial- und Wirtschaftsstruktur, Philosophie etc.

(182) So ist z. B. bei Colum. 11, 1, 21 davon die Rede, dass die Gutssklavinnen für die Aufseher und andere angesehene Sklaven Textilien zu verfertigen haben. Es muss also auch bei den Landsklaven eine gewisse soziale Schichtung gegeben haben.

(183) White sieht in dieser beratenden Mitwirkung des Arbeiters am Arbeitsplatz "an example of a labour-relations-policy which has only recently gained widespread acceptance in modern industrial practice" (White, Roman Agricultural Writers, I, 463).

"Bestimmt ein Vorgesetzter allein, was seine Mitarbeiter zu tun haben, so fühlen sich die Mitarbeiter fremdbestimmt. Sie identifizieren sich nicht mit der Aufgabe, arbeiten extrinsisch (von aussen bestimmt, der Verf.) motiviert, resignieren bei Schwierigkeiten und sagen sich: 'Ich habe es ja gleich gedacht; warum gibt uns der Chef einen so unsinnigen Auftrag!'" (Lutz von Rosenstiel, Motivation im Betrieb, München 1972, 84). Delegiert der Vorgesetzte aber innerhalb des Aufgabenbereichs des Mitarbeiters "bestimmte Aufgaben an die Mitarbeiter, oder stimmt er sich in gemeinsamen Gesprächen mit den Mitarbeitern über Wege oder gar Ziele der Aufgabenbewältigung ab, so wird der Mitarbeiter sich stärker mit der Aufgabe identifizieren. Er wird sie als die seine erleben, intrinsisch motiviert arbeiten, sich bei Widerstand stärker einsetzen, da er vor sich selbst nicht versagen und sein Selbstgefühl nicht kränken möchte, denn er hat ja selbst über die Aufgabe entschieden". Die Partizipation der Mitarbeiter in der Gruppe führe also langfristig zu Leistungssteigerung und höherer Arbeitszufriedenheit (Rosenstiel ebd. S. 84f).

(184) Die Stelle lautet: Incliniendam voluntatem praefectorum honore aliquo habendo, et de operariis qui praestabunt alios, communicandum quoque cum his, quae facienda sunt opera, quod, cum ita fit, minus se putant despici atque aliquo numero haberi a domino (Varro res rust. 1, 17, 6).

(185) Vgl. Hartley E. L und R. E., Die Grundlagen der Sozialpsychologie (Übers.), Berlin 1955, 411.

(185a) Auch der attische ἐπίτροπος bei Xenophon "muss (noch) verstehen, was er tun muss, wann und wie er es tun muss" (Xen. Oec. 13, 2), "er musste die Arbeitskräfte leiten, ja geradezu beherrschen (ἄρχειν) können und zu diesem Zweck seine Untergebenen geschickt, d. h. differenziert behandeln" (Audring G., Gutsverwalter, 110; vgl. auch Xen. Oec. 13, 12). Zu den allgemeinen Problemen und Aufgaben der Gutsverwaltung ist sehr informativ das Wechselgespräch zwischen Sokrates und Kritoboulos über das Vermögen (χρήματα) (Xen. Oec. 1, 1-5). In Oec. 3, 4 stellt Xen. fest, dass nicht in ihrer Freiheit zu sehr eingeschränkte Sklaven gerne arbeiten und nicht weglaufen. - Xen. verlangt von seinem Verwalter auch Menschenkenntnis und -führung: Er muss tüchtige Leute fördern, vor Schmeichlern unter den Sklaven hat er sich zu hüten. Ischomachos (im Dialog mit Sokrates) versucht den von Schmeichlern umworbenen Verwalter zu belehren, dass die Begünstigung solcher Leute nicht in seinem Interesse liege (Xen. Oec. (13, 12). Zum epitropos bei Xenophon vgl. auch Klees Hans, Herren und Sklaven, 107f. Dieser wertet vor allem die Oikonomien und politischen Schriften der griechischen Klassik, v. a. Platon und Aristoteles, aus. Über die Motivation der Sklaven bei Xen. berichtet ausführlich Welskopf, Einige Probleme der Sklaverei, 326ff.
Colum. 11, 1, 5 zitiert Xen. Oec. 12, 3-4 (von Cicero übersetzt), wo der Gutsherr Ischomachos es vorzieht, sich seine Verwalter selbst heranzubilden.

(185b) Bereits Aristot. Polit. 1253b, 18-24 stellt fest, dass es Leute gebe, die im "Herrenverhältnis" eine Wissenschaft sehen, die gleich sei der "Kunst des Hausverwalters, des Staatsmannes und des Fürsten"; andere dagegen hielten das Herrenverhältnis für widernatürlich. Aristot. entscheidet sich dafür, dass es "von Natur Freie und Sklaven gibt und dass das Dienen für diese zuträglich und gerecht ist" (Polit. 1255a, 1-2), daneben gibt es "auch Sklaven und Sklaverei gemäss dem Gesetz" (1255a, 1-10). Wer unverdient (durch Krieg) in Sklaverei gerät, "den kann man in keiner Weise einen Sklaven nennen" (1255a, 25-30). Auch in Polit. 1255b, 20-25 spricht Aristoteles von der Wissenschaft vom Herren- und Sklavenverhältnis. Erstere ist die Wissenschaft, "die die Sklaven zu verwenden weiss", sie besteht darin, "das anordnen zu können, was der Sklave ausführen können muss" (1255b, 30-35) Aristoteles' Wissenschaft vom Herrenverhältnis zielt darauf ab, "Leiten und Angeleitetwerden als unterschiedene Funktionen auf verschiedene Menschen zu verteilen" (Welskopf E. Ch., Die Analyse von Herrschafts- und Knechtschaftsformen durch Aristoteles, Acta ant. philippopol., Studia Hist. et Philol., Sophia 1963, 12). Das sei nicht nur erforderlich, sondern auch zuträglich (Aristot. Polit. 1254a, 21-22, vgl. auch 1252b). Leitung und Ausführung sind bei Aristot. immer "Formen menschlicher Tätigkeit, bedeuten also Beziehungen unter Menschen". Die Ausführenden sind nicht ὄργανα schlechthin, sondern stets homines sapientes. Leitung und Ausführung erschöpfen sich also damit nicht allein in Organisationsfragen "als einer Art Technik des gesellschaftlichen Zusammenwirkens. Diese Kooperationsformen sind immer zugleich menschliche Beziehungen, nicht nur Fragen der Produktivkräfte, sondern Fragen der Produktionsverhältnisse und endlich immer und zu allen Zeiten auch politische Fragen" (Welskopf, Herrschafts- und Knechtschaftsformen, 12f).

(186) Vgl. Hartley, Sozialpsychologie, 430ff. Mayer A., Die soziale Rationalisierung des Industriebetriebes, München-Düsseldorf 1951, 80 charakterisiert den Führer als einen Mann, der darauf eingestellt ist, "seine Mitwelt nach seinem Willen umzugestalten ... Er ist ein Mensch, welcher den Drang und die Gabe besitzt, seinen Willen für das Handeln seiner Mitmenschen bestimmend zu machen".

(187) Wenn "Leitung als individuelle fachliche Begabung und individuelle Verhaltensform aufgefasst wird, ist Führung, die sich an der Gruppe orientiert, ein Prozess. Leitung ist statisch, Führung ist dynamisch" (Schwarzer, Grundprobleme, 9). In diesem Sinne ist der vilicus als integriertes Mitglied der familia mehr Führer.

(187a) Es finden sich nur wenige Inschriften, die dankbare Herren bzw. Herrinnen ihren vilici setzten (CIL X 7041; VI 9989; III 8350: hier setzte Prisca ihrem dakischen vilicus schon zu Lebzeiten ein Denkmal). Aus CIL IX 3028 erfahren wir, dass Hippokrates, vilicus des Plautus, den landwirtschaftlichen Sklaven massvoll "Anweisungen erteilte" (imperavit modeste).

(188) Schwarzer, Grundprobleme, 10, vgl. auch Jenkins W.O, A Review of Leadership Studies with Particular Reference to Military Problems, Psychol. Bulletin, Band 44, 1947, 54-79.

(188a) Die psychologische und betriebswirtschaftliche Forschung der letzten Jahre neigte dazu, im sozialintegrativen bzw. kooperativen Führungsstil den einzig möglichen zu sehen, der langfristig motiviert und zu Leistungssteigerung führt. Lutz von Rosenstiel, junger Ordinarius für Psychologie in München, verneint, "dass es einen idealen Führungsstil, der unter allen Umständen der Leistung und der Zufriedenheit dient, gibt." Dieser hänge vielmehr "in seiner Wirkung entscheidend von der Grösse und Struktur der Gruppe, von der Eigenart der Geführten und der Art der Aufgabe ab". In diesem Sinne unterscheidet Rosenstiel "a) eine mehr oder weniger stark ausgeprägte aufgaben- oder zielorientierte Haltung des Vorgesetzten ('initiating structure'), b) eine mehr oder weniger stark ausgeprägte mitarbeiterorientierte Haltung des Vorgesetzten ('consideration')" (Rosenstiel, Motivation, 82). Auf die Agrarschriftsteller angewandt, finden wir bei Cato einen stark aufgaben- und zielorientierten Gutsherrn und Verwalter, bei Varro einen mehr mitarbeiterorientierten und bei Columella eine Mischform aus beiden. Die Mitbestimmungsmöglichkeit als dritte Dimension des Führungsverhaltens (n. Rosenstiel, 86) ist bei Varro mit Abstand am deutlichsten ausgeprägt.

(188b) W. Schütz, Wie ein Führungshandbuch entsteht, Handelsblatt, 29. Jahrg, Nr. 178, 17. 9. 1974, 10 konstatiert in der Praxis der Gegenwart "die Existenz unterschiedlicher Führungsstile", was jedoch zu Konflikten führe.

(189) Der militante Stil "ist aufgebaut auf straffer militärähnlicher Organisation und unbedingtem Gehorsam. Die Betriebshierarchie ist streng gegliedert, der Übergang auf die höheren Stufen sehr erschwert". Jedes Betriebsmitglied wird zum "Befehlsempfänger" (Krasensky H., Die Auswirkungen der verschiedenen Führungsstile auf das soziale Betriebsklima, in: Die Bildungsfrage in der modernen Arbeitswelt, herausgeg. von H. Röhrs, Frankfurt/M. 1963, 163ff).

(190) "Die Betriebsführung erfolgt nach den Grundsätzen der Familienführung, und der Betrieb wird als vergrösserter Familienverband gesehen". Es liegt eine "familiäre Wirtschaftsgemeinschaft" (Schwarzer, Grundprobleme, 129) vor. "Der patriarchalische Stil erfordert von den Mitgliedern der Betriebsgemeinschaft Gehorsam und Treue, manchmal bis zur Selbstaufgabe. Auf beiden Seiten wird volles Vertrauen vorausgesetzt" (Krasensky, Führungsstile, 166).

(191) Für A. Mayer ist die Gruppe Bezugspunkt der Kooperation. Diese ist für ihn "cooperative Partnerschaft" zwischen Vorgesetzten und Untergebenen (Mayer Arthur, Soziale Rationalisierung, 59ff). An die Stelle der alten Amtsautorität tritt die "innere" Autorität. Bei ihr ist der Führer nicht primär Fachmann, sondern ausstrahlende und reife Persönlichkeit. Durch diese innere Autorität kann der Vorgesetzte Arbeitsleistung und Arbeitsfreude "viel eher steigern als durch die angewandte äussere Autorität" (Fischer Guido, Unternehmerpersönlichkeit und Unternehmereigenschaften, in: Mensch und Arbeit, Heft 3, 1967, 71). Im kooperativen Stil ist es möglich, "die individuellen Zielsetzungen der Belegschaftsmitglieder mit der objektiven Zweckbestimmung des Betriebes" zu koordinieren (Friedrichs H., Das soziale Problem der Betriebsführung, Diss. Mannheim 1958, 44). Mayer A. Der arbeitende Mensch in unserer Zeit, Zeitschrift für Betriebswirtschaft, 26. Jahrg., Nr 12, Dezember 1956, 678 strebt mit der Verwirklichung des kooperativen Stiles "die Wiederherstellung der Menschenwürde durch eine integrative Organisation der Arbeit, in der der arbeitende Mensch sein volles Menschentum wieder entfalten kann", an.

(192) ... ita praecipiendum fuit, ne quis iniussu vilici exierit neque vilicus iniussu domini longius, quam ut eodem die rediret, neque id crebrius, quam opus esset fundo (Varro 1, 16, 5).

(193) Vgl. auch Colum. 11, 1, 23: Der vilicus darf Stadt oder Märkte "nur aufsuchen, wenn unbedingt etwas verkauft oder gekauft werden muss; denn er darf nicht über die Grenzen seines Aufsichtsbereiches hinausgehen...", vgl. auch Cato agr. 5, 2-3. Diese Mobilitätseinschränkungen mögen freilich bei der oftmaligen Abwesenheit des Gutsherrn in der Praxis graue Theorie geblieben sein.

(194) Siehe dazu weiter oben Kap. 43.

(195) Columella war Militärtribun der 6. Legion. Das Militärische gehörte zur Ausbildung der römischen Oberschicht. Auch Cato und Varro waren z. Tl. Militärs.

(196) Es fällt auf, dass im Gegensatz zu Columella sich bei Varro nur geringe Spuren eines militanten Führungsstiles finden.

(196a) Colum. 12, 2, 4 im Original: Itaque in re familiari laboriosior est negligentia, quam diligentia. Quis enim dubitet nihil esse pulchrius in omni ratione vitae dispositione atque ordine? In 12, 2, 5 betont Columella, dass kein Soldat oder Feldherr sine ordine ac dispositione auskommen könne; ebenso brauche die Schiffahrt eadem ratio praeparationis atque ordinis (12, 2, 5). Durch eadem wird also die dispositio mit der ratio praeparationis gleichgesetzt.

(197) Analog dazu Colum. 11, 1, 27: Wenn der Verwalter "sich immer wieder blicken lässt".

(198) Analog dazu Colum. 11, 1, 27: Es werden die Leute "nach den Strapazen der Arbeit ermüdet sich lieber dem Essen, dem Ausruhen und Schlafen hingeben als Bosheiten verüben".

(199) Die moderne Betriebspsychologie nennt das Sanktionen. Bei den Strafen sind natürlich nicht unbedingt nur solche im Rechtssinne gemeint, sondern auch Ausschluss von Vorteilen und Vergünstigungen kann als Strafe empfunden werden.

(200) Vgl. dazu die analoge Stelle: Der vilicus soll "einen, den er als beharrlich fleissig und als tüchtig bei der Arbeit erkannt hat, an einem Festtage an seinen Tisch ziehen, um ihn auszuzeichnen" (Colum. 1, 8, 5). Varro 1, 17, 6 lässt den Herrn den guten Willen der Vorgesetzten (praefecti) durch Gewähren von Anerkennung (honore aliquo habendo) gewinnen.

(201) Cato 5, 2: pro beneficio gratiam referat (sc. vilicus), ut aliis recte facere libeat.

(202) Bei Varro wird den Verwaltern aufgetragen, sich folgendermassen zu verhalten: Neque illis (auch Lesart: illi) concedendum ita imperare, ut verberibus coercea(n)t potius quam verbis, si modo idem efficere possis (Varro 1, 17, 5).

(202a) Die Sparkasse Bremen hat 1974 im Rahmen eines "Strategischen Planungs-Systems" die Erarbeitung eines Führungshandbuches in Angriff genommen und damit das "Team Führungshandbuch" ins Leben gerufen. Alle Mitglieder dieses Teams hielten die Schaffung eines einheitlichen sozialintegrativen (kooperativen) Führungsstiles für vorteilhaft. Dieser Stil soll bei der Einführung in die Sparkasse Bremen folgendermassen konkretisiert werden:
"Jedes Mitglied einer Organisationseinheit wird über die betriebliche Zielsetzung informiert und an der Planung, Festsetzung, Kontrolle und Korrektur der Ziele in seinem unmittelbaren Aufgabenbereich beteiligt. Der Leiter einer Organisationseinheit sieht seine Mitarbeiter als gleichberechtigte Partner. Er übernimmt die notwendige Koordinierungsfunktion zur Erreichung des jeweiligen betrieblichen Ziels. Er führt auf Grund von Sachverstand und durch gezielte, individuell ausgerichtete Motivation" (Schütz W., Wie ein Führungshandbuch entsteht, 10).
Gegenüber einem so detaillierten kooperativen Organisations- und Führungsmodell erscheinen Columella's und Varro's Ausführungen nur als (allerdings entwickelte) Ansätze. Wieweit jedoch die Bremer Sparkasse diese idealen Vorstellungen verwirklichen kann, ist eine andere Frage. Denn bisher überwiegen in den Führungsmanifesten

(203) Der vilicus soll das gleiche Essen einnehmen, "das den übrigen geboten wird" (Colum. 1, 8, 12). Dieser Fürsorgepflicht des vilicus entspricht analog die des dominus (Colum. 1, 8, 17-18).

(204) Die Stelle lautet wörtlich: Iam illud saepe facio, ut quasi cum peritioribus de aliquibus operibus novis deliberem et per hoc cognoscam cuiusque ingenium, quale quamque sit prudens. Tum etiam libentius eos id opus adgredi video, de quo secum deliberatum et consilio ipsorum susceptum putant (Colum. 1, 8, 15). Ganz schwache Ansätze eines kooperativen Stiles zeigen sich bei Cato 5, 6b, wo der vilicus den Ochsenknechten teilweise ihren Willen lassen soll, "damit sie die Ochsen desto lieber pflegen".

(205) Im Original: Incliniendam voluntatem praefectorum honore aliquo habendo, et de operariis qui praestabunt alios, communicandum quoque cum his, quae facienda sunt opera, quod, ita cum fit, minus se putant despici atque aliquo numero haberi a domino (Varro 1, 17, 6).

(205a) Salin, Politische Ökonomie, 22.

(205b) Vgl. Schwarzer, Grundprobleme, Abb. XIX (ohne Seite) "Grundlagen der Leistungsmotivation" (Hierarchie der Bedürfnisse). Anerkennung gehört hier zu den höheren Bedürfnissen nach Selbstbestätigung.

(206) Soweit sich das auf Grund der relativ spärlichen Angaben zur Betriebsführung beurteilen lässt.

(207) Es sollte bei Varro der Gutsbesitzer "in weitgehendem Masse die Wirtschaftsführung qualifizierten Sklaven überlassen, so dass er selbst nur noch pro forma die Oberaufsicht ausübte" (Brockmeyer, Arbeitsorganisation, 133). Der Erfolg dieses Wirtschaftssystems "hing ganz von dem Funktionieren der von ihm entwickelten Arbeitsorganisation ab", diese wieder von dem guten Willen der Sklaven, besonders derjenigen in leitenden Positionen (Brockmeyer, Arbeitsorganisation, 134). - Sergejenko J., Der Vilicus, BCO 4, 1959, 154ff meint, der Gutsherr sei "in seiner Wirtschaftsführung" ganz vom vilicus abhängig gewesen, das habe dann zum Verfall der Sklavenwirtschaft geführt.

Literatur

1. Ausgaben und Kommentare

Ahrens K., Columella, De re rustica. Ein Lehr- und Handbuch der gesamten Acker- und Viehwirtschaft aus dem 1. Jahrhundert u. Z., aus dem Lateinischen übersetzt, eingeführt und erläutert, Berlin 1972.

Aristoteles, Politik, übersetzt und herausgegeben von O. Gigon, Zürich 1971 (DTV München 1973).

M. P. Cato, de agri cultura - M. Varro, res rusticae, by W. D. Hooper, rev. by H. B. Ash, London 1960 (Loeb).

M. Catonis 'De agri cultura', recensuit A. Mazzarino, Leipzig 1962 (Teubner).

Cichorius C., Historische Studien zu Varro, in: Ders., Römische Studien, Bonn 1922, 189-241.

L. Moderatus Columella, res rusticae, libri XII in 3 vol. by H. B. Ash - E. S. Forster - E. H. Heffner, London 1954-1960 (Loeb).

Columella, Opera. Rec. Vilelm Lundström et Sten Hedberg, 8 Bände, 1897-1968 (= Collectio script. vet. Upsal.).

Digesta, rec. Th. Mommsen (= Corpus Iuris Civilis Bd. I 2), Berlin 1893 (16. Aufl., Berlin 1954).

Hörle Josef, Catos Hausbücher, Analyse seiner Schrift De Agricultura nebst Wiederherstellung seines Kelterhauses und Gutshofes, Paderborn 1929 (in: Studien zur Geschichte und Kultur des Altertums, Bd. 15, Heft 3-4, Nachdruck 1968).

Jordan H., M. Catonis praeter librum de re rustica quae exstant (v. a. Libri ad Marcum Filium 77ff), Stuttgart 1967.

Keil H., Observationes criticae in Catonem et Varronem, 1849.

Mazzarino A., Introduzione al 'De agri cultura' di Catone, Rom 1952.

Plinii naturalis historia, in 10 vol., by H. Rackham, London 1956-1961 (Loeb).

Plutarch's Lives, vol. 2 (Cato maior), Cambridge 1959 (Loeb).

Marcus Fabius Quintilianus, Ausbildung des Redners, ed H. Rahn, Darmstadt 1972.

Skydsgaard J. E., Varro the Scholar: Studies in the First Book of Varro's 'De re rustica', Kopenhagen 1968 (Analecta Romana Instituti Danici, Suppl. IV).

Suétone. Vies des douze Césars, César - Divus Iulius, Tome 1, établi et traduit par H. Ailloud, Paris 1954.

Theodosiani Libri XVI cum constitutionibus Sirmondianis, edidit adsumpto apparatu P. Kruegeri Th. Mommsen, Berlin 1905.

Thielscher Paul, Des Marcus Cato Belehrung über die Landwirtschaft, Berlin 1963.

M. Terrenti Varronis rerum rusticarum libri III, ed. G. Goetz, Leipzig 1929.

Vergil, Georgica, herausgeg. und erläutert von W. Richter, München 1957 (Hueber).

Weiss, E., De Columella et Varrone rerum rusticarum scriptoribus, Diss. Pressburg 1911.

Xenophontis opera omnia, Tom. 2 (Oecon.), 2. Aufl., ed E. C. Marchant, Oxford 1900.

2. Darstellungen und Untersuchungen

Abel W., Geschichte der deutschen Landwirtschaft vom frühen Mittelalter bis zum 19. Jahrhundert, Bd. 2 der Deutschen Agrargeschichte, herausgeg. von G. Franz, 2. Aufl., Stuttgart 1967 (1. Aufl. 1962).

Amirante, Ricerche in tema di locazione, in: Boll. ital. diritto romano (BIDR) 62, 1959, 37ff.

Anger H., Kleingruppenforschung heute, in: Kleingruppenforschung und Sport, Herausgeber: G. Lüschen, 1966, 21ff.

Audring G., Über den Gutsverwalter (epitropos) in der attischen Landwirtschaft des 5. und 4. Jahrhunderts v. u. Z., in: Klio 55, 1973, 109ff.

Barzen R. M., Neue Arten der Rebenveredlung nach dem antiken Wein- und Obstbaulehrbuch "Über die Bäume" von Columella, Neustadt a. d. Weinstrasse 1958.

Beck Th., Beiträge zur Geschichte des Maschinenbaus, Berlin 1900

Bellen Heinz, Studien zur Sklavenflucht im römischen Kaiserreich, Wiesbaden 1971.

Biezunska-Małowist I., Z zagadnień niewolnictwa w okresie hellenictycznym (Über die Probleme der Sklaverei im hellenistischen Zeitalter), Eos, Suppl. 20, Breslau 1949.

Biezunska-Małowist I., Niewolnicy urodzeni w domu (οἰκογενεῖς) i charakter pracy niewolniczej w Egipcie rzymskim (Die hausgeborenen Sklaven und der Charakter der Sklavenarbeit im römischen Ägypten), Przeglad historyczny 50, Warschau 1959, 433-477.

Blavatskaja T. V., Golubcova E. S., Pavlovskaja A. I., Die Sklaverei in hellenistischen Staaten im 3. - 1. Jahrhundert v. Chr. (aus dem Russ.), Wiesbaden 1972.

Bömer F., Untersuchungen über die Religion der Sklaven in Griechenland und Rom, 1. Teil, Mainz-Wiesbaden 1958.

Braun, Les tabous des feriae, in: L'année sociologique, 1959, 49ff.

Brockmeyer Norbert, Der Kolonat bei römischen Juristen der republikanischen und augusteischen Zeit, in: Historia 20, Heft 5-6, 1971, 732-742.

Brockmeyer Norbert, Arbeitsorganisation und ökonomisches Denken in der Gutswirtschaft des römischen Reiches, Phil. Diss. Bochum 1968.

Broughton T. R. S., New Evidence on Temple-Estates in Asia Minor, Studies ... in Honour of A. Ch. Johnson, Princeton 1951, 236-250.

Brunner Otto, Adeliges Landleben und europäischer Geist. Leben und Werk Wolf Helmhards von Hohberg, 1612-1688, Salzburg 1949.

Brunt P. A., Die Beziehungen zwischen dem Heer und dem Land im Zeitalter der römischen Revolution, in: Schneider H., a. a. O., 124-174 (Erstabdruck: The Army and the Land in the Roman Revolution, JRS 52, 1962, 69-86).

Brunt P. A., Social Conflicts in the Roman Republic, London 1971.

Brunt P. A., Rez. von K. D. White, Roman Farming, JRS 62, 1972.

Brunt P. A., Der römische Mob, in: Schneider H., a. a. O., 271-310 (Erstabdruck: The Roman Mob, in: Past and Present 35, 1966, 3-27).

Burian Jan, Besprechung von H. Dohr, Italische Gutshöfe nach den Schriften Catos und Varros, Diss. Köln 1965, in: Gymnasium 74, Heft 5, 1967, 476-478.

Burskij M. I., Katon, Warron, Kolumella Plinij o cjelskom chosjaistwje (Cato, Varro, Columella, Plinius über Landwirtschaft), Moskau-Leningrad 1937.

Calderini, Contratti di lavoro di venti secoli fa, in: Studi romani 7, 1954, 649-562.

Carcopino J., La vie quotidienne à Rome à l'apogée de l'Empire, Paris 1956.

Carl Gertrud, Die Agrarlehre Columellas in soziologischer Betrachtung, Diss. Heidelberg 1925.

Carrington R. C., Studies in the Campanian villae rusticae, in: Journal of Roman Studies (JRS), 1931, 110ff.

Clausing R., The Roman Colonate, The Theories of its Origin, Diss. Columbia 1925 (Nachdruck Rom 1965).

Crifò G., Cronache - L' XI Congresso internazionale di Scienze storiche, in: Labeo 7, 1961, 110-131.

Csillag Paul, Die Stellung der Arbeit im römischen Recht, in: Klio 53, 1971, 169ff.

Curcio G. G., La primitiva civiltà latina agricola e il libro dell' agricoltura di M. Porcius Cato, Florenz 1929.

Dal Pane L., Orientamenti e problemi della storia dell' agricoltura italiana del seicento e del settecento, in: Rivista storica italiana, Jahrg. LXVIII, fasc. II, 1956, 178ff.

Dal Pane L. - Poni C., Le annotazioni manoscritte di Belisario Bulgarini alle vinti giornate dell' agricoltura et de' piaceri della villa di Agostino Gallo, in: Ricerche storiche ed economiche in memoria di Corrado Barbagallo, Vol. II, Napoli 1970, 351-376.

Day John, Agriculture in the Life of Pompei, in: Yale Class. Studies, 1930, 131ff.

De Robertis Fr., I lavoratori liberi nelle familiae aziendali romane, in: SDHI 24, 1958, 269ff.

De Robertis Fr., La nozione di lavoro nelle fonti romane, in: Bull. Scuola perfez. dir. lavoro Trieste, 1959, 1ff.

De Robertis Fr., Lavoro e lavoratori nel mondo romano, Bari 1963.

De Robertis Fr., Storia sociale di Roma, I, Bari 1945.

De Robertis Fr , Sulla considerazione sociale del lavoro nel mondo romano, in: Economia e Storia VI, 1959, 304ff.

Dohr H., Die italischen Gutshöfe nach den Schriften Catos und Varros, Diss. Köln 1965.

Dumont R., Types of Rural Economy, London 1957.

Duncan-Jones R., The Economy of the Roman Empire. Quantitative Studies, Cambridge 1974.

Ehrhardt, Rechtsvergleichende Studien zum antiken Sklavenrecht I, in: Zschr. Savigny-Gesellschaft f. Rechtsgesch., Romanistische Abt., 68, 1951, 74ff.

Enßlin W., Der Einfluss Karthagos auf Staatsverwaltung und Wirtschaft der Römer, in: Vogt J., Rom und Karthago, Leipzig 1943, 262-296.

Etienne R., Cicéron et l'ésclavage, in: Actes du colloque d'histoire sociale 1970, Annales littéraires de l'Université de Besançon, Centre de recherches d'histoire ancienne, vol. 4, Paris 1972, 83-100.

Etienne R., Recherches sur l'ergastule, in: Actes du colloque 1972 sur l'ésclavage, Annales littéraires..., vol. 11, 1974, 249-266.

Etienne R., La vie quotidienne à Pompéi, Paris 1966 (Deutsche Übersetzung: Pompeji. Das Leben in einer antiken Stadt, 1974).

Fanfani, A., Columella precursore dei fisiocratici?, in: Economia e Storia VI, 1959, 5-8.
Finley M. I., The Ancient Economy, Berkeley and Los Angeles 1973.
Fischer Guido, Allgemeine Betriebswirtschaftslehre, 7. Auflage, Heidelberg 1957.
Fischer G., Unternehmerpersönlichkeit und Unternehmereigenschaften, Mensch und Arbeit, Zeitschr. für schöpferische Betriebsführung, 19. Jahrgang, Heft 3, 1967, 71-74.
Foucher A., La vie rurale à l'époque de Caton d'après le 'de agricultura', Bull. Ass. G. Budé, 4. Ser., n. 2, Paris 1957, 41-53.
Forbes R. J., Studies in Ancient Technology II, Leiden 1955.
Frank T., An Economic Survey of Ancient Rome, I: Rome and Italy of the Republic, 1933 (Neudruck 1959).
Frank T., An Interpretation of Cato 'Agricultura 136', The Amer. Journ. of philology 54, 1933, 162-165.
Franke Heinz, Das Lösen von Problemen in Gruppen, München-Augsburger Studienreihe für Psychologie im Betrieb, Bd. 4, herausgeg. von J. Zwick, München 1975 (Goldmann).
Frezouls Ed., Remarques relatives à des domaines d'amis de Varron, Compte-Rendu . . 11. 1. 1958, Rev. Et. Lat. (REL) XXXVI, 1959, 33-35.
Friedrichs H., Das soziale Problem der Betriebsführung, Dissert. Mannheim 1958.
Fustel de Coulanges N. D., Le colonat romain, Recherches sur quelques problèmes d'histoire, Paris 1885.
Gsell St., Ésclaves ruraux dans l'Afrique romaine, Melanges Glotz, Tome I, Paris 1932, 397-415.
Gigon O., Der Begriff der Freiheit in der Antike, Gymnas. 80, 1973, 8-56.
Glück J. F , Zur Soziologie des archaischen und des primitiven Menschen, in: C. Brinkmann, Soziologie und Leben, Die soziologische Dimension der Fachwissenschaften, Tübingen 1952, 126-165.
Gschnitzer F., Studien zur griechischen Terminologie der Sklaverei, 1. Grundzüge des vorhellenistischen Sprachgebrauchs, Mainz-Wiesbaden 1964.
Guelich G. v., Über die Verhältnisse der Bauern im Fürstentum Calenberg, Hannover 1831.
Günther R. und Schrot G., Bemerkungen zur Gesetzmässigkeit in der auf Sklaverei beruhenden Gesellschaftsordnung, Wissensch. Zeitschrift der Karl-Marx-Universität Leipzig 12, 1963, Gesellschafts- und Sprachwissensch. Reihe 1, 229-240.
Günther R., Die Entstehung des Kolonats im 1. Jahrhundert v. u. Z. in Italien, Klio 43-45, 1965, 249-260 (abgedruckt in Schneider H., a. a. O., 254-270).
Günther R., Die Entstehung der Schuldsklaverei im alten Rom, Acta ant. acad. Hung., Tom. VII Fasc. 1-3, 1959, 231-249.
Günther R., Kolonen und Sklaven in der Schrift de re rustica Columella's, Beiträge zur Alten Geschichte und deren Nachleben, Festschrift für Franz Altheim zum 6. 10. 1968, herausgeg. von R. Stiehl und H. E. Stier, 1. Band, Berlin 1969, 505-511.
Günther R., Wirtschaftliche und soziale Differenzierung im ältesten Rom, Wissensch. Zeitschrift der Universität Leipzig 7, 1957/58, Gesellschafts- und Sprachwissensch. Reihe 5, 593-612.
Gummerus H., De Columella philosopho, Helsingfors 1910.
Gummerus H., Der römische Gutsbetrieb als wirtschaftlicher Organismus nach den Werken des Cato, Varro und Columella, Klio 5. Beiheft, 1906 (Neudruck 1963).
Hartley E. L. und R. E., Die Grundlagen der Sozialpsychologie (Übersetzung), Berlin 1955.

Heichelheim F. M., An Ancient Economic History from the Paleolithic Age to the Migrations of the Germanic, Slavic and Arabic Nations, Vol. III, Leiden 1970.
Heinen H., Neuere sowjetische Monographien zur Geschichte des Altertums, Historia 24, 1975, 378-384.
Heinen H., Zeitschriftenreferat (Vestnik drevnej istorii 67-102, 1959-1967), Historia 19, 1970, 378-383.
Heinen H., Zeitschriftenreferat (Vestnik drevnej istorii 104-106, 1968), Historia 21, 1972, 379-384.
Heinen H., Zeitschriftenreferat (Vestnik drevnej istorii 107-110, 1969), Historia 22, 1973, 373-378.
Heinrich W., Wirtschaftspolitik. Gebiets-, Verbands- und Betriebswirtschaft, Grundriss der Sozialwissenschaften Bd. 3, II, 2, Wien 1954.
Heitland W. E., Agricola. A Study of Agriculture and Rustic Life in Greco-Roman World from the Point of View of Labour, Cambridge 1921.
Hengstl J., Private Arbeitsverhältnisse freier Arbeiter in den hellenistischen Papyri bis Diokletian, Bonn 1972.
Henning F. W., Dienste und Abgaben der Bauern im 18. Jahrhundert, Stuttgart 1969.
Hopper R. J., The Attic Silver Mines in the Fourth Century, The Annual of the British School at Athens, Bd 48, 1953, 200-254.
Huschke Ph. Ed., Über den Census und die Steuerverfassung der früheren römischen Kaiserzeit, Berlin 1847.
Irle M., Führungsverhalten in organisierten Gruppen, Handbuch der Psychologie, Bd. 9, 2. Aufl., Göttingen 1970, 521-551.
Jaczynowska M., Die wirtschaftliche Differenzierung der römischen Nobilität am Ende der Republik, in: Schneider H., a. a. O., 214-236 (Erstabdruck: The Economic Differentiation of the Roman Nobility at the End of the Republic, Historia 11, 1962, 486-499).
Jenkins W. O., A Review of Leadership Studies with Particular Reference to Military Problems, Psychol. Bulletin, Bd. 44, 1947, 54-79.
Johne Kl.-P., Besprechung von Brockmeyer, Arbeitsorganisation und ökonomisches Denken in der Gutswirtschaft des römischen Reiches, Jahrbuch für Wirtschaftsgeschichte, Berlin 1973, III, 219-224.
Jones A. H. M., The Roman Colonate, Past and Present 13, 1958, 1-13.
Junker H., Pyramidenzeit, das Wesen der altägyptischen Religion, Zürich 1949.
Kaltenstadler W., Produktivität in historischer Sicht, Scripta Mercaturae, München 1971, Heft 2 (ohne Bd.), 61-72.
Kiechle F., Sklavenarbeit und technischer Fortschritt im Römischen Reich, Wiesbaden 1969.
Kienast Dieter, Cato der Zensor. Seine Persönlichkeit und seine Zeit, Heidelberg 1954.
Klees Hans, Herren und Sklaven. Die Sklaverei im oikonomischen und politischen Schrifttum der Griechen in klassischer Zeit, Wiesbaden 1975.
Klek J. - Armbruster L., Artikelserie im 'Archiv für Bienenkunde' in den Jahren 1919-1921.
Klingner F., Römische Geisteswelt, 3. Aufl., München 1956.
Koselleck R., Preussen zwischen Reform und Revolution von 1791 bis 1848. Allgemeines Landrecht, Verwaltung und soziale Bewegung, Stuttgart 1967.
Krasensky H., Die Auswirkungen der verschiedenen Führungsstile auf das Betriebsklima, in: Die Bildungsfrage in der modernen Arbeitswelt, herausgeg. von H. Röhrs, Frankfurt/M. 1963, 166ff.

Kreissig H., Die landwirtschaftliche Situation in Palästina vor dem judäischen Krieg, Acta antiqua acad. Hung. 17, 1969, 223-254.

Kreissig H., Hellenistische Grundbesitzverhältnisse im oströmischen Kleinasien, Jahrbuch f. Wirtschaftsgesch., 1967, I, 200-206.

Kuch Heinrich, Kriegsgefangenschaft und Sklaverei bei Euripides. Untersuchungen zur "Andromache", zur "Hekabe" und zu den "Troerinnen", Berlin 1974.

Kuziščin V. I., Das römische sklavenhalterische Landgut 2. Jhd. v. u. Z. - 1. Jhd. u. Z. (russ.), Moskau 1973.

Lauffer S. Die Sklaverei in der griechisch-römischen Welt, Rapports du XI Congrès international des sciences historiques, II, Antiquité, Uppsala 1960, 71ff = Gymnasium 68, 1961, 370-395.

Lauffer S., Der antike Freiheitsbegriff, Atti del XII Congresso Internazionale di Filosofia (Venezia, 1958) Vol. XII, Firenze 1960, 113-116.

Lauffer S., Kurze Geschichte der antiken Welt, München 1971.

Lipschiz J. E , Das Problem des Verfalls der Sklavenhalterordnung und der Anfänge des Feudalismus in Byzanz (russ.), Vestn. Drevn. Ist. 1955, 4, 63ff, in: BCO 1, 1956, 146-148.

Macqueron, Le travail des hommes libres dans l'antiquité romaine, Aix 1958.

Mansuelli G. A., Le ville del mondo romano, Mailand 1958.

Maróti E., Zur Frage der Warenproduktion in Catos de agricultura, Acta ant. acad. Hung. 11, 1963, Fasc. 1-2, 215-234.

Maróti E., Feriae in familia (Zum Verständnis von Cato de agric. 138), VDI 1970, Heft 2, 60-64.

Marquardt J. Das Privatleben der Römer Bd. 1-2, ^{2} Leipzig 1886.

Maschkin N. A., Römische Geschichte, Berlin 1953.

Martin R., 'Familia rustica': Les ésclaves chez les agronomes latins, Actes du colloque 1972 sur l'ésclavage, in: Annales littéraires de l'Université de Besançon, Centre de recherches d'histoire ancienne, vol. 11, Paris 1974, 267-297.

Martin R., Recherches sur les agronomes latins et leurs conceptions économiques et sociales, Paris 1971.

Martini, Mercennarius, Mailand 1958.

Mayer A., Betriebspsychologie und industrielle Gesellschaft, Zschr. für Betriebswirtschaft, 25. Jahrg., Nr. 2, 1955.

Mayer A., Der arbeitende Mensch in unserer Zeit, Zschr. für Betriebswirtschaft, 26. Jahrg., Nr. 12, 1956, 669-678.

Mayer A., Die Betriebspsychologie in einer technisierten Welt, in: Handbuch der Psychologie, Bd. 9, 2. Aufl., Göttingen 1970, 3-55.

Mayer A., Die Integration der industriellen Arbeit, Studium Generale, 14. Jahrg., 1961, 324-333.

Mayer A., Die soziale Rationalisierung des Industriebetriebes, München-Düsseldorf 1951.

Mihaescu H., Economia agricola la Cato (Landwirtschaft bei Cato), Studii şi Cercetari de Istorie Veche, Anul I, Bukarest 1950, 187-207.

Mihaescu H., Economia agricola la Varro (Landwirtschaft bei Varro), Studii şi Cercetari de Istorie Veche, Anul IV, Bukarest 1953, 525-539.

Mommsen Th., Die italische Bodenteilung, Hermes 19, 1884, 393ff.

Mommsen Th., Römische Geschichte, Frankfurt 1954 (Nachdruck).

Oliva P., Die charakteristischen Züge der grossen Sklavenaufstände zur Zeit der römischen Republik, in: Schneider H., a. a. O., 237-253 (Erstabdruck in: Neue Beiträge zur Geschichte der Alten Welt, II Römisches Reich, herausgeg. von E. C. Welskopf, Berlin 1965, 75-88).

Olson L., Cato's Views on the Farmer's Obligation to Land, Agric. Hist. 19, 1945, 129-132.

Orth F., Weinbau und Weinbereitung der Römer, Beilage z. Jahresbericht des Kgl. Kaiser-Friedrichsgymnasiums, Frankfurt a. M. 1902.

O. V., Führungsgrundsätze, Hack-Ordnung im Unternehmen, Wirtschaftswoche 28. Jahrg., Nr. 39, Freitag 20. 9 1974, 83-84.

Pavis d'Escurac H., Le personnel d'origine servile dans l'administration de l'annone, Actes du colloque 1972 sur l'esclavage, in: Annales littéraires de l'Université de Besançon, vol. 11, 1974, 299-313.

Pernice A., Parerga. I. Zum römischen Gesellschaftsvertrage, Zeitschr. der Savigny-Stiftung für Rechtsgesch., Bd. 3, Romanist. Abt., 1. Heft, 1882, 48-103.

Pfeffer M. E., Einrichtungen der sozialen Sicherung in der griechischen und römischen Antike unter besonderer Berücksichtigung der Sicherung bei Krankheit, Berlin 1969.

Philipsborn A., L'abandon des ésclaves malades au temps de l'empereur Claude et au temps de Justinien, Revue Historique de Droit Français et Etranger, 4. Serie, 28. Jahrg., 1950, 402ff.

Pighi G. B., Appunti per un commento al libro di Catone sull' agricoltura, Como 1944.

Pohlenz M., Griechische Freiheit, Heidelberg 1955.

Platzer H., Geschichte der ländlichen Arbeitsverhältnisse in Bayern, München 1904.

Prachner G., Zur Bedeutung der antiken Sklaven- und Kolonenwirtschaft für den Niedergang des römischen Reiches, Historia 22, 1973, 732-756.

Rayment Ch. S., Varro versutus, Class. Journ. 40, 1944/45, 349-357.

RE (= Paulys Real-Encyclopädie der Classischen Altertumswissenschaft, Stuttgart 1893ff, neubearbeitet von G. Wissowa):

Art actor, RE I (1893) 326-330 (Reisch),

Art. Bauernstand, RE Suppl. IV (1924) 83-108 (Kornemann),

Art. colonatus, RE IV (1900) 483-510 (Seeck),

Art. familia, RE VI (1909) 1980-1984 (Leonhard),

Art. ergastulum, RE VI (1907) 431 (o. V.),

Art. Iunius (Nr. 104), RE X (1917) 1054-1068 (Kappelmacher),

Art. Landwirtschaft (Rom), RE XII (1924) 644-676 (Orth),

Art. matrimonium, RE XIV (1930) 2259ff (Kunkel),

Art. nexum, RE XVII (1936) 163-165 (Düll),

Art. M. Terentius Varro, RE Suppl. VI (1935) 1172-1277 (Dahlmann),

Art. peculium, RE XIX (1937) 13ff (v. Uxkull),

Art. Sklaverei, RE Suppl. VI (1935) 894-1068 (Westermann).

Richter W., Seneca und die Sklaven, Gymnasium 65, 1958, 196-218.

Rosenstiel Lutz von, Motivation im Betrieb, München-Augsburger Studienreihe für Psychologie im Betrieb, Bd. 1, München 1972.

Rostovtzeff M., Der Ursprung des Kolonats, Beiträge zur Alten Geschichte I, 1901, 295ff.

Rostovtzeff M., Die hellenistische Welt, Gesellschaft und Wirtschaft, 2. Bd., Tübingen 1955; 3. Bd. (Register) 1956 (engl. Originalausgabe Oxford 1941).

Rostovtzeff M., Studien zur Geschichte des römischen Kolonats, Archiv für Papyrusforschung und verwandte Gebiete, Beiheft 1, 1910.

Rostovtzeff M., The Social and Economic History of the Roman Empire, Bd. 1. 2, 2. Aufl., Oxford 1963.

Rostovtzeff M., Gesellschaft und Wirtschaft im römischen Kaiserreich, Bd. 2, Leipzig 1929.

Ruelens J., Agriculture et capitalisme à l'époque de Cicéron, Les étud. class. 19, Nr. 1, 1951, 330-343.

Salin Edgar, Politische Ökonomie, 5. erweit. Aufl. der Geschichte der Volkswirtschaftslehre, Tübingen-Zürich 1967.

Salomon Ph., Essai sur les structures agraires de l'Italie centrale au IIe siècle avant J.-C., in: Recherches de histoire economique, Paris 1964, 1-68.

Schmitt F., Zur Arbeiterfrage in der römischen Landwirtschaft, Diss. Leipzig, München 1910.

Schmitz P., Die Agrarlandschaft der italienischen Halbinsel in der Zeit vom Ausgange der römischen Republik bis zum Ende des 1. Jahrhunderts unserer Zeitrechnung, Phil. Diss. Köln, Berlin 1938.

Schneider H. (Hrsg.), Zur Sozial- und Wirtschaftsgeschichte der späten römischen Republik, Darmstadt 1976 (mit Beiträgen von G. Tibiletti, H. C. Boren, Z. Yavetz, P. A. Brunt, M. Jaczynowska, P. Oliva, R. Günther und K. D. White, ausländische Beiträge in deutscher Übersetzung,.

Schrot G., Über die Rentabilität der römischen Landwirtschaft der ausgehenden Republik, Dissert. Leipzig 1957.

Schütz W., Wie ein Führungshandbuch entsteht, Handelsblatt, 29. Jahrgang, Nr. 178, 17. 9. 1974, 10.

Schulten A., Der römische Kolonat, Histor. Zeitschrift 78 (NF 42), 1897, 1-17.

Schulten A., Die römischen Grundherrschaften. Eine agrarhistorische Untersuchung, Weimar 1896 (Nachdruck Leipzig 1969).

Schwarzer E., Psychologische und pädagogische Grundprobleme der Führung von Mitarbeitern (Philos. Dissert. München 1970), 2. Auflage München-Augsburg 1971.

Seeck O., Geschichte des Untergangs der antiken Welt I, 3. Auflage, Berlin 1910.

Sergejenko M. E., Očerki po sel'skomu chozjajstvu drevnej Italii, Moskau-Leningrad 1958.

Sergejenko M. E., Columella 2, 12, 7-8 (Versuch eines Kommentars) (russ.), VDI 1971, Heft 2, 116-119.

Sergejenko J., Der vilicus, BCO 4, Heft 3, 1959, 154ff.

Sicard G., Caton et les fonctions des ésclaves, Rev. hist. de droit français et étranger XXXV, 1957, 177-195.

Sirago A., L'Italia agraria sotto Traiano, Louvain 1958.

Skydsgaard J. E., Nuove ricerche sulla villa rustica Romana fino all' epoca di Traiano, Analecta Romana Instituti Danici V, Kopenhagen 1969, 25-40.

Skydsgaard J. E., Transhumance in Ancient Italy, Analecta Romana Instit. Danici VII, Kopenhagen 1974, 7-36.

Spranger P. P., Historische Untersuchungen zu den Sklavenfiguren des Plautus und Terenz, Wiesbaden 1961.

Štaerman E. M., Die Blütezeit der Sklavenwirtschaft in der römischen Republik (aus dem Russ. übersetzt), Wiesbaden 1969.

Štaerman E. M., Die Krise der Sklavenhalterordnung im Westen des Römischen Reiches (aus dem Russ. übersetzt), Berlin 1964.

Suadeau R , La doctrine économique de Columelle, 1957.

Teuteberg H. J., Studien zur Volksernährung unter sozial- und wirtschaftsgeschichtlichen Aspekten, in: H. J. Teuteberg - G. Wiegelmann, Der Wandel der Nahrungsgewohnheiten unter dem Einfluss der Industrialisierung, Göttingen 1972, 15-221 (rez. von W. Kaltenstadler, Zeitschr. für Wirtschafts- und Sozialwissenschaften, Berlin 1976, Heft 2 (ohne Bd.), 190-192).

Thomas E. B., Römische Villen in Pannonien. Beiträge zur pannonischen Siedlungsgeschichte (ungar.), Budapest 1964.
Tibiletti G., Ricerche di storia agraria romana, Athenaeum 38 (N. S. 28), 1950, 183-266.
Tibiletti G., Die Entwicklung des Latifundiums in Italien von der Zeit der Gracchen bis zum Beginn der Kaiserzeit, in: Schneider H., a. a. O., 11-78 (aus: Relazioni del X Congresso Internazionale di Scienze Storiche, Roma 1955, II, 237ff).
Tritsch W., Die Wandlungen der menschlichen Beziehungen, in: Die neue Weltschau, 1952, 145-180.
Varcl Ladislav, ΜΕΤΡΗΜΑΤΙΑΙΟΙ, The Journal of Juristic Papyrology, ed. by R. Taubenschlag, Bd. XI-XII, Warschau 1958, 97-110.
Vogt J., Sklaverei und Humanität, Studien zur antiken Sklaverei und ihrer Erforschung, 2. Aufl., Wiesbaden 1972.
Volkmann H., Die Massenversklavungen der Einwohner eroberter Städte in der hellenistisch-römischen Zeit, Mainz-Wiesbaden 1961.
Waltzing, Etude historique sur les corporations professionelles chez les Romains, Louvain 1895.
Weber Max, Die römische Agrargeschichte in ihrer Bedeutung für das Staats- und Privatrecht, Stuttgart 1891 (Neudruck Amsterdam 1962).
Weiss C., Pädagogische Soziologie, Band IV, 7. Aufl., Bad Heilbrunn 1972.
Welskopf E. Ch., Die Analyse von Herrschafts- und Knechtschaftsformen durch Aristoteles, Acta antiqua philippopolitana, Studia historica et philologica, Sophia 1963, 11-16.
Welskopf E. Ch., Die Bedeutung der Arbeitsorganisation für die Entwicklung der Produktivkräfte im Altertum, Jahrbuch für Wirtschaftsgesch. 1973, III, 175-187.
Welskopf E. Ch., Einige Probleme der Sklaverei in der griechisch-römischen Welt, Acta antiqua acad. Hung., Tom. XII, Budapest 1964, 311-358.
Werner R., Vom Stadtstaat zum Weltreich. Grundzüge der innenpolitischen und sozialen Entwicklung Roms, Gymnasium 80. Jahrg., 1973, 209-235; 437-456 (fortges.).
Westermann W. L., The Slave Systems of Greek and Roman Antiquity, 1955.
Westerath H., Die Fachausdrücke des Ackerbaues bei den römischen Agrarschriftstellern, Dissert. Osnabrück 1938.
White K. D., Agricultural Implements of the Roman World, Cambridge 1967.
White K. D., Farm Equipment of the Roman World, Cambridge 1975.
White K. D., Gallo-Roman harvesting machines, Latomus 26 (3), 1967, 641ff.
White K. D., Latifundia, in: Bull. University of London, Institute of Classic. Studies, Nr. 14, 1967, 62-79 (abgedruckt in Schneider H., a.a.O., 311-347).
White K. D., Organization of Work and Productivity of Labour in the Roman Empire, Internat. Congress of Economic History, Section: Ancient History 1b, Kopenhagen August 1974.
White K. D., Roman Agricultural Writers I: Varro and his Predecessors, in: Aufstieg und Niedergang der römischen Welt, Geschichte und Kultur Roms im Spiegel der neueren Forschung, I, Von den Anfängen Roms bis zum Ausgang der Republik, 4. Band, Berlin-New York 1973, 439-497.
White K. D., Roman Farming, London und Southampton 1970.
White K. D., The Productivity of Labour in Roman Agriculture, Antiquity 39, 1965, 102-107.
White K. D., Wheat Farming in Roman Times, Antiquity 37, 1963, 207-212.
Wilsdorf H., Bergleute und Hüttenmänner im Altertum bis zum Ausgange der römischen Republik, Berlin 1952.
Wissowa G., Religion und Kultus der Römer, 2. Auflage, München 1912.

Wössner J., Soziologie, Einführung und Grundlegung, 4. Auflage, Wien-Köln-Graz 1972.
Zanini L., Alcune osservazioni sul politor e sul colonus partiarius, Atti del Istituto Veneto, Classe Lett. 9, 52, 1935/36, 68ff.
Zawadzki T., Quelques remarques sur l'étendue de l'accroissement des domaines des grands temples en Asie Mineure (poln.), Eos 46, 1952/53, 83-96.
Zawadzki T., Problems of the Social and Agrarian Structure in Asia Minor in the Hellenistic Age, publ. by the Histor. Commission of the Poznan Society of Friends of Science, vol. 16, n. 3, 1952 (polnisch, mit engl. summary).
Yavetz Zvi, Die Lebensbedingungen der 'plebs urbana' im republikanischen Rom, in: Schneider H., a. a. O., 98-123 (Erstabdruck: The Living Conditions of the Urban Plebs in Republican Rome, Latomus 17, 1958, 500-517).

Stellenregister

1) Inschriften:
CIL III 8350, CIL VI 9989, CIL IX 3028, CIL X 6638; 7041.

2) Papyri: Pap. Prag (Thead. in Eun.): Eirenaiosrolle
P. Petrie III 40; P. Dura 20, P. Cairo Zen. 59176; P. Prag. (Aus den Archiven von Theadelphia in Eunomia, abgedruckt in Beilage der Listy filologické 80, 16-31; 56-80) 39; 93-102; 115; 168.

3) Rechtsquellen:
Corp. Iur. VIII 2767, Cod. Theod. IX 40, 3.

4) Griechische Autoren:
Aristot. Polit. 1252a, 25ff; 1252b; 1253b, 18-24; 1254a, 20-25; 1255a, 1-10; 25-30; 1255b, 5-10; 12-15; 20-25; 30-35.
Demosth. 37.
Diod. 3, 12, 1.
Luk. 16, 1-13.
Mt. 18, 23-35; 20, 1.
Plat. leg. 6, 776 df.
Plut. Cato 5; 21.
Polyb. 6, 39, 13.
Xenoph. oec. 1, 16-17; 3, 4; 12, 3-4; 13, 2-3; 13, 12.

5) Lateinische Autoren:
Alfen. Dig. 33, 7, 12, 2.
Apul. apol. 47.
Cato agr. 1; 2, 1-8; 3, 5; 4, 4; 5; 7-9; 10-11; 13-14; 18-19; 21, 5; 37, 3-4; 39-40; 56-59; 66-67; 136-138; 142-147; 149-150.
Cato Gell. 6, 3 (= Jordan frg. 21ff).
Celsus Dig. 17, 2, 52, 2.
Censorin. 23, 6.
Cic. ad famil. 11, 13, 2; Att. 1, 12, 4; Cluent. 21; 146; ep. 13, 11, 1; leg. 2, 18, 12; 3, 25; offic. 1, 42, 150; 2, 7; 2, 89; orat. 2, 226; pro Milon. 22; pro Rab. 5; Prov. Consul. 10; rep. 1, 24; 3, 25; 5, 3; sen. 7, 18, 3; Verr. 2, 5, 14.
Colum. res rust. (auch r. r. = de re rustica)

Buch 1: 1, praef. 7; praef. 12; praef. 17; 1, 1; 1, 2; 1, 6, 3; 1, 6, 7-8; 1, 6, 19-20; 1, 7, 1-7; 1, 8, 1-20; 1, 9, 1-9;
Buch 2: 2, 2, 5; 2, 2, 7; 2, 2, 12-13; 2, 9, 17; 2, 10, 2; 2, 12, 1; 2, 12, 7; 2, 12, 9; 2, 21, 2-5; 2, 21, 10;
Buch 3: 3, 3, 3-15; 3, 5, 2; 3, 8, 5; 3, 9, 2; 3, 13, 10; 3, 13, 13; 3, 21, 10;
Buch 4: 4, 17, 5; 4, 30, 1;
Buch 5: 5, 5, 13;
Buch 6: 6, 27, 1;
Buch 7: 7, 3, 13; 7, 3, 26; 7, 6, 9; 7, 9, 10;
Buch 8: 8, 10, 6; 8, 16, 6;
Buch 11: 11, 1, 2; 11, 1, 4-9; 11, 1, 13-19; 11, 1, 21-28; 11, 2, 12-13;
Buch 12: 12, 1, 1-3; 12, 1, 5-6; 12, 2, 1; 12, 2, 4-6; 12, 3, 3; 12, 3, 5-10; 12, 52, 11-12;
Columella arbor. 5, 3-5.
Horat. ep. 1, 17, 46-47.
Iuvenal Sat. 3, 195; 11, 80; 11, 145-160; 14.
Liv. 2, 23, 6; 5, 3, 8; 7, 4, 4; 8, 28.
Macrob. Sat. 1, 16, 10-11.
Martial 12, 32, 23.
Mucius Dig. 28, 5, 35, 3.
Ovid. trist. 4, 1, 5; Pont. 1, 6, 31.
Pallad. 1, 6, 2.
Plaut. Asin. 540f; Cas. 67-74; Menaech. 3-12; 87ff; 974ff; 985; Mostell. 19; 39-47.
Plin. d. Ält. nat. hist. 17, 199; 17, 215; 18, 7, 36; 18, 8, 44; 18, 21, 36; 18, 35; 18, 40; 18, 49; 31, 44, 95; 33, 135.
Plin. d. Jüng. ep. 3, 19, 7; 5, 19; 8, 16; 9, 37, 3.
Quintilian., Inst. orat. 1, 3, 9; 1, 3, 14; 1, 3, 16-17.
Seneca controvers. 5, 53; benef. 3, 17-28; de const. sap. 5; de otio; ep. 44, 2; ep. 47, 1; 47, 4-5; 47, 15; 47, 18.
Serv. Aen. 11, 687. Suet. Caes. 42, 1.
Ulpian. Dig. 4, 9, 7; 7, 1, 15, 2; 39, 4, 1, 5; 43, 16, 1, 18; 47, 10, 15, 44.
Varro ling. lat. 7, 105;
Varro res rust. (auch r. r. = de re rustica)
Buch 1: 1, 1; 1, 2, 14; 1, 2, 21; 1, 13, 2; 1, 16, 4-5; 1, 17, 1-7; 1, 18, 1; 1, 18, 3-4; 1, 18, 7-8; 1, 19, 2-3; 1, 36;
Buch 2: 2, praef. 4-5; 2, 1, 18; 2, 2, 9-12; 2, 5, 18; 2, 10, 1-10.
Verg. Georg. 1, 268ff (Servius); 1, 287; 1, 300-305.

Sachregister

Abhängigkeit(sformen) 6, 15, 23
Abrechnung 27
Absatz 8, 9
Absentismusproblem 41, 76
Abteilung(en) 22, 41
Abwertung, soziale 24
Abwesenheit des Gutsherrn 41, 92
- des Verwalters 54
Acker 12
Ackerbau 8, 17, 28, 29, 50, 60
Ackerland 9
acre 19, 20, 51
Administration 11
Agrarbetrieb(e) 4, 20, 23, 47
Agrarerfahrung 9
Agrargeschichte 1, 6
Agrarpolitik von Augustus 75
Agrarreformen 6, 10, 64
Agrarschriftsteller des Mittelalters und der Neuzeit in Italien 60
Agrarschulen 21, 73
Agrarsektor 34
Agrarsystem, römisches 41
Agrartechnik 69, 73
Agrarverhältnisse 14
Agrarwirtschaft 58, 60
Agrarwissenschaft, griechisch-hellenistische 57
-, römische 60
Agrikulturbetriebe 54
Akkord 62
Allgemeines Preussisches Landrecht 84
Alm 29
Amtsautorität 92
Anbau 19
Anbaufläche 19, 51
Anbaumethoden, fortschrittliche hellenistische 69
Anbau neuer Pflanzen 69
Anbaustreuung nach Reifezeiten 51
Anbautyp 18, 51

Anbauweise, neue 47
Anerkennung, als höheres Bedürfnis 94
Anerkennung für Führungskräfte 45, 93
-- Sklaven 48, 53, 54
Anforderungsmerkmale 79
Anforderungsniveau 32, 33, 52
Angestellte, führende (auf ptolomäischen Landgütern) 63
Angestellte, leitende (der modernen Industrie) 86
Angst vor Strafe 36, 38, 43, 52
Anlaufzeit der Produktion 19
Anpassungsstrategie 51
Anreize 43
-, materielle 2, 12, 41, 53
- für fruchtbare Frauen 42
Anweisung(en) 12, 26, 29
Arbeit, leitende und ausführende 49
Arbeiten an Feiertagen 35, 80
- an Regentagen 80
-, komplizierte 50
-, leichtere 52
-, schwerere 35, 52
-, stetig anfallende 50
Arbeiter auf Zeit 63; Arbeiter, einfache 52
-, (fest)beschäftigte 63, 80
-, freie 28, 34, 50, 53, 62, 63, 64, 65, 66, 80
-, ungelernte 21, 24
Arbeitereinsatz 51
Arbeitertage (mandays) 18, 19, 20, 51, 70, 72, 73
Arbeitsanfall, plötzlicher 31
Arbeitsberatung (mit Sklaven) 49
Arbeitsdisziplin 7
Arbeitseffizienz (Arbeit, effektive) 7, 33
Arbeitseinsatz 18, 20
Arbeitsersparnis 21
Arbeitsfreude 42, 92

Arbeitsgänge 12
Arbeitsgeräte 9, 31, 48
Arbeitsgestaltung 27, 49
Arbeitsgruppe(n) 22, 51, 74, 77
Arbeitsgruppen bei Audi-NSU 74
Arbeitshaus 40, 47, 53
Arbeitsinput 20
Arbeitsintensität 8, 34, 41, 52
Arbeitskräfte (Arbeiter) 1ff, 11ff, 23, 24, 31, 45, 46, 50, 51, 67, 70, 71, 83, 90
Arbeitskräfte, fremde 31, 50
Arbeitskräfteausstattung 17, 50
Arbeitskräftebedarf 17
Arbeitsleistung(en) 39, 48, 92
Arbeitsmarkt 4
Arbeitsmass, vorgeschriebenes 48
Arbeitsmethoden 21
Arbeitsmobilität 7
Arbeitsmotivation 40, 66
Arbeitsorganisation 1ff, 12, 23, 24, 26, 29f, 56, 58, 61, 94
Arbeitspersonal 16, 17
Arbeitsplatz(beschreibung) 2, 7, 11, 23, 25, 32, 49, 52, 54
Arbeitsplatzwechsel von Sklaven (über Verkauf) 86, 89
Arbeitsproduktivität 4, 19, 20, 21, 42, 43, 51
Arbeitsproduktivität, sinkende (der Sklavenarbeit) 66
Arbeitsprozess 23, 40, 49, 52, 79
Arbeitsruhe 35
Arbeitsspitzen 23, 50
Arbeitsstärke 74
Arbeitsstatus 7
Arbeitstag(e) 18, 80, 81
Arbeitsteilung 2, 7, 21, 22, 38, 51, 74
Arbeitstiere 3, 17, 19, 26, 35, 51
Arbeits- und Erziehungsschule 23
Arbeitsunfähigkeit 21
Arbeitsunterbrechungen 19, 35
Arbeitsurlaub 42, 53
Arbeitsverbot 81
Arbeitsverhältnis(se) 6, 7, 15
Arbeitsverlust 19
Arbeitszeit 2, 3, 7, 34, 41, 47, 63, 85
Arbeitszufriedenheit 90
Arbeitszwang (der Sklaven) 40
Artabe (Weizen) 63
Assimilationsprozess 24
Audi-NSU Ingolstadt 74
Auffassungsgabe 32
Aufgaben 2, 3, 25, 26, 46, 52, 53
Aufgabenbereiche 79

Aufgabenkompetenz 21
Aufgaben- und Zielorientierung 91
Aufsässigkeit (von Sklaven) 48
Aufseher 3, 22, 23, 25, 32, 74, 77, 89
Aufsichtsbereich 92
Aufsichtsrecht des vilicus 75
Aufsichtstätigkeit 5, 17, 41, 43, 48, 53, 77
Auftragserteilung 21
Aufzucht 26, 29
Augustusfriede 11
Ausbeutung 5, 8, 86
Ausbildung der Führungskräfte 52
- der Sklaven 31, 77
- des Verwalters 52
Ausdehnungsvermögen, emotionales 22
Ausgaben 26
Auslastung der Produktionsfaktoren 19
Aussaat 12, 62
Ausstattung (eines Weinbergs) 19
Auszeichnung 93
Autorität, äussere 92
-, innere 92

Backöfen 67
Banausen (Handwerker) 75
Bankleute 10
Bauern 11, 13, 15, 27, 34, 35, 43
Bauernhöfe 64
Bauernregeln 57
Bauernschutzgesetz (röm.) 75
Baumeister 15, 67
Baumpflanzungen 15
Bedürfnisbefriedigung (materielle) 41, 47, 49
Bedürfnishierarchie 94
Bedürfnispyramide 53
Bedürfnisse, personale und soziale (der Sklaven) 44, 45, 49, 78
Befehl, gutsherrlicher 27
- des Verwalters 46, 48, 52, 91
- von Höhergestellten 36, 47
Begünstigungen bei Sklaven 37
Beinschellen von Sklaven 47
Bekleidung 28
Belastung, körperliche 46
Belohnungssystem bei der Sklaverei 9, 36, 37, 39, 44, 47, 48, 52
Bergbau und Hüttenbetrieb 85
Beruf 2, 21, 32, 45
Berufskorporationen 24
Berufsspezialisierung 21
Beschäftigte 18, 26, 31, 51

Beschäftigung, optimale 51
Beschäftigungszahl 18
Beschwerderecht der Sklaven 44, 53, 54, 89
Besitzkonzentration, landwirtschaftliche 68
Bestätigung am Arbeitsplatz 49
Bestandsgrössen 18
Bestrafung von Sklaven 37, 38
Betriebe 3, 5, 9, 14, 17, 20, 23, 26, 59
Betriebserfolg 27, 30
Betriebsergebnis 27
Betriebsfläche(n) 20, 50, 71, 72, 73
Betriebsführung 16, 41, 47, 48, 92, 94
Betriebsgemeinschaft 92
Betriebsgrösse(n) 2ff, 6, 8, 17, 20, 50, 64, 67, 70, 72
Betriebshierarchie 92
Betriebskapital 23
Betriebsmaximum 67
Betriebsmitglied als Befehlsempfänger 92
Betriebsmittel 9
Betriebsoptimum 17, 50, 67
Betriebspolitik 27
Betriebspsychologie 93
Beurteilung (des Personals) 54
Bevölkerung 11, 58
Bewässerung (Methoden) 69, 73
Bewässerungsmaschinen 69
Beweglichkeit des Geistes 32
Bewegungsfreiheit der Untergebenen 47
Bewirtschaftung, extensive 58
Beziehungen, menschliche 91
-, patriarchalische 39, 83
-, private zwischen Verwalter und Untergebenen 46
-, zwischen Herrn und Sklaven 53
Bienen 8
Bildung der Führungskräfte 52
- der Sklaven 31
Boden 13, 15, 19, 31, 43, 71
Bodenbearbeitung 38
Bodenfläche 17, 51
Bodenqualität 12, 28
Bodenverbesserung 69
Bodenverbundenheit 15
Böden, unfruchtbare 79
Brotrationen der conpediti (Fussgefesselten) 41, 87
Buchführung 29, 41
Bühnenschriftsteller, römische 36
Bürger, freie 63
Bürgerkriege, römische 64, 85

Bürokratie 11
Bummelei 30, 46
Bundesgenossenkrieg 11

Carpentum-Typ der gallischen Erntemaschine 73
Chef 90

Dauerbeschäftigte 18
Dekurie 22
Dekurieneinteilung 74
Delegation von Aufgaben, Rechten und Pflichten 54, 90
Denkmal 91
Deputat 62
Deputatarbeiten der kapitalistischen Gesellschaft 63
Dienstanweisung 77
Dienstboten in Mitteleuropa 78
Dienstweg 54
Differenzierung, räumliche 19, 51
Distanz des Verwalters zu den Untergebenen 46, 54
Disziplin 37, 86
Disziplinarmassnahmen (Industrie) 1
Disziplinarvorgesetzter (Industrie) 1
Dogma, christliches 82
Domänen, nord- und ostdeutsche 70
Domänenbüros 25
Domänenlatifundien 68
Domänenverwaltung 76
Doppelernten 69
Drainage (arbeiten) 34, 73
Dreschen 12
Dreschmaschinen (Norag) 69
Drückeberger 30
Düngung 69

Edeldamen, römische 88
Egge(n) 17, 19, 21, 34, 51
Ehe 77
Ehrungen von Untergebenen 48
Eigentümer, landwirtschaftliche 19, 48, 51, 63
Eigentum an Grund und Boden 61
Eigenverbrauch 26
Einfluss, hellenistischer 1, 2
-, karthagischer 69
Einkauf 8, 27
Eisengeräte 19, 51
Empirie 18
Entlohnung 24
Entscheidungskompetenz 23f
Entvölkerung (Italiens) 58
Erblichkeit 15

Erdarbeiten 26
Erfahrung, landwirtschaftliche 19, 51
Erfindungen, ihre mangelhafte Auswertung 73
-, unterbliebene 73
Ergebenheit der Sklaven 42
Erkenntnisse, sozialpsychologische 51
Erlös 19
Ernährung der Sklaven 8, 18, 41, 44, 49, 52, 53, 87, 93
Ernte(n) 12, 15, 17, 70
Ernteertrag 12
Erntehelfer 12
Erntemaschine, gallische 73
Ertrag 13, 71
Ertragssteigerung der Landwirtschaft 69
Eselsmühle 17
Eseltreiber 17
Essig 12
Exekutionen von Sklaven 44
Expansion 11
Experiment 51

Fachkräfte 32, 77
Fachmann (-leute) 45, 53
Fachwissen 27, 46, 52, 53, 77
Fähigkeiten 29, 49, 52
Fässer 31, 34
Faktoreinsatz 50, 51
Fallolliven 87
Familienbetrieb 64, 67
Familienführung 92
Familienverband 92
Faulheit 30
Feiertage 15, 27, 31, 35, 52, 80, 81
Feldarbeit(er) 13, 32, 85
Feldarbeitsgruppen 26
Ferrata (6. Legion) 9
Fesseln 36, 40, 74, 84
Fesselung 14, 41, 53, 85
Festbeschäftigte 63
Festtage 35, 42, 80, 81, 93
Festtagsruhe 35
Finanzverwaltung 25
Fische 8
Fische als Nahrung 42
Fischzüchtereien 9
Fliessbandarbeit 74
Fluchtverdacht 84
Fluchtversuche von Sklaven 40
Flucht von Sklaven 42, 84
Fluktuation 74, 88
Folter(ung) 37, 84

Formen, patriarchalische 83
Forscher, schwedische 20
-, sozialistische 2, 6, 57
Forschung, betriebswirtschaftliche 91
-, psychologische 74, 91
Fortbildung 28, 54
Fortschritt (technisch und wirtschaftlich) in der hellenistischen Landwirtschaft 69
Frauenfrage 29
Freie 6, 23, 24, 38, 51, 66, 75, 79, 81, 85, 88
- von Natur aus 90
Freigelassene 74, 76, 88
Freiheit (für Sklaven) 24, 36ff, 42, 52, 53, 81ff, 88, 90
-, innere 36, 39, 52, 82, 83
-, kreative 83
Freilassung von Sklaven 37, 43, 75
Freizeit 2, 3, 7, 34, 35, 49, 85
Freizügigkeit, räumliche 53
Freundschaft 81
Fristeneinhaltung 27
Fruchtquote 13
Frühindustrialisierung 21
Führer(persönlichkeit) 22, 25, 45, 48, 53, 77, 91, 92
Führung 2, 21, 22, 46, 47, 53, 88, 91
- als Wissenschaft 45, 53
- als Mittelweg 53
- durch Sachverstand 93
-, motivierende und partizipative 44, 93
-, patriarchalische 47, 48
Führungsaufgaben 3
Führungsebene(n) 7, 26, 27, 52
Führungsfähigkeit(en) 46, 53, 77
Führungsfunktionen 2
Führungsgrundsätze 54, 88
Führungshandbuch 93
Führungshierarchie 26, 54
Führungsinstrumente 54
Führungskataloge, moderne 54
Führungskenntnisse 77
Führungskräfte 1, 7, 23ff, 31, 41, 42, 44, 45, 52, 68
Führungsmanifeste 93
Führungsmethoden 2
Führungsmodell 93
Führungsprozess 91
Führungsstil(e) 2, 92
- des vilicus 47
-, ihre Kombination 47
-, kooperativer 47, 91ff

Führungsstil, militanter 47, 92
-, patriarchalischer 47, 48, 54, 92
-, sozialintegrativer 47, 49, 54, 91, 93
Führungssystem 1, 2ff, 30, 43, 45, 53, 54, 59
Führungstheorie 77
Führungsverhalten 83, 91
Führungswissen 46, 53
Führungswissenschaft 2
Fürsorge (Sorge) des Gutsherrn für die Sklaven 43, 44, 53, 78, 89, 93
-- des Verwalters für die Sklaven 93
Fütterung 29, 33, 77
Fussblöcke 40
Fussgefesselte 41, 42, 53
Futter 13, 18, 20

Gabeln 17
Gebäude 20
Gefährtinnen der Hirten 42
Gefängnis 84, 85
Gefässe 17
Geflügelzüchterei 8, 9
Gehorsam, der Mitarbeiter 92
-, der Sklaven 47, 48, 78, 92
Gelderwerb durch marktmässigen Absatz 50
Geldlohn für Sklaven 63, 87
Geldlöhne, monatliche (für Angestellte) 63
Gelegenheitsarbeiten 50
Gelegenheitsarbeiter 15, 17, 18, 20, 23, 63
Gemeinschaft des Verwalters mit den Sklaven 46
Gemeinschaftsaufgabe 21
Gemüse 19, 51
Genauigkeit 48
Genossenschaft mit politor 61
Genusssucht 10
Geräte 17, 19, 21, 25, 41, 50, 51, 73
Gerätebeschaffungskosten 19
Gerichtsherr, Cato als 44
Gesamtbeschäftigung 18
Gesamtertrag 19, 51
Gesamtleitung eines Gutes 76
Gesamtunternehmen 18, 26, 68
Geschäftsführer 26, 41
Geschichtswissenschaft, sozialistische 66
Gesellen 84
Gesinde 28, 30, 43, 84, 89
Gestütsverwalter 78
Getränkezuteilung an Sklaven 41
Getreide 34, 35

Getreideanbaufläche 19, 51
Getreidebau (-produktion) 17, 28, 31, 43, 50, 51, 68
Getreideernte 12, 50
Getreideertrag (in Relation zum Saatgut) 68, 69
Getreidefeld 70
Getreidegüter 15
Getreidemahd 32
Getreidereproduktionswert 69
Getreidesorten, neue 69
Gewinne aus Landgütern 56
Gewinnmaximierung 10, 56
Gewissenhaftigkeit 32, 48
Gladiatoren 85
Gläubiger 14
Grausamkeit gegen Untergebene 46, 48, 53, 82
Grossbetrieb(e) 5, 17, 59
Grossbetriebe, industrielle, 68
Grossgrundbesitz(er) 5, 59, 68
Grossgrundbesitz, parzellierter 65
Grossgüter 19, 21, 69, 72
Grosspacht 15, 43
Grossunternehmen 5, 54, 68
Grundausbildung 27
Grundbesitzer 15, 56, 68, 84
Grundnahrungsmittel (= Naturallohn) 63
Gruppe (auch Optimal-, Sollgruppe etc.) 2, 3, 22, 24, 32, 51, 74, 90ff
Gruppenarbeit 22
Gruppenbildung 2, 7, 21, 22, 51
Gruppenführer 77
Gruppengrösse 22, 23, 51, 91
Gruppenkohärenz 22
Gruppenleiter 25
Gruppenmitglieder 22, 51
Gruppenorganisation 44
Gruppenstärke 23
Gruppenstruktur 23, 91
Gruppentheorie 23
Gruppenziel 22
Güter, benachbarte 63
Güterkonzentration 68
Gutsadministration 25
Gutsbesichtigung 53
Gutsbesitzer 18, 31, 62, 77, 94
Gutsbetrieb(e), Gut, Güter 2, 3, 6, 7, 14ff, 27, 28, 40, 47, 50, 51, 59, 78, 81
Gutsgrenzen 47
Gutsherr(schaft), antike und modern 2, 3, 9, 11, 17, 26, 27, 40, 43ff, 52 ff 62, 76, 77, 84, 88, 90, 91, 94
Gutsherr, attischer 76
Gutshof (-höfe) 6, 14, 29, 42, 58, 59

Gutsinventar 63
Gutspächter 62, 76
Gutspersonal 32, 47
Gutssklaverei 2, 52
Gutssklavinnen 89
Gutsverwalter 2, 25
Gutsverwaltung 90
Gutswirtschaft 4, 7, 57, 61, 66

Hacken 12, 17, 18, 62
Handbücher, landwirtschaftliche 57
Handelsgeschäfte (Catos) 58
Handelsherren 10
Handlanger 15
Handmühle 17, 18
Handwerk 5
Handwerker 15, 16, 19, 34, 50, 75
- auf Jahresvertragsbasis 50
- auf Werkvertragsbasis 50
Hausarbeit 30
Hausbeschäftigung 32
Hausgenossenschaft 30, 40, 74
Hausgewerbe 87
Haushalt 14, 32, 42
Haushaltsführung 29, 38
Hausherr 74
Haussklaven 88
Haustiere 8
Haus- und Kleintierhaltung 50
Hausvater 81, 84
Hausverwalter 90
Hauswirtschaft, ihre Leitung und Kontrolle 52
Heilung von Tierkrankheiten 77
Hektar (ha) 17, 50, 70
Herde 17, 29, 42
Herdenwirtschaft 5
Herren 12, 23, 35ff, 40, 42, 46, 48, 52, 75, 81, 82, 84, 86, 88, 89
Herren, dankbare 91
Herrenverhältnis als Wissenschaft 90, 91
Herrinnen 91
Heuarbeit 31
Hierarchie der Führungskräfte 54
Hilfskräfte, unspezialisierte 32
Hirten 3, 7, 13, 21, 23, 27ff, 42, 52, 53
-, Knaben als 29
-, Mädchen als 29
Höfe 20
Hof (Bauernhof) 26, 27, 68, 86
Holzschuhe 42
Holz- und Flechtarbeit 32
Humanisierung des Arbeitsplatzes 11
Humanität 39, 40, 53
Humor bei Sklaven 44, 53

Idealtyp(en) 5
Identifikation der Sklaven 37
- der Untergebenen 46
Imkerei, moderne 60
Imperium 5, 77
Indifferenz, moralische (bei Sklaven) 36
Industrialisierung 2
Industrie, moderne 2, 85
Information 53, 93
Initiativbegabter 22
Input 18, 19, 72
Inschriften 91
Instrument(e) 21
Interaktionen 22
Interesse des Eigentümers, wirtschaftliches 53
Interesselosigkeit der Sklaven an der Arbeit 73
Invalidität 89
Inventar 13
Investition(en) 9

Joch 18, 19
Juden 37

Kämmerchen von Sklaven 86
Käufer der Ernte 12
Käuferwünsche 9
Kaiserzeit, römische 1, 14, 21, 26, 36, 64, 65, 68, 75, 82, 86
Kalender, julianischer 80
Kalorien 41, 87
Kapazität(en) 19, 22
Kapital(anlage) 10, 37, 51, 56, 65, 74, 77
Kapitalausstattung (einer vinea) 71
Kapitalintensität 58
Kapitalmarkt 14
Kapitaltilgung 71
Kapitalwirtschaft, industrielle 61
Kasernen 47
Kaufsklave 63
Keller 3, 26
Kelten 10
Kelterei (Kelter) 3, 8, 21, 26, 73
Kelterer 26
Kelterung 26
Kenntnisse, fachliche 77
Kindersegen (bei Sklaven) 53
Klassenbewusstsein (der Sklaven) 36
Klassenstruktur 5
Klassifikation der agrarischen Tätigkeiten 32

Kleidung (von Sklaven) 32, 42, 44, 48, 49, 53
Kleinbauer (Kleinlandwirt) 13, 50, 61, 64, 65
Kleinbetrieb 59
Kleingruppen 74
Kleinpächter 65, 66, 75
Kleinvieh 32
Klienten 88
Klima, gesundheitsschädliches 43
Knechte 17
Knechtschaft, äussere 36
Koch- und Backrezepte, bei Cato 87
Körperkräfte (von Sklaven) 32
Körperstrafen 84
Kollegien, Mitglieder von 35
Kolonat (Kolonen) 4, 5, 14, 43, 57, 63, 65, 66, 74, 75, 79, 88
Koloniegründungen 64
Kompetenzen 25, 52, 54, 76
Kompetenzabgrenzung 21, 51
Kompitalien 42, 87
Konflikt(e) 5, 26, 77
-, politische 61
-, soziale 61
Konkubinen 30
Konkurrenzdenken 10
Kontakt von vilicus und vilica mit der Aussenwelt 30, 42
Kontrollaufgaben 30
Kontrolle (Kontrollsystem) 2, 3, 5, 21, 41, 47, 48, 53, 54, 86
-, physische 83
Kontrolleur 25
Kontrollfunktion 31, 76
Kontroll- und Führungssystem 36, 52, 54
Konzentrationsprozess 10, 64
Kooperation(sformen) 91, 92
Koordinierungsfunktion 93
Korn 12
Kornration für Fussoldaten der mittleren Republik 87
Kosten 21, 31
Kranke 30
Krankendienst 52
Krankenstand 74
Krankenstube (-zimmer) 30, 49
Krankheit(en) 18, 30, 43, 89
-, ihre Heilung 33
Krankheitstage 80
Krankheitsurlaub 80
Kreditsicherung 14
Kreuzigung bei Sklaven 37

Krieg, seine Ablehnung durch Columella 60
Krise 11
Küfer 3, 26, 77
Kultgenossenschaft 75
kultische Funktion 30, 40, 75

Lämmer 26
Lage, geographische (des Gutes) 51
Lagerungskapazitäten für Weinernten 71
Lagerverwalter 25
Lampen 26
Landadel 8
Land als Einnahmequelle 56
Landarbeit 28
Landarbeiter, freie 52, 66, 67
Landbesitz 65
Landbesitz als Prestigeobjekt 56
Landflucht 68
Landgut 5, 25, 56, 63, 68, 77, 83
Landsklaverei 53
Landwirt 45
Landwirte, fortschrittliche 69
Landwirtschaft, kapitalintensive 70
-, ptolemäische 69
-, römische 1, 5, 6, 8, 10, 15, 17, 19, 21, 28, 31, 34, 45, 50, 51, 64, 68, 69
Landwirtschaftskalender 59
Latifundien 5, 6, 9, 23, 56, 64, 65, 68, 7
Latifundienwirtschaft 58, 63, 64
Lauer 41, 42
Laxheit 18, 46
Leasing 62
Leasingunternehmer auf Verdingungsbasis 50
Lebensbedingungen, materielle 83
Lebenseinstellung, bäuerliche 44
Lebensgefährtin 30
Lebenshaltung 43
Lebensmittel (für Sklaven) 42
Lebensmittelrationen 41
Lebensmittelversorgung (für Sklaven) 87
Lebensordnung 37, 48
Lebensstil 38
Lebensunterhalt 29
Lebensverhältnisse der Sklaven, materielle 53
Lehrbücher 1, 2, 8
Lehre (Ausbildung) 28, 46
Lehrer 82, 84
Lehrherren 84
Lehrling 80, 84

Lehrverträge 80
Leichtarbeiter 41
Leistung 45, 48
Leistungen, soziale 80
Leistungsebene 23
Leistungsfähigkeit 87
Leistungssteigerung (durch Partizipation) 90, 91
Leistungsziel 48
Leiter 25, 26, 45, 52, 77
Leitungsfunktionen 23
Leitungskompetenz 23
Leitungsspanne, optimale 22
Leitung(ssystem) 5, 25, 46, 47, 48, 90, 91
Lernprozess 31
Lernschulklasse 74
Liebschaften (des Verwalters) 46
Liter 26
Lohn (Löhne) 15
Lohnarbeit(er), freie 5, 12, 13, 23, 31, 32, 50, 52
Lohnniveau 31
Lohnwerk 15f
Lohn-Strafe-Schema 44
Luxus (der Römer) 37

Mädchen (als Hirtinnen) 29
Märkte 35, 92
Management 7, 86
Manager 25, 76, 88
Marktlage 9
Marktproduktion 76
Maschinen 17, 19, 50
Massenversklavung 88
Menschenbeeinflussung 2
Menschenbehandlung 78
Menschenführung 1, 44, 45, 56, 90
Menschenkenntnis 90
Menschenwürde 92
Mietling 80
Milch 26
Militärtribun 9, 92
Mischkultur (agrarische) 58
Misswirtschaft 43
Mist(haufen) 31, 34
Mitarbeiter 12, 15, 46, 53, 54, 89, 90
- als Partner 93
Mitarbeiterorientierung 91
Mitberatung und Mitwirkung am Produktionsprozess (Arbeitsplatz) 49, 53, 54, 89, 94
Mitbestimmungsmöglichkeit 91
Mitsklave(n) 37, 38, 44, 48, 53
Mitsklavin 29

Mittagsruhe 34
Mittelbetrieb 50, 68
Mittelgüter 21
Mittelstand 11
Mitunternehmer 13
Mob, römischer 61
Mobilität 28, 40
Mobilitätseinschränkungen 92
Monatslöhne 63
Monatsration, gleiche 63
Monokultur 19, 51
Montage von Zylinderköpfen 74
Motivation (der Mitarbeiter) 89f
Motivation (der Sklaven) 3, 36, 44, 54
Mühle, spanische 17
Mühlen 67

Nachahmung bewährter Methoden (in der Landwirtschaft) 51
Nachbargüter 18, 51
Nachbarinnen 30
Nachwuchs 26
Nahrung (der Hirten) 42
Nahrungsgewohnheiten 59
Nation (bei Sklaven) 31, 37
Naturalanteil 12
Naturallohn 63
Naturalwirtschaft 4, 5, 12
Naturrecht 82
Nebenprodukte 20
Nivellierung, soziale 24, 38
Normalration an Wein 87
Nutzfläche 70

Oberaufsicht 12, 43, 45, 94
Oberhirte 26, 32, 52, 78
Oberschicht 10, 11, 56, 92
Ochsen 18, 19, 68, 94
Ochsenknechte 94
Ochsentreiber 17, 32
Öl 87
Ölgut 3, 8, 17, 50, 51, 59, 67
Ölkeller 67
Ölpressen 17, 50
Ölproduktion 9, 12, 17, 26, 28 42, 50, 52, 62, 73
Ölvorräte 87
Ölwaldung 74
Oliven, reife (für Sklaven) 87
Olivenbau (-produktion) 8, 12, 18, 42, 60, 73, 88
Olivenernte 12, 26, 50, 62
Olivenmühle 73
Olivenöl 72
Olivenpresse 21

Olivenverarbeitung 62
Opportunität (bei Sklaven) 36
Optimalwert 19
Ordnung (politisch, gesellschaftlich, wirtschaftlich) 2, 4, 18, 24, 30, 37, 48, 52
Organisation(en) 5, 10, 22, 68, 91, 92, 93
- der landwirtschaftlichen Arbeit 69
-, integrative (der Arbeit) 92
Organisationsmodell 93

Paarung der Tiere 29
Pachtland 66
Pacht(zahlungen) 7, 13, 14, 63
Pächter 3, 4, 13ff, 43, 50, 53, 61ff
-, ihre Auswahl und Behandlung 53
Paramonevertrag 80
Partizipation am Arbeitsprozess 45, 90
Partnerschaft (im Betrieb) 92
Parzellen 18, 64, 66
Parzellenpacht 15, 43, 65
Parzellenpächter 50
Peitsche 40
Pekulium 88
Persönlichkeit 92
Personal 12, 86
Personalführung 41
Pferdezucht 29
Pflanzabstände bei Olivenbäumen 73
Pflanzfrucht 19
Pflichten 2, 3, 12, 43, 52, 54
Pflichten des Aufsehers und Küfers 31
Pflichterfüllung 26
Pflücker 12
Pflüge (Pflug) 17, 18, 21
Pflügen 19, 32, 69, 71
Pflüger 17ff, 24, 26
Pflugochsen 18
Pflugscharen 17
Pfropfen von Reben 21, 33
Philosophie, stoische 36, 82
Piraten als Sklavenlieferanten 75
Plantagenbesitzer der Südstaaten 81
Planung 48, 93
Planungssystem 93
Pleonexie 83
Politor 13, 65
Polizeigerichtsbarkeit 84
Position(en) 1, 5, 26, 44, 74, 94
Präsenzpflicht (von Vorgesetzten und Sklaven) 47

Praxis, industrielle 77
-, landwirtschaftliche 19, 46, 51, 60
Preis des Landes 71
Pressen 17
Pressraum 67
Prestige (der Arbeiter) 45, 49
Prinzip der Verhältnismässigkeit (bei Strafen) 47
Prinzipat 4, 11
Privatdörfer 88
Privateigentum 61
Privatgüter 25, 76
Produkte, tierische 59
Produktionsausfälle 15
Produktionsfaktor(en) 18, 51, 63
Produktionsfunktion(en) 18, 51
Produktionsgeräte, komplizierte 73
Produktionsmethoden, sklavenhalterische 89
Produktionsmittel 13, 28, 43
Produktionsprozess 24, 49, 89
Produktionsverhältnisse 4, 45, 91
Produktivität 4, 7, 17, 51, 68, 88
- (steigende) der Pachtwirtschaft 66
Produktivitätssteigerung 53
Produktivkräfte 5, 17, 91
Profit(maximierung) 8, 9, 10, 39, 56
Profitmotivation 9, 21
Profitorientierung 30, 56
Proletarisierung 68
Prügel der Sklaven 36
Prügelstrafe in der Schule 82
Prügel und körperliche Züchtigung in Preussen 84
Punischer Krieg 10, 64, 69

Qualifikation (unternehmerische) der Sklaven 76
Qualität 9, 68
Quantität 9

Rationalisierung der Wirtschaft 73
Rationalität 10, 21
Räuber 29
Reagrarisierung 4
Reben 32
Rebland 67
Rechnungslegung (des Verwalters) 41
Rechtsüberwachung 14
Reich, römisches 64, 83
Reichsbildung 10
Reichtum 39
Reifezeiten 19
Reinerlös (vinea) 71

Religion der Sklaven 75
Rentabilität 4, 51, 68, 88
Reparaturen, landwirtschaftliche 50
Republik, römische 1, 5, 10, 11, 14, 21, 36, 60, 64, 66, 68, 69, 87, 88
Revision 2
Rindvieh 13
Risiko 12
Ritter(familie) 8, 10
Rivalität 23
Rückkoppelungseffekt (Sklaven) 48
Rundpfähle 32

Saatbestellung 19, 35
Saatfrucht 19
Saatgut (Qualität) 28, 34, 68
Sachcharakter der Unfreien 36, 52
Sachverständnis des vilicus 77
Saisonarbeiten 13
Sammler 12
Sanktionen 23, 48, 93
Saturnalien 35, 42, 87
Selbstbestätigung (in der Arbeit) 53, 94
Selbstbeteiligung 12
Selbstinteresse 9, 39
Selbstverknechtung 14
Selbstversorgung (der Sklaven) 5, 41
Selbstverwirklichung am Arbeitsplatz 49
Senatorenstand (Mitglieder) 56, 61
Sesterzen (HS) 19, 20, 31, 68, 71, 74
Sextar 26, 42
Sicherheit, materielle (der Sklaven) 43
Sicherung, soziale (für Sklaven) 89
Sittenlosigkeit 11
Sklaven 1, 3ff, 23ff, 32, 34, 35, 40ff, 45, 47, 48, 50, 51, 53, 61, 63, 65, 74ff, 79, 81ff, 86ff
  Sklaven als Befehlsempfänger 47
- als Experten 40
- als Geschäftemacher 40
- als hausgeborene 88
- als Hausgenossen 38
- als Maschinen 38, 86
- als Menschen 38, 39
- als Personen 38
- als Produktionsfaktor 44
- als Schmeichler 90
- als tieferstehende Freunde 38
- als Tischgenossen 38
- als Verwalter 28
- alte und kranke 40, 42, 43, 89
-, angesehene 32, 89
-, arrivierte 79
-, aufsässige 53
-, ehemalige als Sklavenhalter 79
-, fremde gemietete 61, 67
-, gebildete 38
-, gefesselte 32, 38, 40, 47, 52, 53, 84, 85
-, ihr Arbeitstag 34
-, ihr Beschwerderecht beim Gutsherrn 41
-, ihre gegenseitige Kontrolle 41
-, ihre Ordnung und Disziplin 41
-, ihre Rechte und Pflichten 54
-, ihre Stellung und Aufgaben 41
-, ihre Tätigkeit bei Regenwetter 31
-, ihr Tagesablauf 41
-, ihr Umgang mit Mägden 4o
-, leitende 41, 75, 94
-, männliche 32
-, qualifizierte 94
-, Stadt- und Landsklaven 40, 44, 52, 86, 87, 89
-, ständig beschäftigte 32
-, straffällig gewordene 85
-, träge und säumige 48
-, tüchtige und fleissige 42, 44, 48, 53
-, weibliche 32, 76
-, Wohnverhältnisse 40, 41
Sklavenarbeit 9, 39, 41, 56, 66, 73
Sklavenaufstände 11, 36, 39
Sklavenausbeutung 83
Sklavenbefreiung 38
Sklavenbehandlung 3, 6, 30, 36ff, 44, 52, 53, 74, 81, 82, 89
Sklavenehen in Apulien 88
Sklavenfamilien von Epirus 31
Sklavenfesttage 35, 52
Sklavenforschung 7
Sklavenfrage 36, 37, 38, 39, 52
Sklavenfürsorge 30
Sklavenhalter 4, 5, 83
Sklavenhandel 11, 88
Sklavenimport(e) 4
Sklavenjagden 75
Sklavenkalkulation auf Oliven- und Weingütern 68
Sklavennachwuchs 88
Sklavenschaft 27, 48
Sklaventreue 81
Sklavenverpflegung 87
Sklavenversorgung 83, 84, 87, 89
Sklavenwirtschaft 3, 4, 5, 7, 43, 94
Sklavenzufuhr 75

Sklaverei 5, 6, 17, 24, 37, 38ff, 61, 79, 82, 83, 90
-, als moralisches Übel 38
-, als Zwangssystem 40
-, rechtliche Seite 36
Sklavin, als Gefährtin 42
-, mit 3 Söhnen 88
Solidarität der Sklaven 36, 44, 86
Sommerweiden 9
Sonderrationen an Festtagen 87
Sonderurlaub (für Sklaven) 42, 53
Sondervermögen (von Sklaven) 42, 53, 83, 88
Sozialordnung 36
Sozialstruktur 4, 89
Sozial- und Betriebspsychologie, moderne 53
Soziologie 23, 60
Sparkasse Bremen 93
Sparsamkeit 9
Spaten 17
Spezialisierung 38, 51
Spezialisierung der Anbauflächen 64
Spezialisten 21, 24, 38
Spinner 16
System(atik) 18, 54
Systemstabilisierung (-erhaltung) 39, 45

Schäfer 29
Schaf(e) 17, 35
Schafhaltung 50
Schafherde 26, 28, 78
Schafhirt 17
Schafnutzung 13
Schafschur 31
Schaufeln 17
Schiffahrt 93
Schiffsbesatzungen 75
Schlächter 26
Schläge bei Sklaven 37, 38, 40, 53, 83, 84
Schmeichler 90
Schmied 15
Schmiedemeister 15
Schranken, psychische (bei Sklavenbehandlung) 40
Schuldknechte 50
Schuldknechtschaft 4, 13, 14
Schweineaufzucht 29
Schweinehirt 17, 25, 29
Schweinepflege 29
Schwerarbeiter 41, 87

Staatsapparat 11
Staatsfeiertage 35
Stadtpräfekt 89
Ständekämpfe 11
Stallmeister 29
Stammpersonal 17, 51, 70
Standort(probleme, -fragen) 3
-, stadtferner 50
Standortfaktoren 51
Statistiken 22
Status (sozialer) 1, 24, 45, 74
Steilhänge 18
Stellvertreter 12, 25, 76
Stellvertretung 54
Stoa 10, 11, 38, 83
Strafen für Sklaven 36, 40, 44, 47, 48, 53, 83, 84, 93
Strafen in der modernen Industrie 85
Strafgefangene 47
Strategie sozialer Beeinflussung 44
Strenge (zu Untergebenen) 46, 48, 53
Streulage 20
Struktur 25
-, hierarchische 24, 44, 47, 52
-, ländliche (Italiens) 56
Stufentheorien 4

Tätigkeitsbereiche 4, 26, 32, 33
Tätigkeitsbericht 27
Tätigkeitsmerkmale 25, 31, 32
Tätigkeitsprofil 26, 29
Tag(e)löhner (Taglohn) 12, 13, 34, 50, 61ff, 66, 67, 76
Team 93
Testuntersuchungen 22
Textilien 87, 89
Thermen 34
Theten 75
Tiberhospital 89
Tierarten, neue 69
Tieraufzucht 29
Tierfütterung 29
Tierhaltung 29
Tierpaarung 29
Todesstrafe 83
Todesstrafe (bei Catos Gericht) 44
Totenfeste 35
Tradition 18
Trägheit 18
Tragtiere 29
Traubenleser 32
Treberwein 87
Treue (der Mitarbeiter) 92

Treue (der Sklaven) 47, 48
Trial-and-error-Methode 18
Tugendkataloge 27

Überangebot an Sklaven 89
Überanstrengung 30
Überschussproduktion durch Sklaverei 37
Überwachungsfunktionen 23, 26, 47
Umgraben 18
Umweltsituation 22
Unfreiheit, äussere 36
Untätigkeit 30
Unterdrückungsmethoden 39
Untergebene(r) 3, 11, 25, 26, 28, 31, 38, 42, 45, 46, 48, 49, 53, 54, 77, 88ff
Untergruppe 25
Unterhalt 28
Unternehmen 5, 9, 23
Unternehmensziel, primäres 48
Unternehmer 1, 4, 12, 80
Unternehmerpersönlichkeiten, antike 76
Unterschicht 11
Unterversorgung, materielle (der Sklaven) 89
Urhorde 74
Urlaub 42, 43, 53, 80, 88
Urlaub, bezahlter 80
Utilitarismus (bei Sklaven) 36

Valetudinarien 89
Vallus-Typ (der Erntemaschine) 73
Verantwortung 12, 25
Verdingung 1, 7, 12, 13, 17, 26, 62
Verfall der Sklavenwirtschaft 94
Vergünstigungen (für Sklaven) 45
Verhältnis, patriarchalisches 81
Verhalten, sklavisches 36, 44, 48
Verhaltenskodex 47
Verkauf der hängenden Früchte 62
- der Traubenernte auf dem Stock 62
Vermögen 9, 40, 43, 58, 74, 90
Verpflegung 3, 30, 42
Verschuldung 14
Versorgung 8, 12, 43
Versteigerung 12
Verteuerung der Sklaven 75
Vertrag 12f
Vertrauen zwischen Vorgesetzten und Untergebenen 47, 92
Vertreter 25, 26, 76

Verwalter 2, 3, 12, 14, 25ff, 41ff, 61, 75, 76, 90, 93
-, als Vertreter des pater familias 47
-, als Vorbild 54
-, Aufgaben und Pflichten 52
-, Ausbildung und Fachwissen 52, 53
-, Eigenschaften und Fähigkeiten 52, 54
-, sein Rechenschaftsbericht 52
Verwalterin 86
-, ihre Aufgaben, Eigenschaften und ihr Verhalten 52
Verwaltung 11, 30, 77
Verwaltungssklaven 25
Viehhaltung 31
Viehhaltung durch Sklaven 42, 53
Viehwirtschaft 3, 5, 59, 64
Viehzucht 8, 50, 58, 60
Vierkantpfähle 32
Villaforschung, sozialistische 57
Villenausgrabungen bei Pompeii 86
Villenausgrabungen in Latium und Kampanien 85
Vinea-Modell 71
Vögel 8
Völker, freie 37
-, sklavische 37
Volksschulklasse 23
Volkstribun(en) 10
Vollbeschäftigung 19
Vollstreckungsrecht 14
Vorarbeiter 25, 26
Vorbild, Herren als 37
-, vilicus als 46
Vorbilder, griechische und hellenistische 54
Vorgesetzte(r) 1, 3, 7, 22, 25, 26, 41, 44, 46ff, 52, 54, 59, 89ff
-, patriarchalischer 44
-, seine Rechte und Pflichten 54
Vorratshaltung 28ff
Vorratsverwaltung 30
Vorsteher 26

Wanderherdenwirtschaft 3, 78
Wanderhirten 29
Wasserrad 18
Weber 16
Weidebetrieb 18, 42
Weideland 9, 27
Weidenruten 17
Weide(wirtschaft) 3, 6, 9, 13, 17, 27, 50, 52, 59, 78, 88

Weinbauer 20
Weinbauspezialisten 52
Weinberg 3, 17, 18, 19, 20, 32, 40, 51
Weinernte 35, 41
Weinertrag des modernen Italien 71
Weinessig als Nahrung 42
Weingarten 32
Weingenuss 46
Weingut (-güter) 8, 13, 15, 17, 20, 32, 50, 51, 59, 67
Weinland 20, 74
Weinlese 13, 15, 31, 72
Weinpflanzungen 32, 33, 84
Weinpreis 71
Weinpresse(n) 21, 71
Weinproduktion (-bau, -erzeugung) 8, 9, 17, 19, 20, 24, 28, 32, 50, 52, 59, 73
Weinreben 17, 73
Weinstock- und Obstbaumschneiden 34
Weinstöcke 19
Weisungen 26
Weizen 19, 41, 51, 62, 87
Weltbürgertum 11
Weltfrieden 11
Weltmacht 10, 11
Weltwirtschaft 4
Werkstätten (-statt) 74, 85
Werkverdingung 4
Werkvertrag(sbasis) 15, 50
Werkzeuge 17
Werkzeuge, mechanische (nach Aristot.) 61
Werte, sittliche (der Sklaven) 36, 52
Wertordnung, moralische (bei Sklaven) 36
Wertschätzung 38, 81
Wesensart 30
Wettbewerb 22, 23, 48, 51
Wetteifer 22, 23, 48
Widerstand passiver (der Sklaven) 86
Wiesenmahd 32
Wildzüchterei(en) 9
Windmühle 73
Winterweide 13, 78
Winzer 19, 21, 32, 74
Wirtschafterin 30
Wirtschaftlichkeitsprinzip 51
Wirtschaftsbetrieb 76
Wirtschaftsführung 27, 28, 94
Wirtschaftsgemeinschaft, familiäre 92

Wirtschaftsgesinnung 58
Wirtschaftsmethoden 73
Wirtschaftsmoral 9
Wirtschaftsorganisation 17
Wirtschaftsraum 11
Wirtschaftsreformen 10, 11
Wirtschaftssystem 94
Wirtschaftstheorie, moderne 63
Wissenschaft 8, 11, 53
Wissenschafts- und Kulturbetrieb (bei Cicero) 38
Wohnverhältnisse 3
Wollarbeit (der Sklavinnen) 32
Wolle 26, 35

Zahlungen von Pächtern 43
Zehnergruppe 51
Zeitreserve (Landwirtschaft) 51
Ziegenhirt 27
Zielkontrolle, betriebliche 93
Zielsetzung, betriebliche 93
Zielsetzungen der Belegschaftsmitglieder 92
Zins(en) 19, 71
Zinsbelastung 19
Zucht 47, 48
Züchtigung(en) 14, 48, 82
Zufall 18
Zufriedenheit 9
Zugaben (an Nahrung) 42
Zugtiere 3, 18, 19
Zuneigung zu Sklaven 38
Zusammengehörigkeitsgefühl der Sklaven (wenig ausgeprägt) 36
Zuschlag bei Versteigerung 12
Zwang(ssystem) 2, 5, 39, 40, 53
Zwang, physischer 53
Zweckbestimmung (objektive) des Betriebes 92

Wortregister, lateinisch

accessiones 12
acetum 42
actor(es) 25, 26, 29, 52, 76, 77
adiutores 15, 25, 77
aemulatio 22, 23, 48
ager vectigalis 65
agilitas 32
agricola(e) 14, 18, 66
alea 18
alligati (servi) 40
alligator 20, 24, 32
ambulator 86
amici humiles 38
animadversio 23
annona 77
arare 17
arator 66
aratra cum vomeribus 17
arcarii 25
armentarius 7, 26
arrogantia 82
artifices 15, 16, 45, 67
asinarius 17
atriensis 75
avaritia 89

benevolentia (servorum) 38, 42, 48, 88
boves 13
bubulci 17, 19, 26, 29, 73

calles 6, 9, 78
capulator 3
casae repentinae 42
cella 26
certamen 22, 23, 48
cibaria 8, 42, 88
classes 22
clientes 11, 88
collegia 35
collegia tenuiorum 89
colonia partiaria 63

coloni indigenae 14
colonus (partiarius) 4
colonus (-i) 13ff, 50, 63, 65ff, 76, 83, 88
conductor(es) 3, 13, 25, 50, 62, 88
congii 42
conpediti 40, 41, 42, 53
conserva (coniuncta) 42
conservi 38
contubernales 38
contubernium 42, 43
convictus domestici 46
crux 83
culleus (-i) 19, 71
cultura (Landwirtschaft) 15
cultus 18
curator (partiarius) 13, 50, 62
custos (-des) 3, 23, 25, 26, 29, 52, 88
custos finium 25

decuria 22, 25, 47, 51
dies dominica 80
diligentia 48, 92
disciplina (bona) 47, 48
dispositio 48, 93
divide et impera 44
dolia 72
dominus 12ff, 23ff, 31, 43, 45, 47, 52, 53, 68, 77, 82ff
dos (-tis) 19, 71

emptor 13
epistates 24, 25, 26, 52
ergastularii 7, 25, 26
ergastuli (gefesselte Sklaven) 38
ergastulum 26, 40, 53, 74, 83, 84, 85
exactor(es) 25, 26, 52, 88
experientia 18, 19

faber (-ri) 15
faber conductor 15
factores 26, 62, 88
faenisicia (Heuernte) 75

familia(e) 2, 5, 6, 8, 14, 23ff, 41, 42,
   45, 47, 51, 52, 63, 66, 67, 74, 75,
   77, 91
familiares 83
feriae 5, 35
feriae denicales 35
- paganae 80
- privatae 35
- publicae 35
- sementivae 35
ferreae 17
fetae (Edeldamen) 88
fides 47, 48
fortuna 38
fossor 20, 32
fructus ovium 13
fugitivi 24, 37, 83, 84
fullones (Walker) 15
fundus (-i) 16, 20, 21, 42, 58, 67, 88,
   92

genera colonorum 67
genera servorum 67

hallec (Fischtunke) 42
hemina(e) 41, 87
histonae (Spinner) 16
homines 12, 38
homines sapientes 91
honor 45, 90, 93, 94
horrearius 25
humanitas 28, 38, 39, 77, 82

ignavi 22
imitatio 18
imperare 91
imperia (Befehlsbereiche) 46
imperitare 47
indiligentia 18
ingenium 94
instrumentum (-a) 13, 63
instrumentum fundi 43
instrumentum mutum, -semivocale
   44
irpex (Egge) 17
iuga 17
iugerum (-a) 17ff, 50, 51, 58, 59, 64,
   67, 68, 70, 72ff
iumentum (-a) (Tragtier(e)) 29
iussus 47

labra 72
largitiones 48
latifundia 58, 64
leguli 12, 62

Lex Poetelia Papiria 14
liberi 13
libertas 88
libido 89
locare 12
locatio - conductio 62
locatio - conductio - operarum 62
locatio - conductio - operis 62
locatio - conductio - rei 62
lora (Treberwein) 87
lucernae 26

magister operariorum 45
magister (pecoris) 3, 21, 27ff, 52, 76ff
magistri (operum) 7, 25, 26, 28, 52, 76
magistri singulorum officiorum 25,
   26
mancipia vincta 40
mancipium (-a) 14, 31, 50, 82
matrona 31
mediastini 19
medici 15
mercennarius (-ii) 6, 12, 13, 15, 23, 50
   61, 62, 64, 75
mercennarius perpetuus 76
meridiatio 34
modius (-ii) 19, 41, 42, 51, 62, 70, 87
mola asinaria (Eselsmühle) 17
mola Hispaniensis (Spanische Mühle)
   17
mola trusatilis (Handmühle) 17, 18
monitor 22, 24, 25, 26, 52, 74, 76
mulier(es) 28, 29, 42, 76

negligentia 92
nexus (civium) 14, 63
noxa 47
noxii 79
nundinae 35

obaerarius (-ii) 13, 14, 50, 64, 65
obaeratus (-i) 13, 14, 50, 63
obsequium 48
officium 46
officia 2, 27
officia (vilici) 52
oleae tempestivae 87
olivetum 2, 17, 18
opera colonorum 66
opera nova 94
opera rustica maiora 31
operae (freie Arbeitskräfte) 12, 15, 5(
operarius (-ii) 12ff, 17, 23, 24, 31, 45,
   49, 61, 62, 67, 76, 90, 94

operarius mercennarius politor 62
operarius partiarius politor 62
operis exactio (Leistung) 48
opilio (villicus) 7, 17, 24, 26ff, 52, 73
opus 23
orbis Romanus 10
ordinatio 31, 48, 79
ordo (Ordnung) 48, 93
ordo mancipiorum 24
otium (Arbeitsurlaub) 42, 43, 53

pabulum hibernum 78
palae (Spaten) 17
pali (Rundpfähle) 32
pampinatio (Beseitigung der überschüssigen Schösslinge bei den Reben) 72
pampinator 20, 32
partiarii 62
pascere 17
pastio villatica 8, 18, 50, 60
pastiones 58
pastor(es) 30, 42
pater familias 14, 34, 40, 75
patronus 23, 26, 35, 74
pauperculus (-i) 13, 50, 63, 64
pax Augusta 75
pax Romana 75
peculiare (= peculium) 88
peculium (Sondervermögen von Sklaven) 42, 43, 53, 83, 88
pecus 29
pensiones (Zahlungen) 43
piscinarii (Besitzer von Fischteichen) 56
pistrinum (Stampfmühle) 85
plaustra (Frachtwägen) 13
plebs frumentaria 87
plebs rustica 11, 15
plebs urbana 15, 61
poena 40
politio 7, 12
politor(es) 3, 4, 12, 23, 50, 61, 62
praedium (Grundbesitz) 58
praefectus (-i) 7, 25ff, 42, 45, 52, 77, 90, 93, 94
praefectus urbi 89
pressum nimio labore 30
procurator 25, 26, 41, 52, 76
publicanus (-i) 23
puella 29
pulmentarium (Zukost) 8, 42
putator (Beschneider von Bäumen und Weinreben) 20, 24, 32

quadrantalia 42

ratio 18, 48
ratio praeparationis 93
ratio vitae 93
redemptor(es) 3, 12, 13, 50, 62
regio 26
regula (triplex) 19
remissio operis (Sonderurlaub) 42, 43, 88
res maiores 23, 75
res minores 23
res rusticae 45
ridicae (Vierkantpfähle) 32
rota aquaria (Wasserrad) 18
runco (entfernt Disteln und Dornen) 62
rusticus (-i) 14, 44, 50, 66, 67
rutra (Schaufeln) 17

saevitia 46, 89
sagum (Pelerine) 42
salictarius (Arbeiter im salictum) 17, 24
salictum (Weidengebüsch; Ort, wo die Weidenruten gezogen werden) 17
saltuarius (Verwalter) 17, 24
saltus (Landgut) 58
sarcula (Hacken) 17
scientia (imperandi) 2, 45, 46
sculponiae (Holzschuhe) 42
sedulitas 41
sementivae (Saatfeiertage) 35
seniores 75
servi conpediti 24
servi male noti 24
servi notae extremae 24
(servi) urbani 44
(servi) vincti 85
servientes fide bona 74
servitus 24
servuli 14
servus (-i) 13ff, 23, 24, 42, 50, 76, 84
servus bonus 36, 81
servus callidus 36, 81
severitas 46
sigillaria (Bilderfest) 81
socius (-ii) 13, 62
solstitium 34
subiecti (Untergebene) 14, 46
subulcus (Schweinehirt) 17, 24

stigmata 83
strictores (Pflücker) 12, 62

tabularii (Verwaltungssklaven in den
    Domänenbüros) 25, 77
tectum 34
textores (Weber) 16
torcularium (Kelterei) 26
torculum (Kelter) 73
trapetum (Olivenmühle) 73
triticum (Weizen) 19
tunica 42

vacatio (Urlaub) 88
valetudinaria 30, 89
vasa olearia instructa (Ölpressen)
    17
vasa torcula instructa (Weinpressen)
    17
vectigal 23
verbera (Schläge) 83, 85, 93
vestimenta 8
vestitus 88
victus (Lebensunterhalt) 29
vilica (Frau des Verwalters) 2, 3,
    17, 26, 30, 32, 48, 52, 76, 78, 86
vilicus 2, 3, 5ff, 12, 14, 17, 23ff, 40ff,
    45, 47, 48, 52, 53, 68, 74ff, 86, 91ff
vilitas (operarum) 15
villa (rustica) 1, 6, 11, 15, 17, 20, 21,
    25, 40, 58, 63, 67, 72, 73, 76, 89
vincula 83
vindemia(e) (Weinlese) 75, 87
vindemiatores (Traubenleser) 32
vinea 2, 13, 17ff, 51, 71, 73
vinitor(es) (Winzer) 19, 20, 24, 25,
    72, 74
vinum 8
vomeres (Pflugscharen) 17

Wortregister, griechisch

ἀρετή (Tugend) 82
ἀρχεῖν (beherrschen) 90
γεωργοί (Landwirte) 66
δεκατάρχαι (Anführer von zehn Mann) 74
δοῦλοι (Sklaven) 81
ἐμπειρία (Empirie) 57
ἐπίτροπος (Verwalter) 90
ἐργαστήριον (Werkstätte, Arbeitsraum, Laden) 84, 85
ἐργάται (Taglöhner) 63
καταμήνιοι (Arbeiter auf Zeit) 63
μέταλλον (Bergwerk) 85
μετρηματιαῖοι (ständig beschäftigte Arbeitskräfte) 63
μίσθιοι (Lohnarbeiter, Taglöhner) 63
μισθωταί (Taglöhner) 63
οἰκέται (ständig beschäftigte Arbeitskräfte) 63
ὄργανα (Werkzeuge) 91
σώματα (Leibeigene, Sklaven, Taglöhner) 63
ὑπάρχοντα (Vermögen) 58
ὑπουργοί (Diener, Helfer) 63
χήρα (Witwe) 58
χρήματα (Vermögen) 90
ὀψώνιον (Geldeinkommen; nach Varcl, JJP XI/XII 98 ὀψώνια „das Gehalt in Geld") 63

Personen- und Ortsregister

Ägypten 13, 81
Ägypten, ptolemäisches 69, 74
Africa (Provinz) 10, 68, 69
Alba 9
Antiphon 82
Apollonios 74
Apulien 78, 88
Ardea 9
Asia 13
Atticus 9
Augustus 64

Baetica 9
Bastuler 29
Benevent 20
Blera 20
Boke 70
Boscoreale 20

Caere 9
Caesar 23, 64, 75
Calenberger Land 70
Cannae 10
Capua 20
Carseoli 9
Cassius Dionysius von Utica 31, 79
Celsus 9
Claudius (Kaiser) 82
Comum 85
Cordova 19, 51

Delbrück 70

Eirenaios (landwirtschaftlicher Verwalter) 63
Epirus 20
Ereto 20
Etrurien 68
Euangelos, Sklave des Perikles 76

Flandern 70
Fundania 8

Gallia cisalpina 65
Gracchi (Tiberius und Gaius) 10, 64, 68
Graecinus 9
Griechen(land) 10, 69

Hannibal 10
Heroninos (Heroneinos) 63
Hippokrates, vilicus des Plautus 91
Hyginus 9

Illyrien 13
Ischomachos 90
Isodorus Caecilius 68
Italien 57, 58, 64, 68, 72, 80

Kampanien 8
Karthago 10
Korinth 10
Kritoboulos 90

Lüneburger Heide 70

Mago 31, 69
Makedonien 10
Mittelitalien 8, 50

Nero 68
Neuhaus b. Paderborn 70
Niedersächsisch-westfälischer Raum 70
Niger Turranius 59
Nordafrika 76

Paderborn 69
Palästina 13
Peniculus 81
Perikles 76
Petosiris, ägyptischer Priester 74
Plautus, dominus 91

Plesser, Generalbevollmächtiger
　　der Deutschen Bank　88
Pompeius　75
Preussen　84
Prisca, domina　91
Protagoras　82

Reate　8, 78
Rhonetal　20
Römer　37
Rom　4, 8, 9, 10, 11, 36, 61, 62, 89

Saserna(e)　18, 19, 27, 77
Scipio　10
Silvinus　9
Sizilien　68, 89
Sokrates　90
Sophisten　82
Stilo　8
Süditalien　64
Südspanien　11, 19
Sulla　64
Syrer　37

Traian　6, 20
Turduler　29

Vedius Pollio　79

Zama　10

Abkürzungen

ad famil. = ad familiares
agr. = de agri cultura
arbor. = de arboribus
Asin. = Asinaria
BCO = Bibliotheca Classica Orientalis
cap. = capitulus
CIL = Corpus Inscriptionum Latinarum
Dig. = Digesten
ep. = epistolae
frg. = fragmentum
HS = Sesterzen
iug. = iugerum
JRS = Journal of Roman Studies
JJP = Journal of juristic papyrology

ling. lat. = de lingua latina
nat. hist. = naturalis historia
oec. = oeconomicus
offic. = de officiis
P. = Papyrus
Polit. = Politeia
praef. = praefatio
red. = redemptor
rep. = de republica
res rust. = res rusticae
Sat. = Satiren
sen. = de senectute
SDHI = Studia et documenta historiae et iuris
trist. = tristia
VDI = Vestnik drevnej istorij

Maße

1 congius = 3, 26 l
1 culleus = 5, 242 l
1 dolium = rd. 700 - 1100 l (RE V 1, 1284-1286)
1 hemina = 0, 273 l
1 iugerum = 2.523 qm = 0,252 ha = rd. 2/3 acre
1 modius = 8, 754 l
1 quadrantalium = 1 amphora = 48 sextarii = 26,196 l
1 Sextar = 0,547 l

Bei Fragen zur Produktsicherheit wenden Sie sich bitte an:
If you have any questions regarding product safety,
please contact:

Walter de Gruyter GmbH
Genthiner Straße 13
10785 Berlin
productsafety@degruyterbrill.com